道教易学系列丛书（点校本）

易说

孚佑上帝纯阳吕祖天师 著

谢增虎 点校

兰州大学出版社

图书在版编目(CIP)数据

易说/孚佑上帝纯阳吕祖天师著;谢增虎点校. —兰州:兰州大学出版社,2013.5
(道教易学系列丛书:点校本)
ISBN 978-7-311-04134-2

Ⅰ.①易… Ⅱ.①孚… ②谢… Ⅲ.①《周易》—研究 Ⅳ.①B221.5

中国版本图书馆 CIP 数据核字(2013)第 116821 号

责任编辑 张国梁
封面设计 张友乾

书　　名 易说 道教易学系列丛书(点校本)
作　　者 孚佑上帝纯阳吕祖天师 著 谢增虎 点校
出版发行 兰州大学出版社 (地址:兰州市天水南路 222 号 730000)
电　　话 0931-8912613(总编办公室) 0931-8617156(营销中心)
0931-8914298(读者服务部)
网　　址 http://www.onbook.com.cn
电子信箱 press@lzu.edu.cn
印　　刷 兰州人民印刷厂
开　　本 710 mm×1020 mm 1/16
印　　张 15.5
字　　数 203 千
版　　次 2013 年 6 月第 1 版
印　　次 2013 年 6 月第 1 次印刷
书　　号 ISBN 978-7-311-04134-2
定　　价 58.00 元

孚佑上帝纯阳吕祖天师　唐云　绘

吕洞宾

吕岩，字洞宾，号纯阳子。唐代著名的道教仙人，八仙之一，钟吕内丹派代表人物。

一般认为，吕洞宾于唐德宗丙子年（796年，即贞元十二年）农历四月十四生于永乐县招贤里（今山西省芮城县永乐镇）。

自幼好读书，博通百家之学，但三次考进士不第。46岁时，吕洞宾又去长安应考，在酒店中遇见钟离权仙人，黄粱一梦，醒后方知功名利禄均为梦幻，钟祖笑曰："黄粱犹未熟，一梦到华胥。"遂拜钟离权为师，赴终南山中修道。成道后遍游山水，传道度人，53岁归宗庐山，64岁上朝元始天尊，赐号纯阳子。自是隐显变化不一，誓愿宏大，行化度人，传说众多。

吕洞宾见钟离权时，口占一绝，以立志：

生在儒家遇太平，悬缨重滞布衣轻。

谁能世上争名利，臣事玉皇归上清。

其后，道教南宗、北宗、东派、西派都以吕祖为开山祖师，故钟吕丹道实际上成为唐以后道教的正脉。

吕洞宾一生乐善好施，扶危济困，深得百姓敬仰。他飞升后，家乡百姓为他修建了"吕公祠"，以示纪念。宋徽宗宣和元年（1119年）封吕祖为妙通真人。南宋时已有专门奉祀吕祖的寺庙，并有塑像供奉。元世祖至元六年（1269年）褒赠纯阳演正警化真君。元武宗至大三年（1310年）又加封为纯阳演正警化孚佑帝君。明朝封"护国天尊"。清朝封"妙化真君"，加封"文尼真佛"。全国各地广建吕祖祠庙，岁时祭祀，至今香火不断。

吕祖著述甚丰，后人辑有《吕祖全书》、《九真上书》、《孚佑上帝文集》、《孚佑上帝天仙金丹心法》等。《全唐诗》中收录了吕祖的诗词共二百多首。

此部《易说》，无法断定它的作者是否为吕祖，但内容实在是孔子十翼之后第一部易注，非凡夫俗子所能为。

总　　序

顾名思义，道教易学，是以道为旨归研究易，它既涉及《周易》道体的探究，更深入道用的展开，特别是以易学的宇宙论建立丹道体系。以孔子释易为代表的儒学易把易学作为儒家学说的活水源头，探讨大学之道和中庸之道，为实现大同世界的总目标而服务。因此可以说，道教易学侧重于内圣的探究，而儒家易学侧重于外王的探究，二者如一阴一阳，相互增上，促进了华夏文明的发展。在几千年的历史长河中，有为之士几乎都是通才，只有普通的儒生、道士，才分门别户，分河饮水，此亦一是非，彼亦一是非，道术裂矣。影响所及，已出版的大部分易学著作或是儒学易，或是以民间文化为主体的术数易，而道教易学旁落。

为了能够让广大易学研究者窥得全豹，我们从道教典籍中选出《道教易学系列丛书》出版，为易学研究提供更加广阔的视野。

一

根据现有的文献，道文化最早的起源应该是《庄子·在宥篇》关于黄帝问道于广成子的记述——黄帝立为天子十九年，文治武功，誉满天下，乃孜孜于道的探求，听说修道的大成就者广成子居于崆峒山（在今甘肃省平凉市）之上，故往见之。下面是两次见面的详细记载：

黄帝问曰："我闻吾子达于圣道，敢问至道之精。吾欲取天地之精，以佐五谷，以养民人，吾又欲官阴阳以遂群生，为之奈何？"广成子曰："而所欲问者，物之质也；而所欲官者，物之残也。自而治天下，云气不待族而雨，草木不待黄而落，日月之光益以荒矣，而佞人之心翦翦者，又奚足以语至道?”

黄帝退，捐天下，筑特室，席白茅，闲居三月，复往邀之。广成子南首而卧，黄帝顺下风膝行而进，再拜稽首而问曰：“闻吾子达于至道，敢问治身奈何而可以长久?”广成子蹶然而起，曰：“善哉问乎！来，吾语女至道。至道之精，窈窈冥冥；至道之极，昏昏默默。无视无听，抱神以静，形将自正。必静必清，无劳女形，无摇女精，乃可以长生。目无所见，耳无所闻，心无所知，女神将守形，形乃长生。慎女内，闭女外，多知为败。我为女遂于大明之上矣，至彼至阳之原也；为女入于窈冥之门矣，至彼至阴之原也。天地有官，阴阳有藏，慎守女身，物将自壮。我守其一，以处其和，故我修身千二百岁矣，吾形未常衰。”

黄帝为天下主，又开疆扩土，称雄当世，满耳所闻都是阿谀之言，第一次见广成子，傲慢之情溢于言表，直到明白大道不可以慢心得，才“膝行而进，再拜稽首”，谦恭而求，才有广成子关于修道的无上开示：“至道之精，窈窈冥冥；至道之极，昏昏默默。无视无听，抱神以静，形将自正。必静必清，无劳女形，无摇女精，乃可以长生。”几千年来，道教的一切论述，都以此为源。其后，老子将历代道家修持的宝贵经验汇集成五千言，后世称为《道德经》，而成为文字道的祖本。阐释《道德经》，最具有代表性的是《关尹子》（又称《文始真经》）、《庄子》（又称《南华真经》）、《列子》（又称《冲虚真经》）、《周易参同契》、《阴符经》。

这才有了以后“黄老之学”的滥觞。

二

易学，源于伏羲画八卦，其后，上古有三易之说，《连山》、《归藏》、《周易》代表易学发展的最初三个阶段。伏羲所画的八卦，以及《连山》、《归藏》，现在已经无法知道它们的真面目，只有《周易》，历尽劫波，依然保存完整。

在《周易》的成书过程中，伏羲、周文王、周公旦、孔子，成为不可或缺的四个代表人物，也演示着《周易》是在几千年的传承与发展中完成的。后来，汉武帝“独尊儒术”，《周易》被大加推崇，担负起为王道提供形而上根据的重任，也成为后来几千年士子们谋求功名富贵的跳板。他们所探讨的易学，囿于身份地位，只能是“为臣之道”，进退合于时宜而已，形而上成为门面，王道隐而不言。与此同时，在民间，特别是道教内部，对易学的研究，从道到术，全面展开，气象万千。东汉时期，魏伯阳《周易参同契》的完成，标志着《周易》与《老子》、《庄子》、丹道之学的合一，形成一个道教特有的体系与文本范式。其后，道教的发展，不论是外丹还是内丹，都在《周易参同契》的范式中展开，这也决定了道教易学的基本平台。

其后，随着隋唐时期佛教的全面展开，为道教汲取佛教营养提供了前提，终于在五代、北宋时期，吕洞宾为代表的八仙的成道，使得内丹体系在实践层面、理论层面得以完成；这一体系的后起之秀陈抟，又将新的内丹学与古易图结合，形成道教易学的另一分支。同时，易图学进入儒士的视野，由此成为宋明理学的开端。

易图学与宋明理学，成为以后易学发展的主要两大系统。宋明理学靠官方背景，得到社会的普遍宣扬，而易图学主要在民间，特别是道教系统内部，自由发展，硕果累累。

三

建国以来，作为官方易学代表的汉代易学和宋明易学，依然是当今学术界研究易学的主流。但受乾嘉学派的影响，易学变成了考据学和文字学，“道”的探讨已经丧失殆尽，术数的探讨被流放于视野之外，华夏文明的代表性著作《周易》的研究，和农业文明一起，退出了历史舞台的中心。学术易，成为学者们论证凡夫俗子思想的平台，圣贤意识已经成为童年的美梦而被抛弃。

与此同时，民间易学依然是百花齐放，并没有受制于学术易学，术数易探讨着百姓日常的生活，道教易学维系着养生与修道，真正体现为华夏民族的精神家园。

为了有识之士探讨易学的真义，彰显“道”的独一无二的价值，使得易学摆脱专制时代的考据藩篱，进而回归易学的康庄大道，用优秀的传统文化建设华夏民族安身立命的思想王国，我们整理出版道教易学的主要作品，以飨读者。

《道教易学系列丛书》共选书如下：

（一）易说（附《正易心法》）

《易说》，出《道藏辑要》壁集，署名孚佑上帝纯阳吕祖天师著，也许是扶乩之作，也许是吕洞宾所作，也许是后人托名，需要进一步确认。不管作者是谁，这都是一部集大成式的道教易学著作，其价值远远超过其他的周易注本，没有成道的人无法说到这个高度。

（二）周易恒解（附《性命微言》）

刘沅（1767—1855 年），清代四川学者，是历史上少有的被人奉为教主的学问大家。其著作《槐轩全书》，以儒学元典精神为根本，融道入儒，会通禅佛，体大精深，创立槐轩学派，名震一时。萧天石《道海玄微》论刘沅之学，谓：“其学既直探洙泗心传，复深得玄门秘钥，融道于儒，援儒说道；复会通禅佛，并涉密乘，博学多方，虽较庞杂，然以其能障百川而东之，汇万流于一海，故最后仍归本于儒，不失孔门矩矱。”《周易恒解》直探经文真源，力破后儒附会之论，使圣人立言本旨昭示于天下。

（三）周易集说（元·俞琰《周易集说》四十卷、《读易举要》四卷、《易外别传》一卷。）

俞琰为宋末元初道教学者，字玉吾，号全阳子、林屋山人、石涧道人，吴郡（今江苏苏州）人，生卒年难以确知。俞琰幼好博览，专业科举之学。入元，隐居不仕，元朝“授温州学录不赴，后得异人金液还丹之妙”（《吴中人物志》），而由儒入道，著书立说，尤精于易学。成《周易集说》四十卷、《读易举要》四卷、《易外别传》一卷、《易图纂要》，其他有《周易参同契发挥》、《阴符经注》、《吕纯阳真人沁园春丹词注解》、《炉火监戒录》，以及《林屋山人集》、《书斋夜话》、《月下偶谈》、《席上腐谈》。

（四）周易图（宋·刘牧《易数钩隐图》三卷、《易数钩隐图遗论九事》一卷；元·张理《易象图说内外篇》六卷、《大易象数钩深图》三卷；佚名《周易图》三卷。）

刘牧（1011—1064年），字先子，号长民，杭州临安（今浙江杭州）人。曾任兖州（今山东兖州）观察推官、大理寺丞、广南西路（今广西桂林）转运判官、湖北路（今湖北）转运判官、尚书屯田郎中等职。《宋元学案》卷二称：“先生既优于学，复优于才，又为范、富二公所知，一时士大夫争誉之。”其易学师承范谔昌，传陈抟河洛之学。《宋元学案》云：“先生又受《易》学于范谔昌，谔昌本于许坚，坚本于种放，实与康节同所自出。”《东都事略·儒学传》云：“陈抟读《易》以数学授穆修，以象学授种放。放授许坚，坚授范谔昌。”从以上记载看，刘牧易学渊源师承分明，当来自道家。其易学著作有《易数钩隐图》三卷、《易数钩隐图遗论九事》一卷，今保存在《正统道藏》洞真部灵图类。

张理，字仲纯，元代清江（今江西清江）人。据《宋元学案·草庐学案》记载，举茂才异等，历任泰宁教谕，勉斋书院山长，元仁宗延祐间（1314—1320年）为福建儒学副提举。早年从杜本学《易》于武夷山，“尽得其学，以其所得于《易》者，演为十有五图，以发明天道自然之象”，在图象易方面成一家之言。其著作有《易象图说内外篇》六卷，《大易象数钩深图》三卷。

关于《道藏》本《周易图》，未著录作者姓名，其内容多集宋人易图，多引朱震、郑东卿之言，对比张理《大易象数钩深图》一书，其内容大致相同，恐张理著作。

（五）易图通变（元·雷思齐《易图通变》五卷、《易筮通变》三卷；宋·吴仁杰《易图说》三卷；《玄和子十二月卦金诀》一卷。）

雷思齐（1231—1303年），宋末元初道士，字齐贤，临川（今江西临川县）人。幼业儒，后服黄冠，居乌石观。宋亡，独居空山，著书立说，人称“空山先生”。元世祖定江南后，礼请雷思齐为玄学讲师。晚年讲授于广信山中。临终，复归乌石观，卒年七十二岁。他对《老子》、《周易》造诣尤深，著有《易图筮通变义》、《老子本义》、《庄子旨义》，凡数十卷。《正统道藏》中仅存《易图通变》五卷、《易筮通变》三卷。

吴仁杰，字斗南，别号蠹隐居士，昆山人，淳熙中登进士，官国子学录，精易学。

《玄和子十二月卦金诀》，未署撰人，一卷。底本出于《正统道藏》正一部。又李业远在《湖南道家与道教著作考述》中指出，玄和子本名张太空，南岳道士，号玄和子，此书述外丹理论。

（六）易因（明·李贽《李氏易因》六卷）

李贽（1527—1602年），明代思想家，泰州学派的一代宗师。初姓林，名载贽，后改姓李，名贽，字宏甫，号卓吾。嘉靖三十一年举人，历共城知县、国子监博士，万历中为姚安知府。旋弃官，寄寓黄安、麻城。万历十六年（1588年），剃头入空门，却不受戒、不参加僧众的礼拜诵经。万历二十六年（1598年），李贽七十二岁，撰写《易因》。万历三十年（1602年），李贽七十六岁，以“敢倡乱道，惑世诬民”的罪名入狱，自刎。

（七）会真集（金·王吉昌《会真集》五卷；萧庭芝《金丹大成集》五卷。）

王吉昌，号超然子，生平不详，著有《会真集》五卷。其书引证张伯端，主要述内丹，又谓内丹九转功成，次炼神合道，终入大圆觉海而彻了本无生灭计生，实为南宗一派。（任林豪《南宗的创立与发展》）

萧庭芝，道教南宗第五代祖师白玉蟾弟子，具体情况不详。

（八）魏伯阳《周易参同契》（后蜀彭晓《周易参同契分章通真义》三卷；陈显微《周易参同契解》三卷；陆西星《周易参同契测疏》三卷、《周易参同契口义》三卷；朱元育《参同契阐幽》三卷。）

魏伯阳，东汉炼丹家。《周易参同契》约成书于汉顺帝至桓帝之间（126—167年）。葛洪《神仙传》始称：“（魏）伯阳作《参同契》、《五行相类》，凡三卷。其说似解《周易》，其实假借爻象以论作丹之意。”参同“大易”、“黄老”、“炉火”三家之理而契合为一，说明修仙炼丹之法，故名《参同契》。

后蜀彭晓《周易参同契分章通真义》，主要阐述外丹；陈显微《周易参同契解》，为南宗内丹派著作；陆西星《周易参同契测疏》、《周易参同契口义》，为东派代表作；朱元育《参同契阐幽》，为北宗内丹派著作。

彭晓（？—954年），唐末五代著名道士。本姓程，字秀川，号真一子，西蜀永康（今四川崇庆）人。遇异人得丹诀，修炼于县内飞鹤山。蜀主孟昶屡召，问以长生久视之道，晓曰：“以仁义治国，名如尧舜，万古不死，长生之道也。”昶善其言，以为朝散郎、守尚书祠部员外郎，赐紫金鱼袋。著有《周易参同契分章通真义》及《还丹内象金钥匙》。

陈显微，宋代道士。字宗道，号抱一子，淮阳（今属河南省）人。宋宁宗嘉定癸未年（1223年），遇尹真人于淮之都梁（今江苏省盱眙县都梁山），尽得金丹真旨。宋理宗宝庆初（1225年），又得《周易参同契》，读之迎刃而解，闭门修炼年余，于是“以其亲履实诣者笔诸训解”，撰成《周易参同契解》三卷。又著《文始真经言外旨》九卷、《玄圣篇》、《显微卮言》、《抱一子书》等，且校正《神仙养生秘术》一卷。

陆西星（1520—1606年），字长庚，号潜虚子，又号方壶外史，江苏兴化人，明代道教内丹派东派的创始人。声言吕洞宾降临其北海草堂，住二十二日，亲授丹诀。著作有《黄帝阴符经测疏》、《老子道德经玄览》、《周易参同契测疏》、《周易参同契口义》、《玄肤论》、《金丹就正篇》等，收入《方壶外史》。

朱元育，真名叫朱由桂，出生于明朝的益王府（在今江西省抚州市南成县）。明亡后，他出家做了道士，道名朱元育，道号云阳，有《参同契阐幽》与《悟真篇阐幽》两著存世。南怀瑾在《我说参同契》中曾讲道："我们认为在所有的《参同契》注解中，他的最正统。朱道士是道家北宗龙门派的传人。"

（九）尹喜《文始真经》（陈显微《关尹子注》二卷、《关尹子文始真经注》九卷、《文始真经言外旨》九卷；杜道坚《关尹子阐玄》三卷；牛道淳《文始真经直解》九卷、《析疑指迷论》一卷。）

文始派，道教中最高，为丹法中最上一乘。据《历世真仙体道通鉴》记载，创始人为周朝时的函谷关令尹喜，人称"文始先生"、"关尹子"，以《文始真经》为丹法要旨。一说他原是周至县龙乡闻仙里（今陕西周至县）人，一说他是天水（今甘肃天水市）人。一天，观看到东方紫气西迈，预知有圣人出关，得遇老子，拜为师，请求至道，老子遂著成《道》《德》上下篇五千言授之。尹喜得道后，演老子《道德经》精义成《关尹子》九篇，已亡佚，今传本为唐末作品，道教尊为《文始真经》。《庄子·天下篇》中将老子与关尹称赞为"古之博大真人"。萧天石《文始派修真要旨》称："道门丹道派中，以重阳派最大，而以文始派最高。"

杜道坚（1237—1318年），字处逸，宋末元初著名道士，号南谷子，当涂（今属安徽省）人。师事蒙庵葛师中、宋淳呤、蒋宗瑛，后获宋度宗召见，赐号辅教大师。元仁宗皇庆元年（1312年），宣授"隆道冲真崇正真人"。著有《道德玄经原旨》、《玄经原旨发挥》、《关尹子阐玄》、《文子缵义》等。

牛道淳，元朝道士，号神峰逍遥子，又称逍遥大师。著《文始真经注》九卷，约成书于宋元之际，收于《正统道藏》洞神部玉诀类，还有《析疑指迷论》一卷。

（十）《阴符经》（轩辕黄帝制《阴符经三皇玉诀》；张果《黄帝阴

符经注》；刘处玄《黄帝阴符经注》；陆西星《黄帝阴符经测疏》；徐大椿《阴符经注》；闵一得《阴符经玄解正义》；李涵虚《阴符经类解》。）

大约在唐宋以后，道教内、外丹家皆将《阴符经》和《老子》一起看作炼丹之祖经，注家之多，除《老子》外，道教书中只有《周易参同契》才能与之相比，我们选了几个代表性的注本：

张果，生卒年不详，唐代丹士，为八仙之一。他曾被唐玄宗召见至京师，授以光禄大夫，赐号通玄先生。

刘处玄，字通妙，号长生子，莱州（今山东莱州市）武官庄人，生于宋绍兴十七年（1147年）七月十二日。自幼丧父，侍母至孝，夙愿修道，因母在不敢违，清静自守。金大定九年（1169年），其母去世后，遂拜王重阳为师入道，重阳君去世后，与马谭邱守孝庐墓三年。大定十五年（1175年），继任全真掌教，为全真道北七真之一。大定十六年（1176年），返回掖县老家，大弘教法，金章宗闻风征请，待如上宾。承安四年（1198年）乞归，赐名“灵虚”，泰和三年（1203年）仙去。至元六年赠“长生辅化明德真人”。他的传承派别称为全真随山派，简称随山派。主要著作有《仙乐集》、《至真语录》、《道德经注》、《阴符演》、《黄庭述》等。

徐大椿（1693—1771年），原名大业，字灵胎，晚号洄溪老人，江苏吴江松陵镇人。自《周易》、《道德》、《阴符》，以及天文、地理、音律、技击等无不通晓，尤精于医，悬壶济世。著书颇多，有《兰台轨方》、《医举源流》、《论伤寒类方》、《难经经释》、《医学源流论》、《神农本草经百种录》、《医贯砭》等。

闵一得（1749—1836年），为清代著名道士，名苕旉，原名思澄，字谱芝，又字补之，号小艮，道名一得，别号懒云子。出生于湖州府乌程县仁舍镇（今属湖州市吴兴区织里镇仁舍村），世为吴兴望族。龙门派第十一代传人。《古书隐楼藏书》收清人和自撰内丹书二十八种（光绪本三十六种）。

李涵虚（1805—1856年），四川乐山市市中区茅桥镇凌云乡李家湾村人，原名元植，师事吕洞宾和张三丰。潜修数载，于清咸丰六年（1856年）成道，乃改名西月，字涵虚，号长乙山人，又称圆峤外史，创立大江西派。著述有《太上十三经注解》、《〈无根树词〉注解》、《道窍谈》、《三车秘旨》、《后天串述》、《九层炼心》等，编《张三丰先生全集》。

《道教易学系列丛书》，首先是以"道"注解《周易》的著作，代表作品是《易说》、《周易恒解》、《周易集说》；其次是图书易，代表作品是《易数钩隐图》、《易象图说内外篇》、《易图通变》等；再次是直抒丹道真意的著作，代表作品是《会真集》、《金丹大成集》；最后是丹道三大经典《周易参同契》、《文始真经》、《阴符经》的代表性注解。《文始真经》、《阴符经》虽非易学著作，然而其理与《周易》相合，为了保证丹道体系的完整性，我们也将其选入其中。

《道教易学系列丛书》所依据的底本有道藏辑要、道藏精华、正统道藏、藏外道书、四库全书等。

道文化，无疑是华夏文明的根文化，如果说道家（道教）、儒家为这个根上生出的最大两枝，那么，百家之学是她的旁枝或小枝。道家（道教）文化中，修道、成道自然是永恒的主题，也是华夏民族的终极关怀所系，故研究的重心自然是修道与成道、传道与创新（养生、修道方法的与时俱进，符合当代人的生活方式）。

谨以这套丛书献给关注华夏文明复兴的人们！

谢增虎于甘肃省社会科学院

二〇一二年十二月

《易说》自序

圣贤之学，岂有高远难几者哉？亦曰明乎天道，以人合之而已矣。夫以人合天，抑岂有他哉？亦曰与时偕行而已矣。时未至则有静默之守，时既至则有满盈之戒。察乎阴阳之消长，于以识吉凶悔吝之几，故圣贤用显用晦，变化无方，而进退咸宜焉。由此观之，与时偕行非即圣贤之学哉？第小儒曲学，昧于从违，往往宜晦而显，宜退而进，静默不知守，满盈不知戒，或失之躁，或失之亢，几萌不惕，变至不审，日趋于凶咎悔吝之途，而人道沦没。圣人于是作易，以明天道于六爻之中，著阴阳之变化，盈虚、消息、进退、存亡皆寓于其内，其示人以趋避也至矣。然其义显矣而又甚隐，其辞明矣而又甚微。浅者或以为占筮之书，深者或以为天机之秘。京房、辅嗣、焦生、子云之流所见尚如是，矧下焉者乎？孰知大而邦国之治乱，小而身家之盛衰，与夫持躬涉世、处人接物，均不越乎易焉。大哉易乎！利用安身之道，达天知命之学，舍易何适哉？夫圣人往而微言绝，易道不明，天人学晦，畴为忧盛危明，永得无失者乎？孔子曰："加我数年，五十以学易，可以无大过矣。"寡过之学，诚莫如易，易其可不学乎哉？故予有世道人心之忧焉，乃取六十四卦，详为说辞，明为剖晰。后之学者，观象玩占于阴阳消长，辨吉凶于几先，进退显晦不失其道，庶几治国、守家、保身、理物皆有赖焉。余之说易，未敢云有功于易，然以人合天之理，启迪来学，使利贞常获，无蹈危机，是余之志也夫。

黄鹤山人吕子题于空秀阁

《易说》题词

古今来讲易者不下数十百家，类皆各抒所见，或言理、或言数，斤斤辨论于卦爻之内，纵极会而通之、触类而长之，究于羲画以前之易固未有当也。

我孚佑帝师，本上古皇覃氏临凡，洞澈乾坤之隐奥，了明性道之根源。自唐成进士后，屡有阐易微义，垂示法言，惜未汇传于世。兹寿山堂《易说》，乃古洞藏本，试拈香默玩，洗心庄诵，觉圣言亹亹，未尝不依文解义，而实已超超乎高挹象数之表，将羲、文、周、孔之心传一一指出，至矣！尽矣！蔑以加矣！至首卷图解，发前圣所未发，蓦然启视，如披三清秘笈，开玄窔、睹天文矣。夫易，心易也，天人相合之妙，古今不变之机，皆载于易，即人之“视履考祥，其旋元吉”，亦于易备之。此身心性命之学也，道之原也，帝师安能已于言哉？孔子曰，五十学易，可无大过。五与十皆河洛之中也，中心之谓也。惟从心上加功，故说可无大过，学者三思之。当知假年之说，未必与此五、十二字强为胶粘而言之。如是说易，乃深合羲、文、周、孔之心源也。

忆昔孚佑帝师，曾将千古未泄之秘，尽传于希夷陈先生，俾嘉惠后学。数传而至穆修，乃得邵康节先生而广演之。我帝师又亲与证明，重加指授，现身说法，世所习闻。兹因重订全书，正宗敬述于此，以作原起云尔。

宏教弟子柳守元熏沐题词

目　录

目　录

目　录

目　录

目　　录

目　录

第一部分　易说图解

一　河图元图　洛书元图

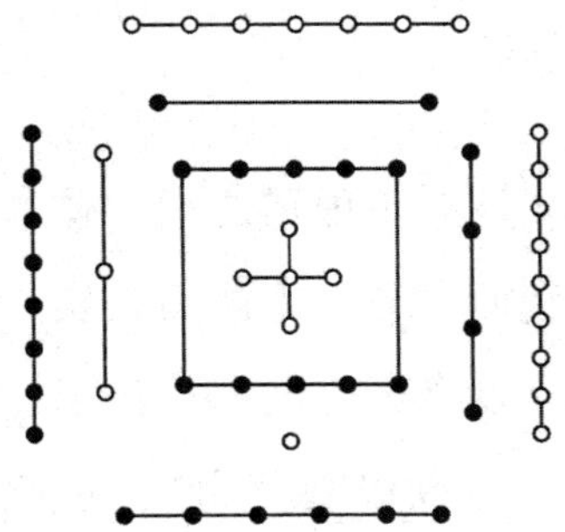

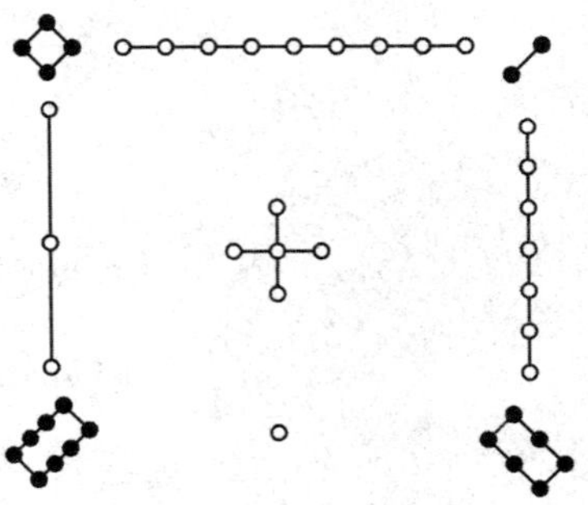

二　先天混极图解

混极者，虚中之象也。苞象数于清浊未分之内，具形器于图书将判之先。其气机毕具者，言两仪、四象、八卦之理暗然藏伏，所谓体不杂乎阴阳之太极也；形器已呈者，言虽有仪象卦画之分，而其所以然之理，初无声臭之可求，所谓用亦不离乎阴阳之太极也。

三 先天元极图解

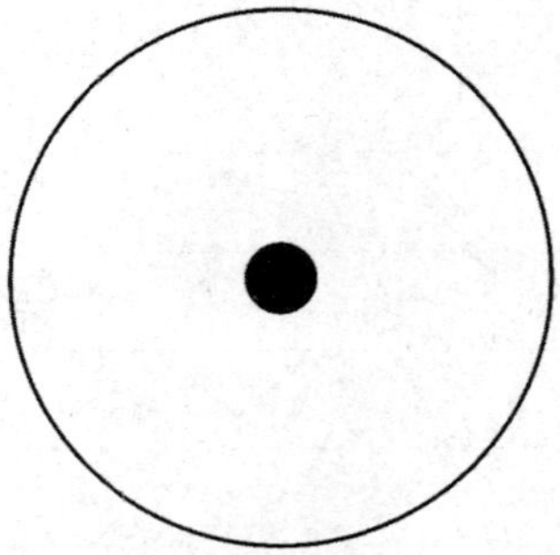

元极者，本元始之凝合，藏太和之细缊，粹至精而无色，含一炁而无形。正“有物浑成，先天地生”之谓也。居混沌之先，清浊一致，具阴阳之体，变化有机，包三古而立混极之元，还终天而为始天之化，兹非太极之气母乎？是以知无终尽之机者，易也；有相生之本者，乃元极之神也。性超无极而独立者乃能见之。

四 先天灵极图解

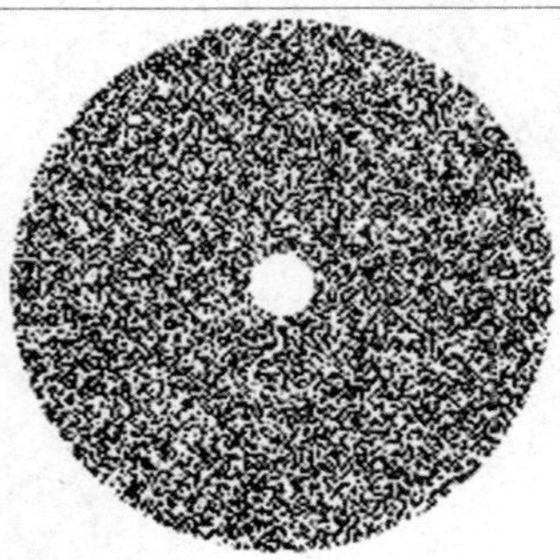

灵极者，藏妙有于虚灵之内，体真无于有极之先，不别而自分，不凿而自实，将以启造化之初机，发灵光之始窍。经云：“常无欲以观其妙，有欲以观其窍”，正此时之探取也。道虚则大，心虚则灵，故灵极为天地之始窍，即为万物之化源也。

五 先天太极图解

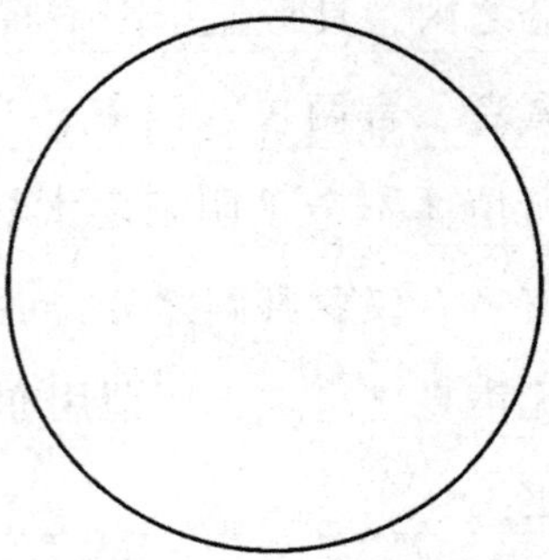

太极者，灵极之渐辟而渐虚者也，洞然不杂于阴阳，朗然不亏于元体。存变化于无定极之中，而阴阳自有至定极之理，所以上之一即阳之奇也，下之二即阴之偶也，其中以奇偶之画合而歧之即人也。人之用，出于阳之上而包于阴之外，故能参天两地而成位乎其中也。不言元极，则太极同于一物，而不足为万化之本根；不言太极，则元极沦于空寂，而不能为万物之资始。是以动静无端，阴阳无始，正太极之妙用也。

六　中极动静图解

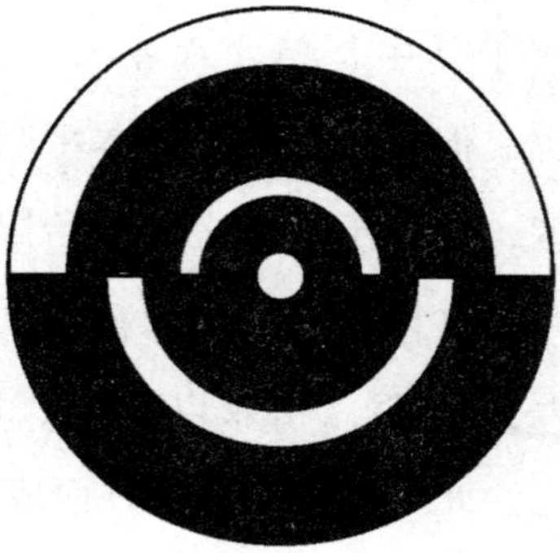

中极者，即灵极本来之真体，太极初分之始机。向之凝者渐融，形者渐运。阳动而上，动中有阴；阴静而下，静中有阳。静极则为动之体，动极即为静之用。交相体用，运行不息。静则阴之体立而阴以分，动则阳之用行而阳以分。但阴阳当以上下分，不当以左右列；动静当以生中含化，不当以极后推复也。故太极本自嶷然，乘气机而端变化，本于刚柔相生之至理，非有颠倒造化之能、转移乾坤之力者，不能知其所以然之妙也。

七　少极变化图解

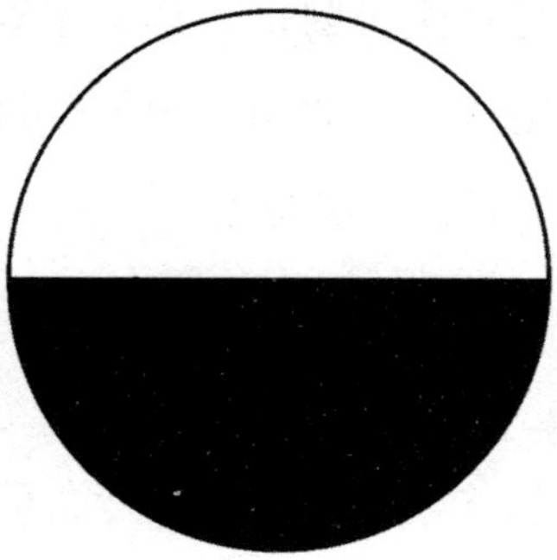

少极者，一奇立于其中，二偶分于左右，阳气屈曲于其下，积气尚微，生机尚伏，故谓之少也。但阳既动而轻清者上浮，阴既静而重浊者下沉，则天气升而生化，地气降而化生。由是一元真炁充塞两间，生生不穷，化源具备已。如阳始生为水，水尚柔弱，必至生木而气始强盛；阴始生为火，火尚微渺，必至炼金而力始坚固。故水为阳之稚，木为阳之盛；火为阴之稚，金为阴之盛也。老阳老阴不能复生，必得少阳少阴而后能成生育之功。少极继生生于太极之后者，岂非为三才之朕乎？

八　太阳图解

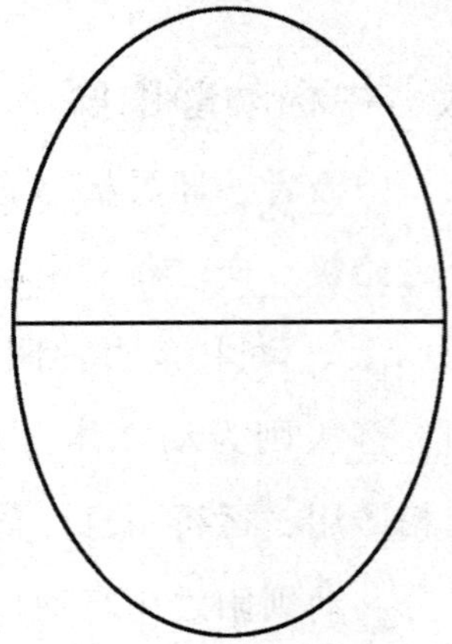

太阳者，日也。以太极之全体，一画横亘于其中，精实而不亏，故日为太阳之象也。但日虽阳精，质本乎阴，燠万物而化光者，必资于月质之合，始阳得蔽而不泄。是以日之体本阴，阴之精藏乎阳也，得其体则万古不变，相兼以成者，即相待以久之理也。此日之所以交于月而成易也。

九　太阴图解

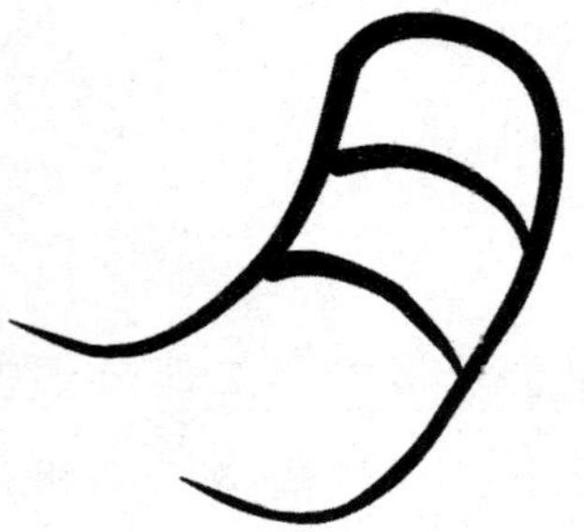

太阴者，月也。以太极之分形，二画并列于其中，精虚而不盈，故月为太阴之象也。但月虽阴精，质本乎阳，丽万物而有常者，必借于日光之合，始阴有主而不散。是以月之体本阳，阳之精藏于阴也，得其用则盈虚有度，相克于隐显者，即相制于上下之理也。此月之所以承于日而成易也。

十　象明图解

象明者，因日月之象而合之以成明，因日月合明而体之以成易，故“悬象著明莫大乎日月”。“日月之道，贞明者也”，贞明者，易之义也。盖日东月西则为明，日上月下则为易，阴阳变化特一旋转运用之间耳。故易之体用不胶于离南坎北之方位，不睽于先天后天之推移。隐显融通，一名而含三义，其易之谓乎！以交代而名则曰易，所谓生生不穷是也；以常体而名则曰

不易，所谓定位不移是也；以改革而名则曰变易，所谓变则必通是也。易者其德也，不易者其位也，变易者其气也。以往来环转之机，律上下一中之理，岂非“日月相推而明生焉”之谓乎？

十一　三才图解

三才者，以偶之二叠于奇一之上，数象合三，乃天地人之全体也。天开于子，地辟于丑，人生于寅。以人而具二炁之精，立两仪之极而首出乎其中矣。以藐然之身而乃与天地并立为三，至其为道，又与天地混然而无间，其可不知所以自立之义哉！盖盈天地之间者惟万物，而人居万物之一。物之感人，人之应物，无时不然。及其扩充运用，正三纲、明五教、序万事，穷理尽性以至于命，致中和、赞化育、参天地而相与于无穷者人，又与太极同其功用也。故“易之为书也，广大悉备，有天道焉，有人道焉，有地道焉”，“立天之道曰阴与阳，立地之道曰柔与刚，立人之道曰仁与义”也。是以三才之统，还于太极之一也。

十二　先天八卦合洛书数图解

先天八卦，乾兑生于老阳之四九，离震生于少阴之三八，巽坎生于少阳之二七，艮坤生于老阴之一六，其卦未尝不与洛书之位数相合。

上古神龟出洛，其数戴九履一，左三右七，二四为肩，六八为足，五居其中。以一九三七阳数居四正之宫，二八六四阴数居四隅之地。始于一而终于九，五行之性顺则相生，逆则相克，而以一六水克二七火，二七火克四九金，四九金克三八木，三八木克中五土，中五土克一六水，右旋一周以见循环制化之理。

洛书之序自北而西，右旋而相克，然相待之位，东南四九金生西北一六水，东北三八木生西南二七火，而相生已寓乎相克之中。盖造化之理，克而不生则所克者必至灭绝已。是以克里含生，生之即所以成其克之之权。相克而有相生之机，于洛书而见之矣。

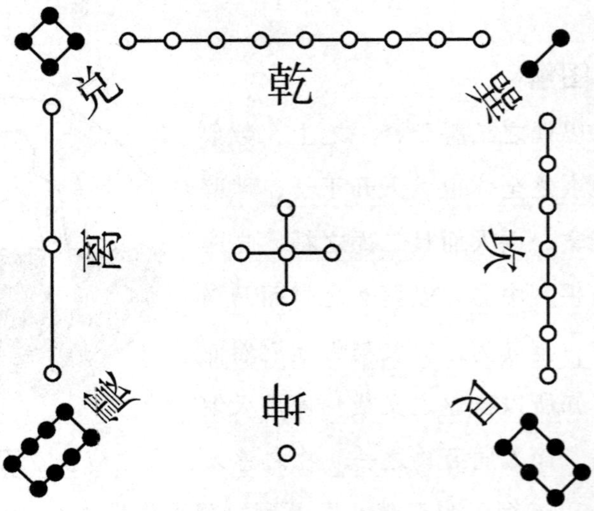

十三 后天八卦合河图数图解

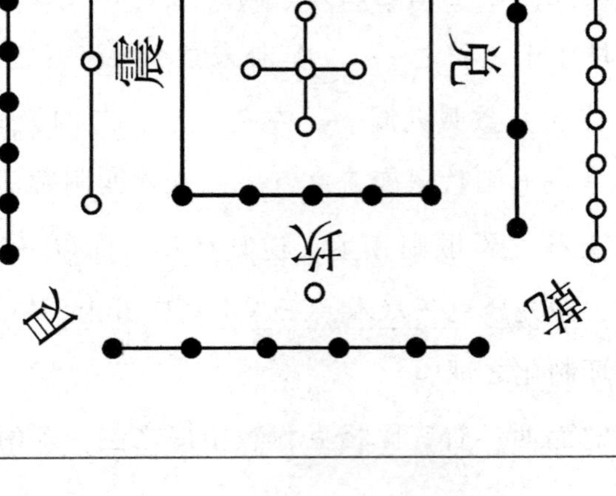

后天八卦，坎一六水，离二七火，震巽三八木，乾兑四九金，坤艮五十土，其卦未尝不与河图之数位相合，此图书所以相为经纬而先后天亦有相为表里之妙也。

上古龙马负图出河，其阴阳奇偶错综分列，皆本乎天地自然之文。伏羲则而象之，绎成为图，其于八卦之义自相吻合。生数居内，成数居外。一二三四五，生数也；六七八九十，成数也。一乃数之始，十乃数之终，五为天地之中数，即阴阳之统会也。阳生阴成，阴生阳成，内外配合，五行各居其方。生数至五已极，一乘五为六，故一六同位于北；二乘五为七，故二七同位于南；三乘五为八，故三八同位于东；四乘五为九，故四九同位于西；五乘五为十，故五十同位于中。合而观之，奇偶并处，阴阳类从，乃相得有合而同处其方，并行而无碍者也。观其相生之序，一六水生三八木，三八木生二七火，二七火生五十土，五十土生四九金，金复生水，左旋一周，以见生生不穷之义。

河图之数自北而东，左旋而相生，然对待之位，北方一六水克南方二七火，西方四九金克东方三八木，而相克者寓于相生之中。盖造化之理，生而不克则生者无有裁制，非天地一生一成之功也。是以生中带克，克之正所以全其生之之德。先天以克为生，于河图而见之矣。

十四　阳奇图解

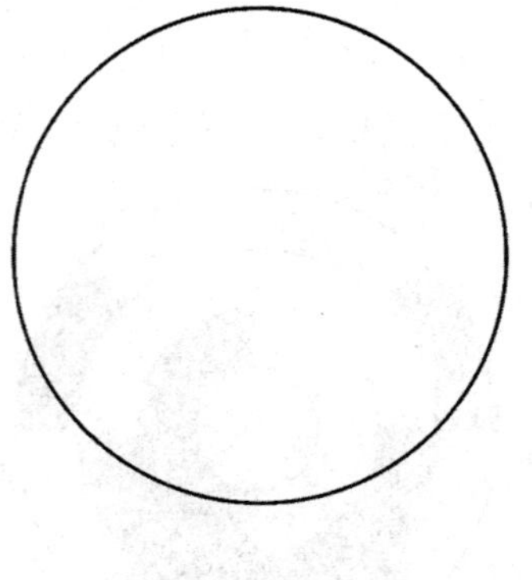

阳奇者，包羲氏仰观俯察之余，见天之不满于西北也，故将太极之全体，欲分补其西北，而申之使直焉，则为一而横陈也。于是画一画以象之，其数奇，即谓之奇，阳之所以一而实也，而天运之左旋、四气之顺布，莫不自天门之辟而出之矣。彼圣人者，岂徒为一画而已哉？

十五　阴偶图解

阴偶者，包羲氏又有见于地之不满于东南也，复将太极之全体，欲分补其东南，而析之使两焉，则为一而并列矣。于是断一画以象之，其数偶，故谓之偶，阴之所以二而虚也，而寒暑之平分、山河之两截，莫不自地户之辟而见之矣。作易者，岂泛然为二画而无本欤？

十六　两仪生四象　四象生八卦图解

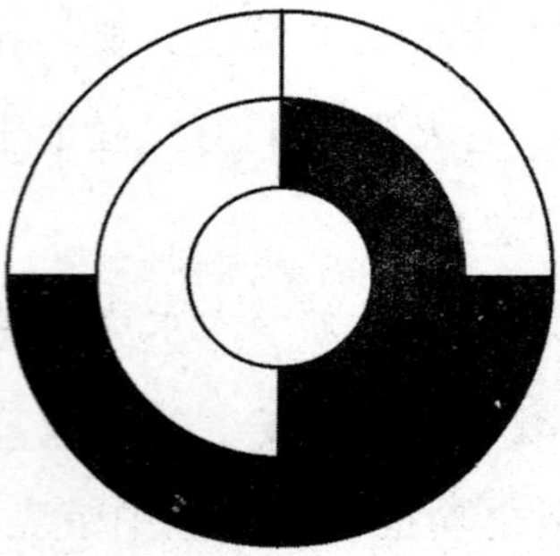

自太极相涵，阴阳摩荡，左阳右阴，两仪判矣。一元含化，两两相摩，阴阳老少，四象见矣。四象相摩，循流环转，分方定位，八卦成矣。此皆从天地氤氲之气自相摩荡而成，非强为布置于其间也。或谓乾坤定位于上下，坎离分衡于左右，艮山峙形于西北，兑泽通气于东南，以明天高地卑、日东月西、山起有原、水归有委、春近必雷、秋近必风之理。虽然，此亦是先天卦位已定，其气机岂因变化相合而后定先天之卦位哉？天地之初，未有此形，先有此气，未蕴此气，先藏此理。理不可见，是为无极。及其无中生有，体象浑沦，其气氤氲，将以化醇，是为太极。太极摩荡而生两仪，左为阳，右为阴也。

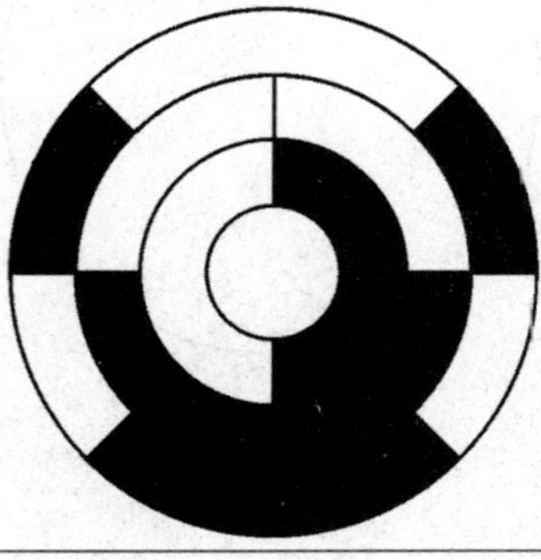

两仪摩荡而生四象，则有太阴、太阳、少阳、少阴之别。四象摩荡而生八卦，自然乾南坤北，离东坎西，兑居东南，艮居西北，巽居西南，震居东北矣，圣人亦何尝别其义以强合哉？不过就太极相涵之数与太极初分之理推移以定斯位，故天上地下、日东月西、山起有原、水归有委、春近必雷、秋近必风之数自具于中，岂强为布置于其间也？即自震而离而兑而乾，阳之复也，故为顺；自巽而坎而艮而坤，阴之渐也，故为逆。阳生于子中，而极于午中；阴生于午中，而伏于子中。其阳自东而南，其阴自西而北。故乾尽午中，坤尽子中，坎尽酉中，离尽卯中，乃阴阳对待之理，即阴阳起伏之机也。观日以亥子，观月以晦朔，岁以冬至为始，令以四季为序，此正阴阳相交、动静相生之妙也。故知太极无所不包，则知两仪、四象、八卦之变化，无不涵蕴于其中也，此即气化自然之理矣。

十七　乾坤阖辟图解

易曰："阖户谓之坤，辟户谓之乾，一阖一辟谓之变，往来不穷谓之通。"是以阴阳阖辟之法象，不独取诸卦画而取诸乾坤也。以乾坤为大父母，自一阳生于子，传至巳而六阳气足，则长养之用已极，卦为一阴生而继之以姤。自一阴生于午，传至亥而六阴气盈，则肃杀之机已极，卦为一阳生而继之以复。阴极生阳，时之至子，一阳来复，乃以柔遇刚也。丑二阳为临，寅三阳为泰，至正月而乾道小成矣，盖言泰卦之下体成乾也。卯四阳为大壮，辰五阳为夬，至巳而六阳已极，乾体大成。纯阳太过，不可用事，当此时万物皆动，故乾之六阳为辟。阳极生阴，时之至午，一阴生而为姤，此以刚遇柔也。未二阴为遁，申三阴为否，至七月而坤道小成矣，盖言否卦之下体成坤也。酉四阴为观，戌五阴为剥，至亥而六阴已极，坤体大成。纯阴不及，不能用事，当此时万物皆静，故坤之六阴为阖。然阴极生阳，阳极生阴，自子至巳，乾爻主之，自午至亥，坤爻主之，乾坤定位乎其中，阴阳化形于其外，互相消息，环运不穷。是以一阳息则一阴消，一阴进则一阳退也，往来变通之妙，不于此而可见哉？

十八 伏羲则河图以作大易图解

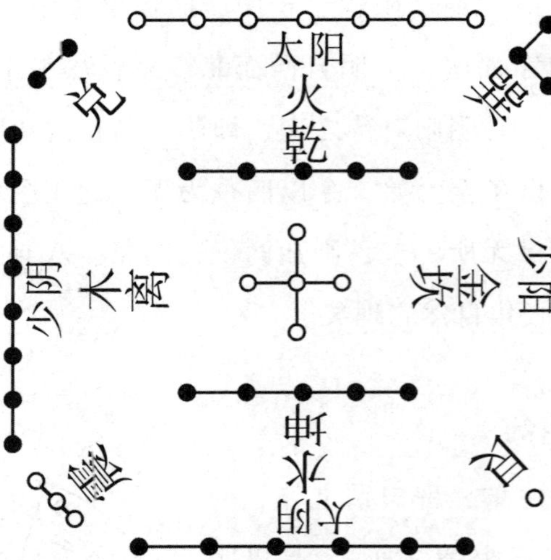

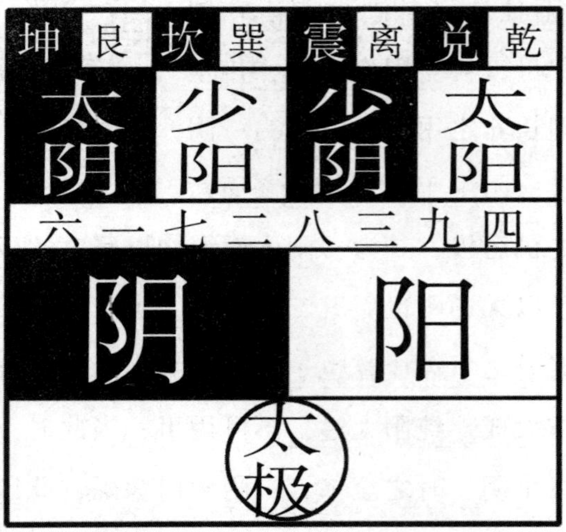

横图者，卦画之成数；圆图者，卦气之运行。以卦配数，离震艮坤为同，而乾兑巽坎为异。盖以阴之老少至静而守其常、阳之老少至动而通其变故也。

十九　大禹则洛书以作洪范图解

“天乃锡禹洪范九畴，彝伦攸叙，初一曰五行，次二曰敬用五事，次三曰农用八政，次四曰协用五纪，次五曰建用皇极，次六曰乂用三德，次七曰明用稽疑，次八曰念用庶征，次九曰向用五福，威用六极。”洪范九畴配九宫之数，阴阳之用备矣。

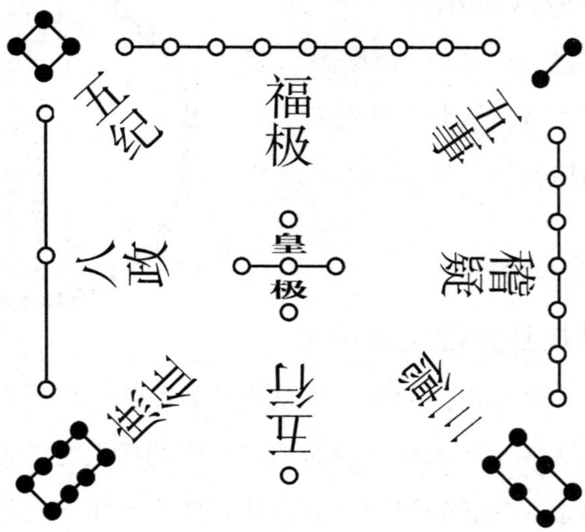

伏羲继天而王，受河图而画之八卦；禹治洪水，锡洛书而陈之九畴。河图、洛书相为经纬，八卦、九章相为表里。大抵经言其正，纬言其变，而二图之左旋右转、右转左旋互为正变者也。主河图而言，则河图为正，洛书为变；主洛书而言，则洛书为正，而河图又为变。要之，天地间不过一阳一阴而已。太极主乎中，两仪转乎外，五行变动于参互之间，即可攸分经纬而相为表里也。是以河图不但可以画卦亦可以明畴，洛书不特可以明畴亦可以画卦，当时圣人不过因时论事、取象垂法耳。若以变通言之，伏羲之画卦，其表为八卦而其里固可以为畴；大禹之叙畴，其表为九畴而其里固可以为八卦。河图之文，七前六后、八左九右；洛书之文，九前一后、三左七右、四前左、二前右、八后左、六后右。象以圆者为星辰，方者为井地，以奇者为阴用，以偶者为阳用。而羲文因之而作易，禹箕叙之而作范也，则知相通互用之妙。天下之万象，不出乎一方一圆；天下之万数，不出乎一奇一偶；天下之万理，不出于一动一静；天下之万声，不出于一阖一辟也。探索于此，可以体天地而知变化也矣。

二十　太极中分八卦图解

太极中分八卦图，以伏羲横图合观之，则阴阳上下之分，八卦内外之别，了然在目。则知画前有易，便可参先天造化之机矣。

二十一　伏羲八卦方位次序图解

伏羲八卦，乾坤坎离为四正，震兑巽艮为四隅，所谓先天也。文王八卦，坎离震兑为四正，乾坤艮巽为四隅，所谓后天也。先天之为后天也，以变易而成也。四正相交则变其卦体，四隅不相交则易其方位。乾交于坤而变为离，坤交于乾而变为坎，离交于坎而变为震，坎交于离而变为兑，此四正之交也。坤得乾而以阴承阳则退居西南，乾得坤而以阳薄阴则退置西北，坤居巽位则巽顺乎坤而移于东南，乾居艮位则艮避乎乾而移于东北，此四隅之易位也。造化之变易自然而然也。乾坤为父母，而坎离代其位，震巽用其权，艮兑终其事。故坎离者，乾坤之用，而六子之体也。坎卦阳里而阴表，离卦阴里而阳表，阴阳之交即性命之蒂也。六虚之动，坎离之运用也；万化之流，性命之根源也。是故八卦者，天体之自然也，即心体之自然也。圣人则而象之，理而分之，本无矫强之智也。

伏羲八卦方位图

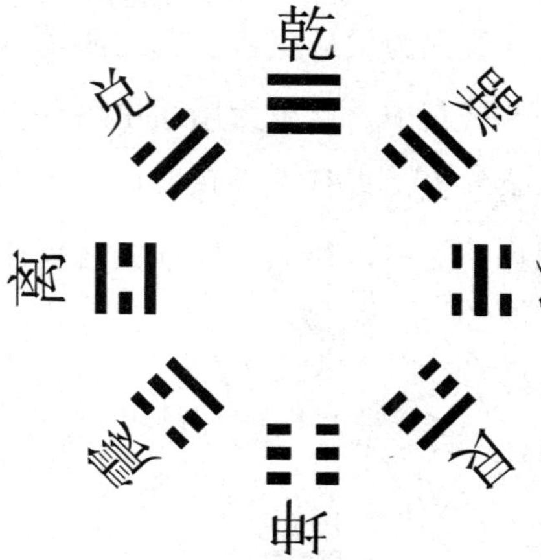

伏羲八卦次序图

<table>
<tr><td>八</td><td>七</td><td>六</td><td>五</td><td>四</td><td>三</td><td>二</td><td>一</td></tr>
<tr><td>坤</td><td>艮</td><td>坎</td><td>巽</td><td>震</td><td>离</td><td>兑</td><td>乾</td></tr>
<tr><td colspan="2">太阴</td><td colspan="2">少阳</td><td colspan="2">少阴</td><td colspan="2">太阳</td></tr>
<tr><td colspan="4">阴</td><td colspan="4">阳</td></tr>
<tr><td colspan="8">太极</td></tr>
</table>

二十二　文王八卦方位次序图解

先天之为后天，何也？乾自南而北，以与坤交则退居亥位；坤自北而南，以与乾交则退居申位。亥者水之父也，申者金之母也。乾居父位以生水，而坎子居北，故水为天一子，首十二辰也。水生木则震居东，木生火则离居南，火生土则坤居西南，土生金则兑居西，至于金则又生水焉。土本居中，分王四方，是以乾坤艮巽皆土位也。坤为阴土而收火之余气则不过寒，故能生金；艮为阳土而藉水之余气则不过燥，故能资木。乾之阳金得土而旺，故先为父以生水；巽之阴木得土而培，故能为母以生火。金水相生，乾居其中，此乾为阳而主生气也；火金相克，坤居其中，此坤为阴而主杀气也。五行之变化，虽不可胜穷，而生生之理不外乎此也。生所以制克，克所以继生，即太极之周流也。自强不息体于此也。

文王八卦方位图

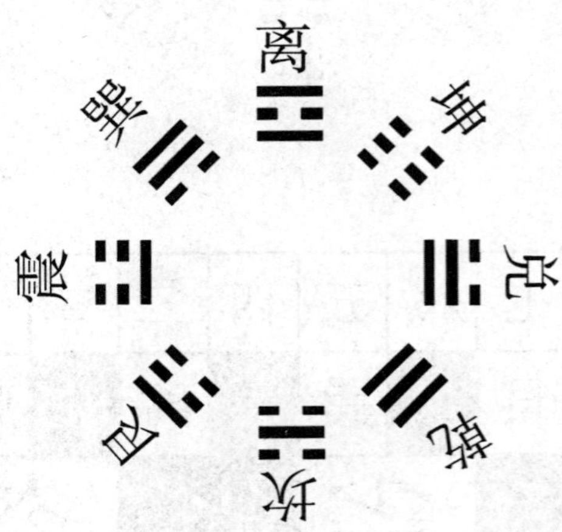

文王八卦次序图

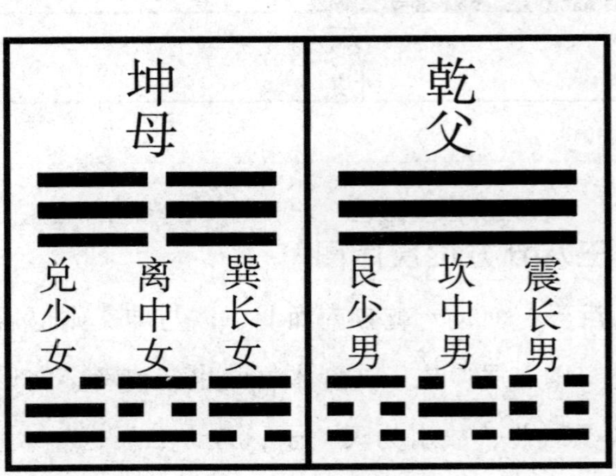

二十三　六十四卦方圆图解

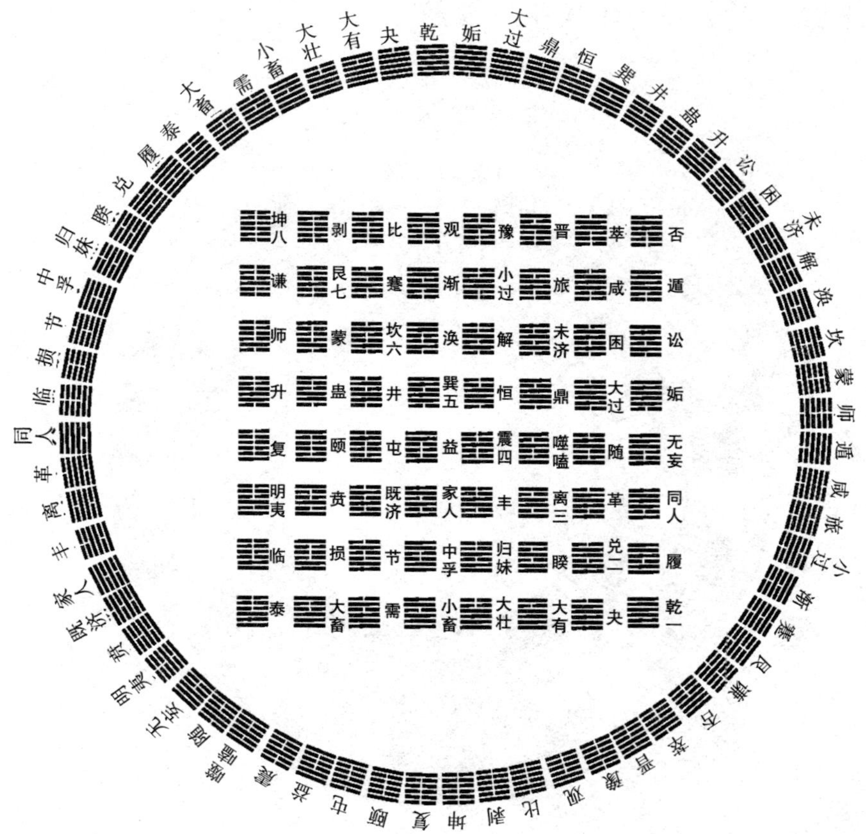

伏羲之图，所谓八卦方位也，外此而横图也，圆图也，方图也，则皆邵子之图也。图从中起，其心法也。三图不同，其揆一也。横图之序始乾终坤，而震巽居其中，阴阳不起于乾坤而起于震巽也。震巽者，阴阳之初也。由震巽而坎离，由坎离而艮兑，由艮兑而乾坤，所谓图起于中，原于此也。即横图之两仪中分之则为圆图，即横图之八卦重累之则为方图。圆图周围皆八也，而震巽居中为之交接；方图纵横亦皆八也，而震巽居中为之联属。故图起于中者，震巽为之也，即天之根也，月之窟也，六十四卦之枢也，在人心则寂感之交也，在事物则万化之本也，此先天定位之玄机也。

二十四　六十四卦刚柔相摩图解

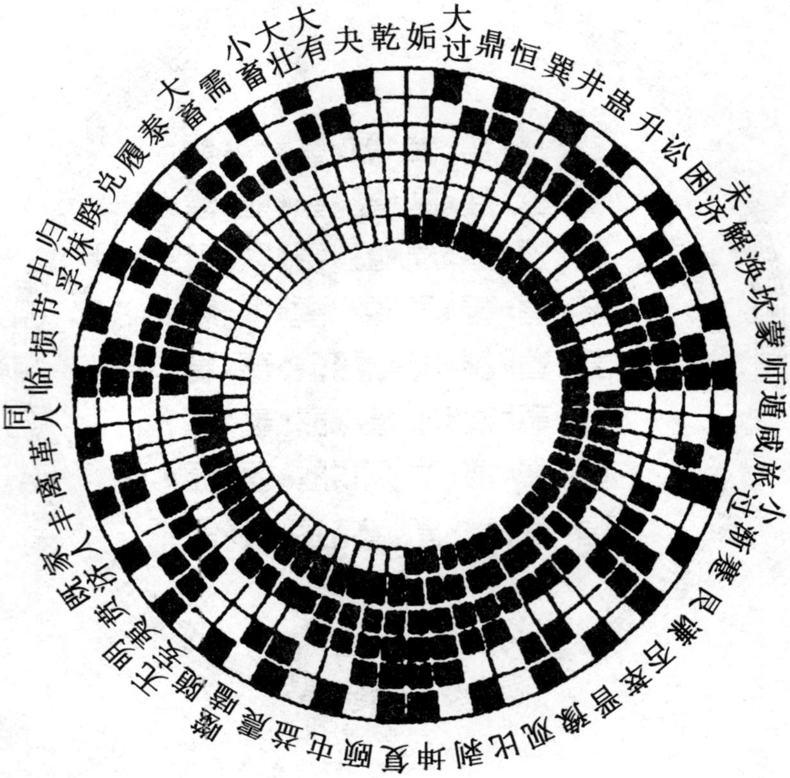

观八卦相生图，阴阳迭运，刚柔相摩，乃太极中变化之本根也，正指二气之相成也。盖天体至圆，运行不息，其行日夜一周，绕地左旋，两极不动，北高南下，阴阳交感。阳自东升，阴自西降。南随阳气上升而牵于左，北随阴气下降而牵于右。自外动而观乎变，理虽繁，可以执一御也；由内静而返之极，义虽博，可以一名举也。得其自然之主，不宰之宰，则六十四卦原无卦也，三百八十四爻原无爻也。是故卦画有先后而理气无后先。阴阳为动静，动静即阴阳。以至神者而象之，至妙者而物之，可方可圆，变动不居，易之形象明矣，而天道自然之运亦明矣。

二十五　六十四卦分配节气图解

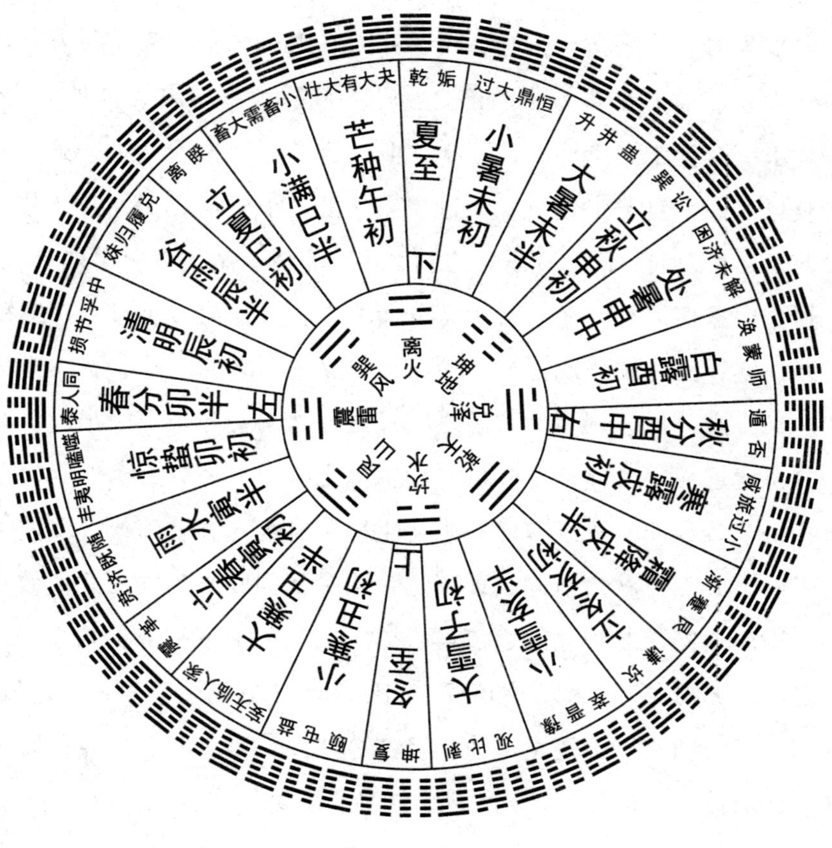

易之数，由逆而成，逆知四时之谓也。盖太阳未交以前，乾未生也，自其上生一奇，则为乾，而兑犹未生也，然其生之势不容已，不必太阳上生一偶，方知其为兑，即乾而逆推，兑于未生之前，已知其必为兑矣。少阴未交以前，离犹未生也，自其上生一奇，则为离，而震犹未生也，然其生之势亦不容已，不必少阴上生一偶，方知其为震，即离而逆推，震于未生之前，已知其必为震矣。自巽五至坤八，其所推者亦然。如是春而推夏，知春之后必为夏；自夏而推秋，知夏之后必为秋；自秋而推冬，知秋之后必为冬。以炁相接，以神交换，所谓逆知四时之谓者此也。

以节候合卦气而言之，复为冬至子之半，颐、屯、益为小寒丑之初，无妄、临、家人为大寒丑之半，震、革为立春寅之初，贲、既济、随为雨水寅之半，丰、明夷、噬嗑为惊蛰卯之初，泰、同人为春分卯之半，损、节、中孚为清明辰之初，归妹、履、兑为谷雨辰之半，离、睽为立夏巳之初，大畜、需、小畜为小满巳之半，大壮、大有、夬为芒种午之初，至乾之未交夏至午之半焉。此三十二卦，皆进而得夫震、离、兑、乾已生之卦也。姤为夏至午之半，大过、鼎、恒为小暑未之初，升、井、蛊为大暑未之半，巽、讼为立秋申之初，困、未济、解为处暑申之中，涣、蒙、师为白露酉之初，遁、否为秋分酉之中，咸、旅、小过为寒露戌之初，渐、蹇、艮为霜降戌之半，谦、坎为立冬亥之初，萃、晋、豫为小雪亥之半，观、比、剥为大雪子之初，至坤之未交冬至子之半焉。此三十二卦，皆进而得夫巽、坎、艮、坤未生之卦也。二分二至四立，总为八节，每节各计两卦。以震之一阳初生同革卦为立春之值候，以巽之一阴初生同讼卦为立秋之值候，以离之一阴中伏同睽卦为立夏之值候，以坎之一阳内伏同谦卦为立冬之值候。以三阳三阴上下平分，阳在下者为春分之值候，阴在下为秋分之值候。以一阳生于五阴之下为冬至之值候，以一阴生于五阳之下为夏至之值候。纪分四序，炁合八卦。左行合于先天已生之阳数，右转合于后天未生之阴数，大易之秘见于斯矣。

二十六　阴阳律吕生生图解

阴阳律吕图，以见阴阳往来、隔八相生之义。乾为八卦之首，以类相从，配黄钟而起子，即先天坤位，乾坤始交之义也，故一阳生于子，而为万化之根。坤为老阴之偶，就其眷恋，隔八下生，配林钟而起未，后天坤位乃归根复命之机。子、寅、辰、午、申、戌，阳也，乾之属也。三男从父，长男虽当午位代父之职，不敢自专，原从父而起子。坎，中男也，故起于寅。艮，少男也，故起于辰。丑、亥、酉、未、巳、卯，阴也，坤之属也。三女从母，故长女起丑，中女起卯，少女起巳。巽居

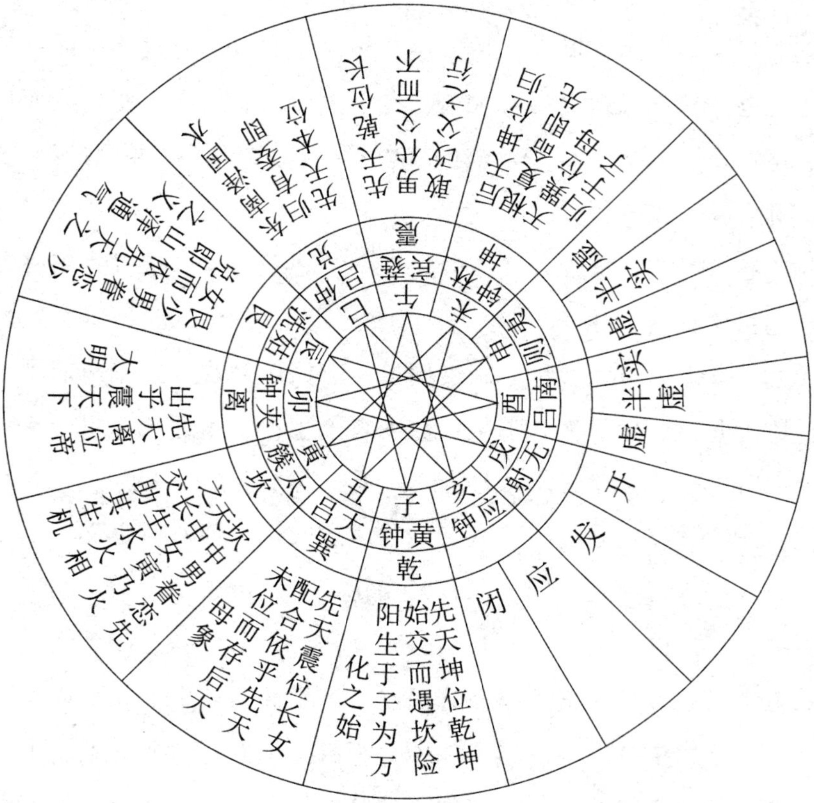

未而起丑，离居酉而起卯，兑居亥而起巳者，故内卦三爻位从我外而推，外卦三爻方从我后而出。巽不从母起未，而从本宫相对起丑者，长女乃阴之始，其势方长，故内从夫志而外承母谊。离之先天居卯，帝出乎震，天下大明矣。兑之先天在巳，东南泽国，水归有委矣。坎中男眷恋中女，而傍先天之离，寅乃火之长生，水火相交，助其生机也。艮少男眷恋少女，而邻先天之兑，山泽通气，意有所属矣。阳刚用事，不必托体，皆能自立，阴柔之德，依附而成，故皆有所本耳。三八为木，八者生成之数也，且卦止于八，隔八相生，义类从也，是吞吐阖辟、往来进退皆不出其数耳。于是黄钟子生林钟未，林钟未生太簇寅，太簇寅生南吕酉，南吕酉生姑洗辰，姑洗辰生应钟亥，应钟亥生蕤宾午，蕤宾午生大吕丑，是皆阳下生阴，阴上生阳也。阳起于子，阴起于丑，阳自奋而起，阴自合而止，阳生阴而阴生阳者，虽云隔八相生，实以见对代参，前有三合将周之义也。盖有天地而后有水火，有水火而后有山泽，有山泽而后有雷风，故先天乾、坤、坎、离当四正之位，震、巽、艮、兑列四维之地，即可见阴阳后先之理矣。

古者考律推声，出音入义，必先立黄钟之平为本。是以一阳来复之子，律起黄钟而为万事根，其管长九寸，九九八十一也。凡律吕之数，以九乘之，九者阳极之数也。阳极则风生，风以鼓吹，发于声而中乎音者也，故用九数。然数多者下生，数少者上生，相生之数不出于八，增减之数不出于三。三者东方之生数也，即三才之理也。一生二，二生三，三生万，三者其万化之机乎？八者木炁之成数也，即八风之义也。二而四，四而八，八而为六十四，八者其变化无穷之数乎？此相生相因，增减之所由分也。以下生者，倍其实，三其法；以上生者，四其实，三其法。上生皆三分损益，下生亦三分损益。宫生商，商生羽，羽生角，角生徵，此五音相生之次也。然十二辰，每辰各有五音，要皆不出十二律之正声也。黄钟之律九寸下生林钟，林钟之律六寸上生太簇，太簇之律八寸下生南吕，南吕之律五寸三分寸之一上生姑洗，姑洗之律七寸九分寸之一下生应钟，应钟之律四寸七十四分四不尽上生蕤宾，蕤宾之律六寸三十二分五九二一下生大吕，大吕之律四寸二十一分七二八一上生夷则，夷则之律五寸六十二分三零四一下生夹钟，夹钟之律三寸七十四分八六九四上生无射，无射之律四寸九十九分四九二五三下生仲吕，仲吕之律六寸六十五分九九八十有一，此十二律长短上下相生之一终也。是以黄钟生林钟，一阳生二阴也；林钟生太簇，二阴生三阳也；太簇生南吕，三阳生四阴也；南吕生姑洗，四阴生五阳也；姑洗生应钟，五阳生六阴也；应钟生蕤宾，则六阴生一阴矣。虽阴不生阴，然声音之道，低极不能顿高，况数极则变，变则以极阴而生微阴，正低极而欲高之机也。蕤宾生大吕，一阴生二阳也；大吕生夷则，二阳生三阴也；夷则生夹钟，三阴生四阳也；夹钟生无射，四阳生五阴也；无射生仲吕，五阴生六阳也；仲吕生黄钟，则六阳生一阳矣。虽阳不生阳，然律吕之义，紧极不能骤缓，况节变则通，通则以极阳而生微阳，正吐极而欲吞之候也。此非阴阳相生、虚实借用之妙乎？

二十七　三分损益图解

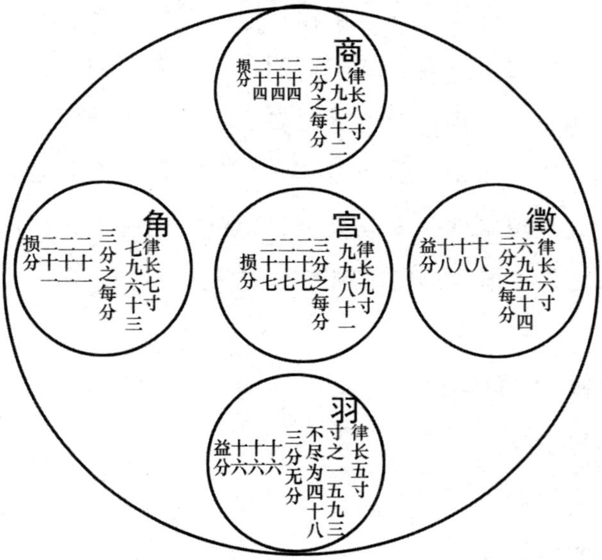

天地之道，形以气感。声音之道，气以形应。是气也，触于形而发于声也。声从阳起，九者阳之极也。极则生风，见之于声。是以律吕相生，以九乘之。然形有长短，气有衰旺，故声有高下之分，音有清浊之殊耳。黄钟之律九寸，九九八十一也，宫之数也。分而三之，每得二十七数。三九之数已极，势不能增，不增则减，故损一分而留二分，共存五十四数而生徵。太簇之律八寸，八九七十二也，商之数也。分而三之，每得二十四数。三九之数已盈，数益多矣，即欲不损不可得也，故损一分而留二分，共存四十八数而生羽。姑洗之律七寸，七九六十三也，角之数也。分而三之，每得二十一数，损之又少，益之又多，故有奇零。有奇零则不能生，所以五音遇角而收，收者变之机也。蕤宾之律六寸，六九五十四也，徵之数也。分而三之，每得一十八数，数已少矣，若使再损，五音皆无其数，故益一分十八，共积七十二数而生商。夷则之律，五寸三十二分三，不尽五九四十五，三三不尽而为四十八，羽之数也。分而三之，每得一十六数，数甚少矣，虽欲不益，不可得也。故益一分十六，共积六十四数而生角。羽有奇零者，音之尽也，角之应也。角有奇零者，音之中也，羽之生也。角，其阳之阖乎？羽，其阴之开乎？于此可以见阴阳开阖之机矣。阳数多而阴数少，数多而损，阳生阴也；数少而益，阴生阳也。一损一益，进退之道也。阳主升而阴主降，阴以生阳，升而进也；阳以生阴，降而退也。一升一降，阖辟之机也。损益升降，往来不穷，进退阖辟，吞吐高下，要皆气之感乎形，而形达乎气者耳。若非律吕之长短损益，何以别声音之高下清浊哉？

二十八　天根月窟图解

耳目聪明男子身，

洪钧赋予未为贫。

手探月窟方知物，

足蹑天根始识人。

乾遇巽时观月窟，

地逢雷处见天根。

天根月窟闲来往，

三十六宫都是春。

易者，履运处身之道也。凡动而生阳，静而生阴，理也；动而无静，静而无动，物也；静而无静，动而无动，神也；静中有

动，动中有静，气也。一动一静之间，往来不失其衡者，即天根月窟之谓也。所谓天根者，指坤震二卦之间为言也，坤震之间，阴既极矣，阴复孕阳，微阳将生，即天所生之根也。所谓月窟者，指乾巽二卦之间为言也，乾巽之间，阳既极矣，阳将生阴，微阴复生，即月所出之窟也。阴阳，一元气也，非有二也，动而阳，静而阴，更相禅代，无有穷已。方其动而阳也，非全无阴，阳渐盛则阴渐微，及其静而阴也，非全无阳，阴渐盛则阳渐微。盛之极者消，则微之极者息矣。知此，则知坤震之间，乃乾之静专既极，而动直之将萌也，故曰天根。乾巽之间，乃坤之静翕既极，而动辟之将萌也，故曰月窟。盖天包地外，地下有天，凡根之著愈深，则萌之所发愈畅，此天根之名所以立也。月之魄，受日之光，就月之无光处，正月之本体始现，此月窟之名所以立也。气机阖辟，流行不已，而人物生焉。以吾身而处乎人物之中，必也下极乎动静之间，如足之蹑天根，上极乎动静之间，如手之探月窟，真有以见乎气机消息之妙，而后可以喻于呼吸存存之窍。所谓三十六宫，即指八卦之画为言也，以刚画奇为一，柔画偶为二，合阳宫之十二、阴宫之二十四，共成三十六宫之数也。以耳目聪明之身而探月窟蹑天根，知物识人，灼见乎震、巽之出入，即造化之所往来也。闲心独处，无将无迎，无起无灭，默合流行之妙，则泛而应，曲而当。三十六宫，阳宫不暑，阴宫不寒，无适而非春也。是故万物化光皆根于心，心之为根也，心之为窟也，生生不息，与震俱出，与巽俱入，不戕其根，不障其窟，则满腔皆春，发育万物，是无偏倚驳杂之虞也已。

二十九　阴阳消息图解

天地，阴阳之大体也；日月，阴阳之精华也。天地之阴阳何寓？见于日月之升沉往来、日月之交会盈虚，验于阴阳之消息藏伏。然太阳之光明有常，太阴之亏盈不一，故以太阴之见象验卦气之消息也。如月晦无光，坤之象也，阴之极也。阴极生阳，于是初三月朏，一阳下生，震

消象

☷坤本阴体一阳方长 ☳震卦成而坤卦消
☳震本一阳二阳渐长 ☱兑卦成而震卦消
☱兑本少阴三阳盈满 ☰乾卦成而兑卦消
☰乾本阳体一阴方长 ☴巽卦成而乾卦消
☴巽本一阴二阴渐长 ☶艮卦成而巽卦消
☶艮本少阳三阴盈满 ☷坤卦成而艮卦消

息机

☳ 震本一阳阴极生阳卦自坤来 ☷
☱ 兑本少阴二阳渐长卦自震来 ☳
☰ 乾体纯阳阴气尽矣卦自兑来 ☱
☴ 巽本一阴阳极生阴卦自乾来 ☰
☶ 艮本少阳二阴渐长卦自巽来 ☴
☷ 坤体纯阴阳气尽矣卦自艮来 ☶

之象矣，而坤体消焉，是以震来消坤，而震卦已立。八日上弦，二阳下生，兑之象矣，而震体消焉，是以兑来消震，而兑卦已立。望则月体圆全，三阳盈满，乾之象矣，而兑体消焉，是以乾来消兑，而乾象已立。然阴未尽，则阳亦未极，阴尽而阳极矣。极则必变，变则阴生阳而阳生阴矣。如望之三阳盈满，乾之象矣，阳之极也。阳极生阴，于是十八日，一阴下生，巽之象矣，而乾体消焉，是以巽来消乾，而巽卦已成。廿三日下弦，二阴下生，艮之象矣，而巽体消焉，是以艮来消巽，而艮卦已成。晦则月尽无光，三阴盈满，坤之象矣，而艮体消焉，是以坤来消艮，而坤卦已成。阳往则阴来，阴往则阳来，毫无勉强，故名曰消。消者，剥也，以下灭上之义也；息者，长也，以上得下之义也。阳退则阴进，阴往则阳来，是以阳渐消而阴渐长，阴渐消而阳渐长也。然阳未尽则阴亦未极，阴未尽则阳亦未极，阴尽而阳极矣，阳尽而阴极矣。极则必变，变则通，是以升降进退，往来不穷也。受生则为进气，恋生则为泄气，进气则长，泄气则落，落之极即长之端，消之极即息之机也。故消之所以待谢，即息之所以待长欤？息长消剥，升降之机也。盛衰代谢，进退之舍也。易曰：君子道长即小人道消，小人道衰即君子道长。岂非阴阳消息之机乎？观诸夬剥二卦可见矣，自坤卦一阳上升而变成夬，自乾一阳下降而变成剥，一以消而落，一以息而长。消其以下侵上乎，息其以上生下乎，返本推原，生长不息，可以验阴阳老少变化之端倪矣。然六卦有象可凭，而坎离则无象可比，故云藏伏。藏伏非无象也，实以见阴阳正位乎中，内以合外，外以合内，消中含息，息里藏消，消息之妙用无穷，正化育之功能无尽也矣。

三十　卦序图解

上经

上经三十卦之象之序，合而言之，所谓易之阳体，乾坤坎离为主者是也；分而言之，乾坤坎离虽均为主，然乾坤君也，坎离臣也。就乾坤言之，乾阳也，坤阴也，阳体之中又有阴阳先后之分焉，前为阳中之阳，后为阳中之阴，故乾坤坎离或用事于前，或用事于后也。

兑　乾　巽
乾坤正用　乾☰　坤☷　一元之始　离　　坎
震　坤　艮

乾居六十四卦之首，其为上经之主，固不待论。乾与坤对，是乾为主，坤从乾也。以易经卦义次序而观，则乾第一，坤第二，屯第三。但见其为乾先坤后，不见其为乾上坤下，安在其为坤从乾耶？惟以两卦对配而观，则是乾之六画在上，坤之六画在下，乾为主，坤从乾，其义始明。传曰："天尊地卑，乾坤定矣。"定于乾上坤下之对，非定于乾先坤后之说也。又曰："垂衣裳而天下治，盖取诸乾坤。"亦取于乾上坤下之对也。上卦为外，下卦为内，乾上坤下，天包地外也，故观象于对，圣人之法也。

乾坤之后受之以屯蒙需讼师比六卦者，坎用事也，此六卦皆有坎之体焉。坎在上经，其体伏于内，二体合而成习坎者，坎之本体也，余六体分而为屯蒙需讼师比六卦者，即坎之用体也。坎之体居上经诸卦之最后，而坎之用居上经诸卦之最先，所以承接乾坤而统摄诸卦也。六子之中独坎先用事，何也？曰：巽离兑皆阴也，震艮虽阳而阳之偏也，惟坎为阳之中，得气中正，故坎在六子以为最贵者也。人见震为长子，为六子中之最重，而不知震坎为乾坤始生之子，震犹长子，坎犹嫡子，盖坎之体正，震之体偏也。屯与蒙为一对，合十二画观之，坎之六画包震艮于中也。分而观之，屯之为卦，坎震也，蒙之为卦，艮坎也，然屯蒙之象，即坎之象。内外敛之，则屯蒙二卦之四象藏于坎卦本体六画之中，发之则坎卦六画所含之四象出而为屯蒙二卦也。震长男坎中男艮少男，上经诸卦惟震坎艮上中下三对，具乾之三男，无阴体之杂者。乾父正位于外，坤母正位于内，乾之三男首出用事，故为诸卦先也。乾坤首用坎而不用离，坎惟含震艮而不含巽兑者，上经乾开坤辟之初，如岁之春，如日之旦，阳德方兴而群阴尽伏也。盖易有伏体，一见则一伏，坎见则离伏，震见则巽伏，艮见则兑伏。坎不合震之上体而合其下体则为屯，不合艮之下体而合其上体则为蒙，震之阳在下，艮之阳在上也。先屯后蒙者，屯之阳生于下体之下而达于上体之中，蒙之阳始于下体之中而达于上体之上也。自震之下达于坎之中，又自坎之中达于艮之上，阳升而上，卦之序也。震之下画即坎二五之中画，艮之上画即乾第三画之纯阳也，坎以中画之阳下合震之下画，上合艮之上画，而成三阳纯乎乾体。此屯蒙所以继乾坤之后而能首出用事也。所以需讼师比又继化成于屯蒙之后，而乾坤皆与坎合也。需讼一对，坎上乾下，乾上坎下，盖乾之上下体与坎合也。先需讼后师比者，乾为主而先合于坎，故坤从乾而亦与坎合也。需先于讼者，坎先合乾，而后乾合坎也。师先于比者，坤先合坎，而后坎合坤也。坎先合乾者，乾坎皆阳而乾尊也，故坎先来合乾，子从父也；坤先合坎者，坤阴也，坎阳也，阳用事，故坤先来合坎，母从子也。以六卦而观之，可以知继乾坤而得炁之中者，乃坎之用事也，而上经之初为阳中之阳是也。

交之阳阴中之经上

共六十卦奇画三十
偶画三十阴阳平也

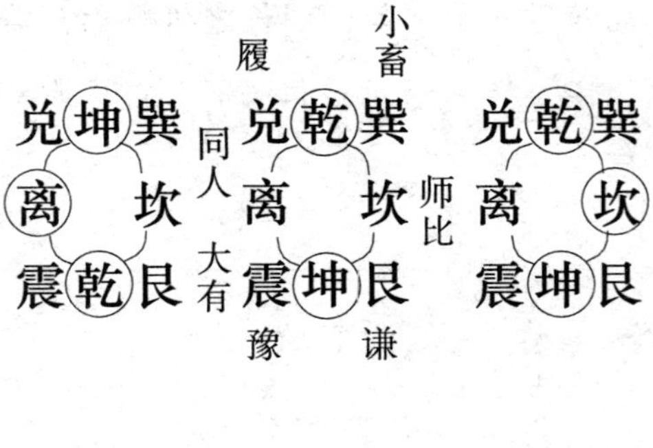

中一节自师比至谦豫
凡十一卦五对

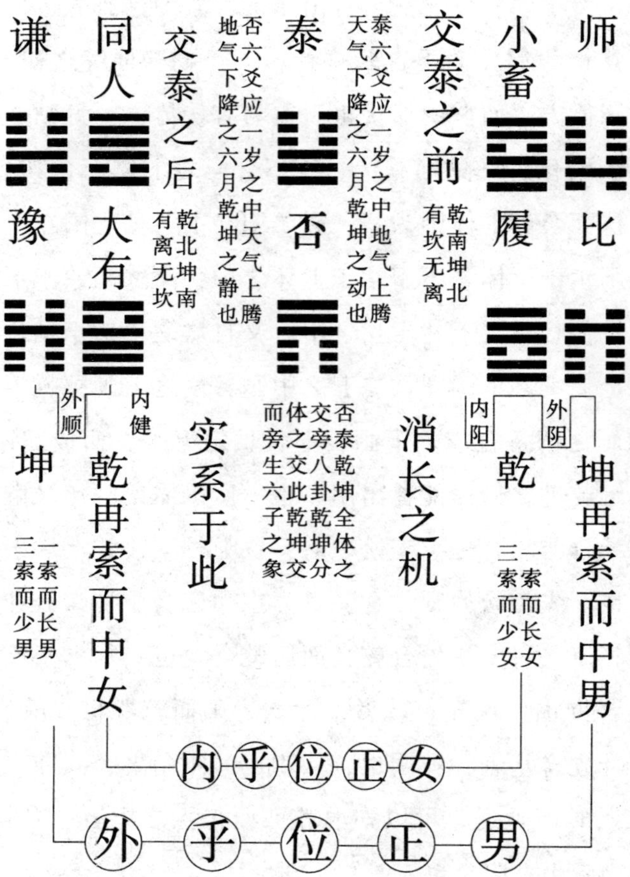

上经中乾坤交而旁生六子之象，消长之机著焉，盖其初也乾南坤北，自泰一交坤西南而为主，乾遂退西北而居下，自是坎不用事而离用事矣，故同人大有接迹于后。

上经之终其君卦则坤为主乾从坤其臣卦则离用事坎不得用事阳中之阴故也

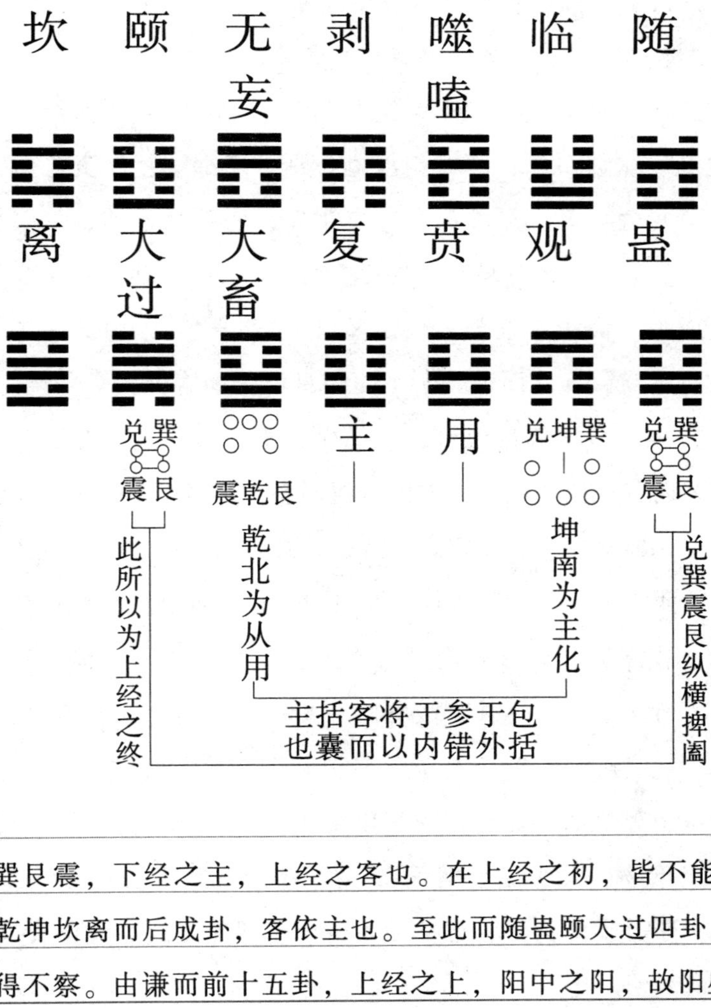

兑巽艮震，下经之主，上经之客也。在上经之初，皆不能自为卦，必依于乾坤坎离而后成卦，客依主也。至此而随蛊颐大过四卦，客自为卦，不得不察。由谦而前十五卦，上经之上，阳中之阳，故阳盛而主旺客衰；由豫而后，上经之下，阳中之阴，故阳微而主衰客旺。前十五卦，乾坤坎离之体多（二十五），震艮巽兑之体少（五），主盛客微也。乾坤坎离诸体之中，乾复多于坤（乾十坤七），坎复多于离（坎六离二），均之为主而阳又胜于阴也。后十五卦，乾坤坎离之体少（十三），震艮巽兑之体多(十七)，主渐衰而客渐盛也。于震艮巽兑诸体之中，震多于巽(震六巽三)，艮多于兑（艮五兑三）。盖上经之末，虽阳中伏阴，而阳体未衰，客虽侵主，而犹未遽以阴胜阳也。乾坤坎离诸体之中，坤多于乾(坤五乾二)，离多于坎（离四坎二），则主卦外驰而阴反先胜于阳，失其所以为主之道矣。故震艮巽兑不依于乾坤坎离而自为卦，始于随蛊终于颐大过，皆客自为卦也，此四卦者客之营垒机穽也。

上经诸卦，惟临、观一对，阴过于阳，体兼杂炁，皆坤倡离和之顺化也。故贲、噬嗑一对，所以相承也。剥、复继噬嗑、贲之后，无妄、大畜继剥、复之后者，见坤为主，离用事，而乾从于坤也。阴长阳消，主衰客盛矣。虽然，客岂遽侵主哉？主交客而致其来也。坤交艮而成谦，震交坤而成豫。谦居十五卦之末，豫居十五卦之首，由此而进气于上，阳日以长而主盛，旋此而退气于下，阴日以长而客强，盖阴阳主客盛衰消长之几会也。自后气机流行，一失而为谦、豫，主交客而致其来矣，然主虽交客而客犹依主也。再失而为随、蛊，则客不复依主而能自立矣。方其一失也，坤交艮、震而成谦、豫，其卦居随、蛊之先，则主之交客，犹在吾疆畛而未入于吾之窟穴也。及其再失也，坤交兑、巽而成临、观，其卦居随、蛊之后，则入客之窟穴之内，反其本体，与客之贵者交矣。自是而后，皆为震、艮之体，故噬嗑、贲一对，与之交者离也，剥、复一对，与之交者坤也，其极至于无妄、大畜一对，则与之交者乾也。无妄以乾合震，乾犹居震之上，大畜以艮止乾，乾反居艮之下。回视上经之初，首出庶物，几于冠履倒置已，故受之以颐、大过、艮、巽、震、兑而终焉。于是上降为下，客反为主，此岂偶然之故？观象者可不极深而研几于此哉？

下经

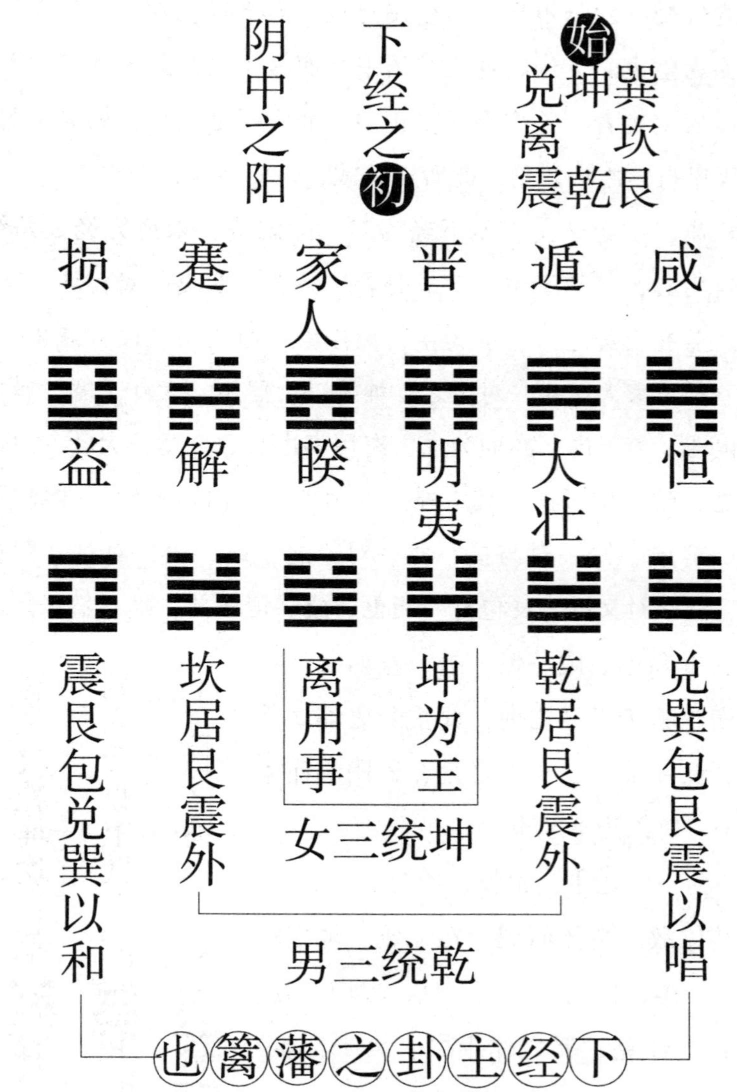

易经之有上下，犹诗之有正变，下经卦序当以变观，不当以正观也。未交泰以前，乾南坤北，既交泰以后，乾北坤南，此以变言也。

下经之卦，非首于咸、恒，以后天生气推之，乃实首兑、艮与震、巽也；非终于既、未，以先天成数归之，乃终于坎、离也。盖始乎山泽通气，雷风相薄，终于水火不相射之理者，此六子之交也。上经父母以先天元始之气交，六子不交，乃生制克也。至下经，六子以后天元始之气交，此克为生也。上经乾坤之交居中，而六子之交居于下经之前与后者，犹父母居室尊者，并位乎堂之正中，而六子之夫妇，列居乎堂下之左右，有尊卑自然之法象焉，此所以首咸、恒而终既、未也。

乾坤坎离，上经之主，至下经为客，除既济、未济为经之始终外，余皆不能自为卦，必依于主而后成卦者，独晋、明夷一对，坤、离合而能自为卦。盖在上经之末，坤为主，离用事，祖其余气以分旺也。〇合晋、明夷一对与家人、睽一对论之，坤统三女居遁、大壮、蹇、解之中，而兑、巽包坤、离于内，亦坤为主，离用事也。〇合遁、大壮一对与蹇、解一对论之，乾、坎居艮、震之外，内阴外阳，内顺外健，坤离唱而乾坎和也。〇合咸、恒一对与损、益一对论之，咸、恒一对兑、巽包艮、震，而损、益一对又震、艮包兑、巽也。咸、恒居前，损、益居后，兑、巽唱而艮、震和也。咸、恒、损、益四卦往来上下，纵横驰骋于下经之前，此主卦之藩城篱栅也。〇合此一节十二卦参考之，皆阴唱而阳和，此下经之所以为下经也。

兑、巽为下经之主，犹乾、坤为上经之主，其卦均，其体敌。自体而观上经，乾、坤之体十二，坎八，震、艮七，离六，兑、巽四，乾、坤最尊也；下经兑、巽之体十二，离十，震、艮九，坎八，乾、坤四，兑、巽最贵也。乾、坤居上经，其体十二，兑、巽在下经，其体十二，岂非兑、巽与乾、坤并乎？自卦位而观，乾居南之正中，兑、巽居南之两旁，三体相比，位正于上。及泰、否既交，则坤南乾北，兑、

下经之㊥主受客来故乾坤坎离入于兑上巽下包括之终也

夬 ䷪ 姤 ䷫ 兑巽包乾

萃 ䷬ 升 ䷭ 兑巽包坤

困 ䷮ 井 ䷯ 兑巽包坎

革 ䷰ 鼎 ䷱ 兑巽包离

巽与坤亦联合于上方，他体莫得与焉。此下经中一节之卦象，所以有兑、巽而无震、艮也。然上经乾、坤最尊，而乾又尊于坤；下经兑、巽最贵，而兑又贵于巽，何也？先天图太极生两仪，两仪生四象，四象生八卦，图内太阳一象加一奇而为乾，加一偶而为兑，乾一兑二，乾、兑实并立乎太阳一象之上，他卦不得并焉。此兑、乾所以能相视为敌体，此乾所以为上经之主，兑独能转上经而为下经，而以其体居六十八体之最先而为主也。然不特下经之象其体居先，自上经后一节十二卦，首之以随、蛊一对，已居其最先矣。知微知彰，知柔知刚，观卦序之象者，思过半矣。

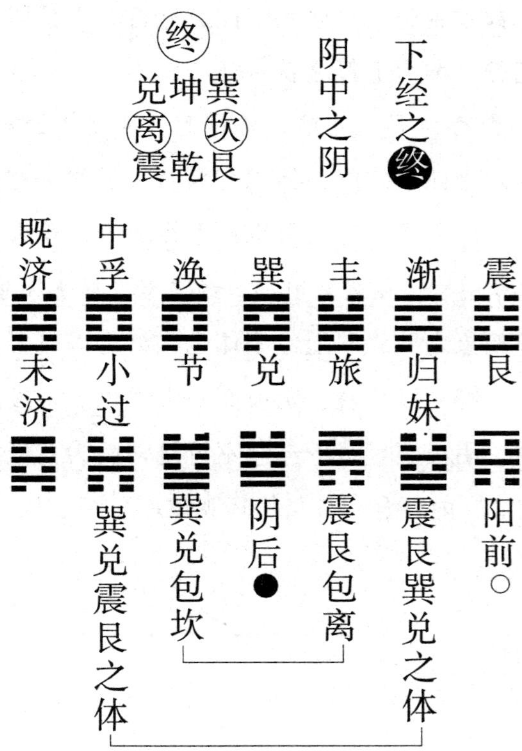

下经之下一节，震、艮、巽、兑四主卦具焉。不居下经之前，乃居下经之后，盖下经之初，阴中之阳，动也，用也；下经之末，阴中之阴，

静也，体也。所以然者，体立于内而用行于外也。然震、艮、兑、巽四卦互为体用，而震、艮居前，巽、兑又居后者，震、艮阳也，阳由此而宣布于上也，巽、兑阴也，阴由此而承伏于下也。再合此以下十二卦并论之，则震自震、艮自艮、巽自巽、兑自兑，分阴分阳，各自为对，此又是震、艮、巽、兑之分体也。渐、归妹、中孚、小过四卦，阴与阳合而成一卦，此又是震、艮、巽、兑之合体也。至丰、旅、涣、节四卦，又震、艮、巽、兑之互体也。皆体也，而非用也，主静也，而非动也，故下经之下一节，阴中之阴故也。

合中孚、小过、既济、未济而论，六子交卦之体全也，上经颐、大过、坎、离亦然。抑以见乾、坤居六十四卦之首，六子居六十四卦之终也。分而论之，则乾、坤为上经之首，咸、恒为下经之首，坎、离不交之体为上经之尾，交者为下经之尾。总有乾、坤之体为六十四卦之首，即有坎、离之用为六十四卦之终，体用互易乃大易之关键也。以卦序言之，上经之初，坎、震用事，春之象也；上经之末，离火用事，夏之象也；下经之初，兑泽用事，秋之象也；下经之末，坎水用事，冬之象也。推四气之周流，即四象之脉络。上经阳体也，终之以离者，阳极而一阴生也；下经阴体也，终之以坎者，阴极而一阳生也。阳极阴生，上经所以转而为下经之用，阴极阳生，下经岂不可复转而为上经之体乎？故上下经之卦序刚柔相济、内外合一，当循环观象而玩绎之也。

第二部分　易说上经

一　乾卦

☰乾下乾上

乾：元亨利贞。

初九：潜龙勿用。

九二：见龙在田，利见大人。

九三：君子终日乾乾，夕惕若厉，无咎。

九四：或跃在渊，无咎。

九五：飞龙在天，利见大人。

上九：亢龙有悔。

用九：见群龙无首，吉。

彖曰：大哉乾元！万物资始，乃统天。云行雨施，品物流形，大明终始，六位时成，时乘六龙以御天。乾道变化，各正性命，保合太和，乃利贞。首出庶物，万国咸宁。

象曰：天行健，君子以自强不息。

潜龙勿用，阳在下也。见龙在田，德施普也。终日乾乾，反复道也。或跃在渊，进无咎也。飞龙在天，大人造也。亢龙有悔，盈不可久也。用九，天德不可为首也。

文言曰：元者善之长也，亨者嘉之会也，利者义之和也，贞者事之干也。君子体仁足以长人，嘉会足以合礼，利物足以和义，贞固足以干事。君子行此四德者，故曰："乾，元亨利贞。"

初九曰："潜龙勿用。"何谓也？子曰："龙德而隐者也。不易乎世，不成乎名，遁世无闷，不见是而无闷，乐则行之，忧则违之，确乎其不可拔，潜龙也。"

九二曰："见龙在田，利见大人。"何谓也？子曰："龙德而正中者也。庸言之信，庸行之谨，闲邪存其诚，善世而不伐，德博而化。易曰：'见龙在田，利见大人'，君德也。"

九三曰："君子终日乾乾，夕惕若厉，无咎。"何谓也？子曰："君子进德修业。忠信，所以进德也；修辞立其诚，所以居业也。知至至之，可与几也；知终终之，可与存义也。是故居上位而不骄，在下位而不忧。故乾乾因其时而惕，虽危无咎矣。"

九四曰："或跃在渊，无咎。"何谓也？子曰："上下无常，非为邪也；进退无恒，非离群也。君子进德修业，欲及时也，故无咎。"

九五曰："飞龙在天，利见大人。"何谓也？子曰："同声相应，同气相求。水流湿，火就燥，云从龙，风从虎，圣人作而万物睹。本乎天者亲上，本乎地者亲下，则各从其类也。"

上九曰："亢龙有悔。"何谓也？子曰："贵而无位，高而无民，贤人在下位而无辅，是以动而有悔也。"

潜龙勿用，下也。见龙在田，时舍也。终日乾乾，行事也。或跃在渊，自试也。飞龙在天，上治也。亢龙有悔，穷之灾也。乾元用九，天下治也。

潜龙勿用，阳气潜藏。见龙在田，天下文明。终日乾乾，与时偕行。或跃在渊，乾道乃革。飞龙在天，乃位乎天德。亢龙有悔，与时偕极。乾元用九，乃见天则。

乾元者，始而亨者也；利贞者，性情也。乾始能以美利利天下，不言所利，大矣哉！大哉乾乎！刚健中正，纯粹精也。六爻发挥，旁通情也。时乘六龙，以御天也。云行雨施，天下平也。

君子以成德为行，日可见之行也。潜之为言也，隐而未见，行而未

成，是以君子弗用也。

君子学以聚之，问以辨之，宽以居之，仁以行之。易曰：“见龙在田，利见大人”，君德也。

九三重刚而不中，上不在天，下不在田，故乾乾因其时而惕，虽危无咎矣。

九四重刚而不中，上不在天，下不在田，中不在人，故或之。或之者，疑之也，故无咎。

夫大人者，与天地合其德，与日月合其明，与四时合其序，与鬼神合其吉凶。先天而天弗违，后天而奉天时。天且弗违，而况于人乎？况于鬼神乎？

亢之为言也，知进而不知退，知存而不知亡，知得而不知丧。其唯圣人乎！知进退存亡而不失其正者，其唯圣人乎！

古者包羲氏，仰观象于天，俯观法于地，中察鸟兽之文与地之宜，近取诸身，远取诸物，于是作八卦，以通神明之德，以类万物之情。八卦之元，始于乾坤二义，乾健坤顺，所以明太极阴阳之理也。贯三才而宗太极，统四象而汇五行。

首之以乾者，盖以为众卦之父母也，非专言天地之位也。蕴先天一画之玄，启造化浑沦之用，刚健中正，纯阳不杂，乾乃天德之刚也。

元亨利贞，发于文王，以天明人也。四德之义，著于孔子，以人胜天也。卦而纯阳也，纯心纯政，终始不渝。扩之而广大，行之而通达，得之而攸利，存之而贞固。冥运默成，无待勉强。此德化之盛，惟天与圣人始足以当之耳。

卦辞之意不专言圣人者，不欲以是绝天下也。何也？乾德者，万物之乾德也。天地非虚寂也，天人非遐隔也，圣人非生而有余也，众人亦非生而不足也，自强不息，其致一也。三才之立始于乾元，而三才之用发于人心。是人心者，乾坤之变化也，易即人心之所藏也。有天地而无人心。生生之理，畴为大之，畴为通之，畴为利之，畴为贞之也。人心所至，鬼神所至也。鬼神所体，人心所体也。是故拟诸形容，象其物宜。上稽动变之繁，下征蓍策之应，欲人反诸心而自得之也。故穷理尽性以至于命，一也。是以知易，心易也。以易为书则泥，皆未明于大易之秘也。善学易者能于一念入微，极深研几，适乎万变周流之妙，则虚明寂照之体，可以合乎元亨利贞之用也已。

乾六龙，皆圣人也。潜、见、惕、跃、飞、亢，惟其时也。时下则下，时上则上也。下非固于隐也，上非竞于趋也。阳德之变化，圣人因之而上下也。

如初有圣德，时当侧微，宜为潜龙之待也。凡圣贤抱大经纶，皆从潜养中出。曰勿用者，不用天下也，非天下之不用也。

二之刚健中正，出潜离隐，犹龙之在田，居位不偏，处于平易之地也。然身虽寄于畎亩而德已显于寰宇，乃声施泽溥之机也。曰利见大人者，虽非君位，有君之德，天下利见之也。

三处下之上，乾道犹未革也。幸其性体刚健，能忧勤惕厉，可以当任大责重之地也。

四处上之下，乾道则已革也。欲进而革命，犹迟疑于天人去留之际，故为或跃在渊之象也。然三之将革，则待时而厉，四之已革，则揆时而试，皆与乾道相为变化也。渊视之田则危矣，跃视之见则疑矣。跃以安天下也，跃而不离乎渊，所以安其身也。

五乘刚而居天位，象飞龙在天之庆，以圣德而御大器，则大人之路亨也。制度经纶与天下初为更始，非徒恭默而已，将以为万物快睹之休也。

自五而进则极矣，阳极则亢，物极则反，上九所以有悔也。但乾道岂遂以亢终，识其通变之术，即可复于潜龙之用，故不言凶也。龙之言亢，亦圣人处于时之当亢也。时之当亢，圣人不能反亢之有悔，仅能易亢之无凶也。

呜呼！天地既闭，则显不如隐；万物思治，则默不如语，惟其时也。

尧舜逊上而五者也，文王逊五而四者也，周公惕于三者也，孔子见于二者也，亦潜于初者也，故曰乾六龙皆圣也。六爻说

六爻之体，初二为地，龙之下位也；五上为天，龙之上位也；三四不言龙，以人位而当时乘者也。而九三一爻居人道之首，故独言乾乾也。圣人之乘六龙，无所不惕，而独惕于三者，因三处上下之间也。盖六龙诚无一首，而时乘必有六位。乾之下三爻者，皆不得位之圣人也，就不得位之中而安危复殊轨焉。初则潜而不见，二则见而不潜，三则置身于不潜不见之间，邻于潜见之所难持，而又不能遽为飞跃之事而利见之也。不能利见，则必有反而戕之者矣。故圣人危其地而系之辞曰：君子终日乾乾，夕惕若者，惟以进修为实地也。噫！君子居躬行事，反复善道，不但处三之危地者，利用在惕，即地不危而欲以修身见于世者，亦利用惕也。是以知确乎不拔者，惕于潜也；闲邪存诚者，惕于见也；进德修业者，惕于跃也；位乎天德者，惕于飞也；不失其正者，惕于亢也。故圣人乘龙御世，无时而不惕也。乾乾惕语

乾卦六爻之后曰：用九，见群龙无首。何也？九为乾德之极，阳极于九，刚健之至也。极则必反，用阳之道也。乾以刚健为体，而其用则屈伸变化，莫测其所向，故谓之无首。君子体乾之体，用乾之用，飞潜跃见，圆融应化，亦不胶于一辙。时刚而刚，非有意于刚也，则非以刚为首也。时柔而柔，非欲变于柔也，则亦非以柔为首也。盖君子夙昔抱负亦龙德也，当龙之飞跃，天下莫不快睹，及其乘气茫洋穷乎玄阒之际，其首终莫能见也。呜呼！乾之始物，圣称先天，非无首也。乾始物而终之，圣先天而后之，神化之机皆不见。其为首也，始终先后之间，不失其节，不失其宜，乃所谓则也。天循则而行，故行而不息；君子循则而变，故变而不失也。是故天道之动静无端，阴阳之回环无始，理信然也。阳极用九

夫乾，天也。元亨利贞，其德也。天有四德，惟元所统，此元之所以为大也。元气弘通，品物赖之而生成，化机因之而不滞，则阴阳之阖

辟不偏，乾道之始终无间，乃天理之本然也。故乾道变化，各正性命，保合太和者，此天理之在万物者也。理之在天地者，与在人心者无二；在人心者，与在万物者亦无二。但万物之生，虽或冥顽，而此理无不具也。故乾之为道，或使物随时而渐变者，或使物感气而卒化者，各能正定其性命，而保合此生理也。且天之运行也，行以和也。和即所谓资始之元也，元为理气之始。天德既以时而成万物，即资元而以始流行之正，各保合于太和之中也。万物各保其和，则真性不失，所以利贞也。元不生于元，而生于贞也。当变化之始为元，变化之成为贞。不贞无以为元也，不元无以能贞也。元以得贞，贞以起元，乃万物之机轴也。圣人于此知大明终始也。噫！鼓万物而不激，体乾元而有终者，正时乘御天之妙用也。乾道变化

天体至圆，行有常度而无停机者，天非有体也，因星之附丽以为体也。阳经阴纬，经之体纵，纬之体横。天行度以二十八宿为经，五星之缠为纬。静而有常者，经星主之；动而不息者，纬星主之。体如倚盖，南北二极，平分相贯。北高南下，极中一星，旋转尤速，曰天纽星，即天之枢也。天体不动，非不动也。旋转不离乎垣，犹枢之启闭不离乎臼。见以为动之用若是耳，究其体未尝有所动也，故曰维天之命，於穆不已。天之所以为天也，圣心之运也，岂异哉？尧舜兢业，文王缉熙，孔子不厌不倦，兹皆不待强而自无不息也。贤人以下，非强以矫之，则不能胜矣，故曰君子以自强不息。夫易之象，心之象也。心之用，易之机也。用易者，神而明之，即心用之也。是以六十四卦之大象，皆言以也。言以者，默而会之，则知吾心之用，与易象中之变化，有当然之合也。天地万物之象，皆吾心之象也。吾心之用，即天地万物之用也。故遗心而逐象者，非玩易之玄；舍象而求心者，亦非知易之至也。自强不息

圣人以天地万物为一体，飞、潜、惕、跃乃物理自然之数也，吉、凶、悔、吝乃事理当然之数也。故或隐或见，非圣人之得已也。潜虽圣人之不得已，而圣人无不得已之心也。故曰乐行忧违，确乎其不可拔也。

忧乐者，时也，圣人之心无忧乐也。从违者，时之道也，圣人之行无从违也。或曰：亢龙有悔，圣人遭焉，则亦潜乎？曰：在上则戒，在下则潜。亢非忧违之时也，贵极而无位可处，高极而无民可近，贤人在下位而敌体不应，动而皆悔之时也。圣人于此，惟抑其贵损其高，以下乎贤庶，不至于亢极之害也。如世道衰微，人心危险，当天下之责，岂可委身去之也？惟其不以位为心，则其处亢也，犹其处潜也。或曰：见龙在田，何以言舍也？曰：圣人潜而修也，飞而达也，不潜不飞而在田也，特以为蘧庐，而非所常寓也，匪进则退矣。此圣人乐行忧违之用也。乐行忧违

大抵君相之为，千古之勋猷易振，寸心之诚悫难持。故夙兴匪懈，全从德业之修进也。德业修进又从乎知至知终之妙用。知之德，即乾之至德也。天有常运，进退不失，是天之知也，故曰乾知大始。知之神化，人与天同也。昧而不觉者，不能复其体也。乾之九三，以大臣而处危疑之地，非以知至知终之惕厉，则不能免于倾覆之虞也。大凡德之极至为至，而至之隐微为几，知其至而求所以至之，则可与于微妙之几矣。业之归宿为终，而终之条理为义，知其终而求所以终之，则可存于精确之义矣。几，能动者也。义，守静者也。处进退之宜，知至而进，故可与论几也；知终则退，故可与存义也。虽然，知亦未易言也，以天地一诚之灵气，凝而为知，无心出之，能合于变动始终之妙，苟非无欲者，其孰能之乎？知至知终

河图洛书皆以五居中，而一居下也。大衍之数五十，而虚其一也。其一者，下之一也。一者，万物之根荄，即大造之化源也。故曰：天地之道可一言而尽也，其为物不二。不二，一也。乾者一数也，而初九之潜龙勿用，其一之主也。圣人系之曰：阳气潜藏，阳在下也。下者，抱于一也。其潜藏者，非谓有时而发用也。抱一而处，即发用而常潜藏也。其在下者，非谓有时而上也。抱一而出，即在上而不离乎下也。乾卦所谓勿用于潜龙者，即大衍所谓勿用之一也。四十有九之用，变化无穷，

而未始离乎一也。故龙之见、跃、飞、亢，六位成矣，而未始离乎潜也。然而潜之为言也，非匿影销声伏其身而不见也。惟显诸仁藏诸用，精与玄运而神与天符，浑浑穆穆，韬光敛迹，与道为一，此圣贤之潜也。是故大舜以潜为治则恭己，孔子以潜为教则忘言，颜子以潜而处易则斋心，箕子以潜而蒙难则正志，皆体乎潜龙勿用之旨，而不违于天者也。噫！三代而下，贤知之士或以意气自负，或以功名自急，识时而潜者鲜其人矣。乃若留侯之操椎，以潜为用者也；平阳之饮醇，以用为潜者也，皆资之近道者也。若汉文之谦让，泥于潜矣；贾生之叹息，失于潜矣。所谓潜者，勿用而能用，能用而勿用。故勿用之妙，非有德者不能知之。阳气潜藏

乾元既始而亨矣，有生生不息之机，即有生生各具之性。生之所存者性，性之所含者情。正而不偏，刚而能化，乾之性情也。各正性命，本体自成，物之性情也。天无可拟之性情，以万物为性情也。万物有一定之性情，即天之性情也。是以收敛归藏，乃见性情之实。此所谓霜降水涸，天根乃见者也。然以发生之初，推至于化成之后，不有乾元，何能通物之始？不性其情，何能久行其正？是故始而亨者，必乾元也；利而正者，必性情也。盖谓性者，天生之质，正而不邪者也。情者，即性之所欲也。若不能以性制情，使情流失性，则不能久行其正也。故君子体乾之用，专直而不挠，健运而不息，事合于理而不偏，志绝于邪而不杂，乃得乎性情之利贞也。性情之实

六爻之潜、见、惕、跃、飞、亢，变化不测，而藏显之机固曲畅而无余矣。然万化归元，即六爻之发越挥散，旁通于万物之情者，皆本于自然而然，无所勉强也。是以大人之乘时，即所以御龙，御龙所以体元，体元所以法天也。推而广之，见大则旁通矣，体仁则见大矣。六爻发挥

天地鬼神与道为一也，圣人全体乾元亦与道为一。以易简之德合其体，以生成之德合其用，以先哲圆通合日月之明，以阖辟惨舒合四时之序，以彰善瘅恶合鬼神之吉凶。默而契之，神而明之，无适而非天理之

宜也。是以尧舜在上，而蓂生凤仪，昼不瞑宵无光者，先天而天弗违也；孔孟在下，而惧乱臣贼子，息邪说横行者，后天而奉天时也。圣人所以参赞于先后天之间者，以致中和也。今夫人莫不有本然未发之中和，未发之中即先天也，发而中节即后天也。尧舜致中和于上者也，孔孟致中和于下者也。所以先天后天者，非有意而别之也，以德与之先后也，以时与之先后也，以道与之先后也。与天地合其德

大哉乾也！伏羲画之一，以专其统也；文王象之元，以大其生也；孔子又名之曰乾知大始，以尽其德也。始而曰大，是至虚而未见乎气，至神而独妙其灵，通天彻地，贯古悉今，皆一知也。惟圣人体之纯粹，用之中正，明于未然，行乎当然，准于盈虚消息之间，而不流于得丧存亡之系，故能见天地之心，而复一元之始也。天之数终而复始，阳极而剥也。乾上而亢也，时也。时或有过也，而道无过也，体道而行则不失其正也。故曰：知进退存亡而不失其正者，其惟圣人乎！正者，贞也。乾元之用所归宿也，万物不贞无以为元也，君子不正无以体乾也。知进退存亡之正

二　坤卦

䷁坤下坤上

坤：元亨，利牝马之贞。君子有攸往，先迷后得主，利。西南得朋，东北丧朋，安贞吉。

彖曰：至哉坤元！万物资生，乃顺承天。坤厚载物，德合无疆；含弘光大，品物咸亨。牝马地类，行地无疆；柔顺利贞，君子攸行。先迷失道，后顺得常。西南得朋，乃与类行；东北丧朋，乃终有庆。安贞之吉，应地无疆。

象曰：地势坤，君子以厚德载物。

初六：履霜，坚冰至。

象曰：履霜坚冰，阴始凝也。驯致其道，至坚冰也。

六二：直方大，不习无不利。

象曰：六二之动，直以方也。不习无不利，地道光也。

六三：含章可贞，或从王事，无成有终。

象曰：含章可贞，以时发也。或从王事，知光大也。

六四：括囊，无咎无誉。

象曰：括囊无咎，慎不害也。

六五：黄裳元吉。

象曰：黄裳元吉，文在中也。

上六：龙战于野，其血玄黄。

象曰：龙战于野，其道穷也。

用六：利永贞。

象曰：用六永贞，以大终也。

文言曰：坤至柔而动也刚，至静而德方，后得主而有常，含万物而化光。坤道其顺乎，承天而时行。

积善之家必有余庆，积不善之家必有余殃。臣弑其君，子弑其父，非一朝一夕之故，其所由来者渐矣，由辨之不早辨也。易曰：“履霜，坚冰至”，盖言顺也。

直其正也，方其义也。君子敬以直内，义以方外，敬义立而德不孤。“直方大，不习无不利”，则不疑其所行也。

阴虽有美，含之以从王事，弗敢成也。地道也，妻道也，臣道也。地道无成，而代有终也。

天地变化，草木蕃。天地闭，贤人隐。易曰：“括囊，无咎无誉”，盖言谨也。

君子黄中通理，正位居体，美在其中，而畅于四支，发于事业，美之至也。

阴疑于阳必战，为其嫌于无阳也，故称龙焉；犹未离其类也，故称血焉。夫玄黄者，天地之杂也，天玄而地黄。

易首乾坤，而乾统乎坤，坤体乎乾者也。坤不体乾，则其德不顺，而义非代终矣，何以明臣道之当顺也？曰利牝马之贞者，乾以龙御天，坤以马行地，别其限以明阴阳，飞伏之分也。马而曰牝，顺之至也，从阳也。阴从乎阳则吉，疑于阳则凶，故曰先迷后得主，利。先阳而往则为迷错，后阳而往则得其主而利矣，兹阳为阴主之义也。曰西南得朋，东北丧朋，安贞吉者，西南阴也，东北阳也，以阴诣阳，何以能吉？惟改而诣阴，则舍朋得主，化育以成，斯终其庆矣。盖阳非阴之朋也，往东北则刚暴是偕，失其同心之助，往西南则柔嘉为侣，而有类应之吉也。

坤之体以顺承为生化之源，坤之德以博厚为载物之本，坤之攸行以顺健为致远之具。坤道之所以为安贞者，以潜孚为类应之合也。视之商之应宫、篪之应埙，潜通迅速，抑又甚矣。

象以地顺而厚，万物并载，坤之谓也。君子体此以厚德载物，扩包与之量，弘仁泽之施。生意满怀，靡不翕聚，其为承天时行之道也深矣。造化之功用有乾以主始，有坤以代终。主始者无为而专成，代终者至柔而健顺。坤之不先天而生意自裕于中，不后天而化机默达于外，岂非承顺之功用乎？观坤之为道，恬退无为，其至柔也。及其代天有终，沛然莫御，动何刚也？惟刚乃见其用柔之至矣。当渊默无事，至静也。想其赋形有定，贞固不移，德何方也？惟方益知其守静之至矣。柔而用刚，方以持静，而中德之藏美之至也。

初阴始生，是小人初进之机也。曰履霜者，一阴之象也；坚冰者，六阴之象也。君子能防微杜渐，则不至于危矣。故六爻之动变，至理之推移，防龙战之危于始，则无坚冰之祸于终也。

卦惟二五柔顺中正，默应乎乾者也。主乎内者无邪曲而直，见乎外者有矩则而方，故二之曰直方大，五之为黄中通理也。所谓直方大者，乾元资始之气，发见于坤，而洪纤高下，飞潜动植，无所回隐，无所错乱也。此非坤之能自大也，惟其体乾之大以大也。体乾之大以为大，夫岂待习而始利耶？五之曰黄裳元吉，温恭抑抑，不与阳争，浑浑穆穆，通中之条理，而畅于四肢，亦犹是也。然诸卦之五皆为尊位，而坤独安于下者，配乾之用，而避乾之阳也。

如三之无成，从乎阳而不居成也。

四之括囊，顺乎阳而不争智也。

上六曰龙战，坤失其德矣，盛而不已，阳所不堪也。其血玄黄者，阴之伤也，非阳之伤也，气阳而血阴也。阴疑于阳，则血亦疑于玄矣。故曰玄黄者，天地之杂也。曰于野者，阴势泛漫，散溢无底，是无限制之意也。惟其势之盛也，乃其道之穷也。

用六之言利永贞者，戒其变也，能守之而终不失其贞，则免于战矣。象曰以大终也，乾以大始，坤以大终，守阴之义也。圣人之于坤也，美而有戒，称而有抑，所以明阴阳敬义之大分也，此即天地尊卑之妙用，阴阳变化之玄机，而吾人学问亦即此而寓矣。是故敬非他也，即坤之直也，生生自内而中正无邪者也。义非他也，即坤之方也，生生直达由中及外而方整齐一者也。内本直也，外本方也，非直之而后直，方之而后方也。始即终之事也，终复始之机也。此终之不得不成于始，非始之有待于终也，则知心体自然之妙，与天地造化之妙同归一致者也。

三　屯卦

䷂震下坎上

屯：元亨利贞。勿用有攸往，利建侯。

彖曰：屯，刚柔始交而难生，动乎险中，大亨贞。雷雨之动满盈，天造草昧，宜建侯而不宁。

象曰：云雷屯，君子以经纶。

初九：磐桓，利居贞，利建侯。

象曰：虽磐桓，志行正也。以贵下贱，大得民也。

六二：屯如邅如，乘马班如。匪寇婚媾，女子贞不字，十年乃字。

象曰：六二之难，乘刚也。十年乃字，反常也。

六三：即鹿无虞，惟入于林中。君子几，不如舍，往吝。

象曰：即鹿无虞，以从禽也。君子舍之，往吝穷也。

六四：乘马班如，求婚媾，往吉，无不利。

象曰：求而往，明也。

九五：屯其膏，小贞吉，大贞凶。

象曰：屯其膏，施未光也。

上六：乘马班如，泣血涟如。

象曰：泣血涟如，何可长也？

屯为洪荒未辟，乾坤之始交也。盖刚柔二气感应未孚，情意未浃。下之阳既处于难际，而上之阳又陷乎险中，阳为阴遏，阴为阳击，所以为屯也。然以震遇坎，动而不已，将出于险，故曰大亨贞也。利贞以善用其动，建侯以善用其贞，始治有统，而屯可济矣。

此卦震为体而坎为用，阳制乎阴之说也。天地之氤氲方舒，刚柔之情性未合，清浊混淆，事机未定，故曰难生也。然以震动之才，动乎险中，能观变审时，以正为应，不为险所困，何患不亨也？雷雨之动满盈者，震将为雷，坎将为雨，气机方动而犹郁塞盈满，此即是天地初分之候，万物冥昧之交也。万物以人为首，故屯为人道之始，所以继乾坤而立极也。人之精神与天地之气化，相为闭塞，当屯之时，不可独有所往。利在建侯，以抚万方，则众效其力，屯无不解矣。犹言不宁者，因阳体未刚，初动乎险中也。

象以云雷交作，闭塞未通，屯之谓也，君子体此以经纶。云在雷上，阴阳始交而未成雨，故为屯。若云在雷下，则已成雨而为解也。经纶，治丝之事也。经者总其绪而分之，象雷之自敛而发；纶者理其绪而合之，象云之自散而聚。虽然，经纶之事岂一人所独就哉？所以利建侯也。

屯之六爻，以二阳为主，然五之居体为坎，陷而失势；初之居体为震，动而得时。当屯之世，贵在方进之阳，不贵已上之阳，故初为屯之主也。初之在下而曰利建侯者，震为长子，代父用事。初乃长子之爻也，但无可进之势，又无共事之人，故为磐桓进退之象。当斯之时，养德于静，待时而动，故曰利居贞，利建侯也。此阴求于阳，弱求于强，所以为利也。

二居屯之下，乘初之刚，是为迍邅之象。若守正居贞，则不为匪寇之嫌，终得君臣之遇也。

三无济屯之才，徒有妄进之思，此不虞为难，将有入林之困也。能居贞以待，养定识超，舍去之即为吉也。故二之相比，久而可字也。三之既间，则几不如舍也。

至于四则正应已，而四又比于五，故复为乘马班如也。但初之与四本有婚媾之情，则求配必合，往无不利也。故四而应初，藉于初之德也。

五虽有德位之尊，而时势乖违，故威福不行，而屯其膏矣。若能委任于初，使之为正，则亦可小获其吉。必欲恢弘而强为大事之图，宁不凶耶？

上六以阴柔之才，犹复侈心于好进，不安其位之甚也。往无所之，惟有泣血涟如，忧惧而已。

夫二四之言乘马，初为之乘也；上之言乘马，五为之乘也。五之乘不如初之乘也，五无可进者也，初有可进者也。故屯之所贵，贵于初也。雷雨酿阳酝阴，而为膏也。能为膏者，初之德也。不字者，二之贞也。往之者，四之遇也。屯而无应者，五之时未光也。噫！当屯晦之时，天以险制人，人亦以正制天。故贞以动即可以尽人事以回天运也矣。

四　蒙卦

坎下艮上

蒙：亨。匪我求童蒙，童蒙求我。初筮告，再三渎，渎则不告。利贞。

彖曰：蒙，山下有险，险而止，蒙。蒙，亨，以亨行时中也。匪我求童蒙，童蒙求我，志应也。初筮告，以刚中也。再三渎，渎则不告，

渎蒙也。蒙以养正，圣功也。

象曰：山下出泉，蒙。君子以果行育德。

初六：发蒙，利用刑人，用说桎梏，以往吝。

象曰：利用刑人，以正法也。

九二：包蒙吉，纳妇吉，子克家。

象曰：子克家，刚柔接也。

六三：勿用取女。见金夫，不有躬，无攸利。

象曰：勿用取女，行不顺也。

六四：困蒙，吝。

象曰：困蒙之吝，独远实也。

六五：童蒙，吉。

象曰：童蒙之吉，顺以巽也。

上九：击蒙，不利为寇，利御寇。

象曰：利用御寇，上下顺也。

蒙者，物之始生，稚而未开者也。然物无弱而不壮，运无塞而不通，所以蒙之必亨也。蒙者之得亨，由明者之善教童蒙，而尽初筮之诚。告者即不厌再三之渎，究其所以为告，从蒙者本来之良以为培养，非有矫强之致而然。故贞之所以为利，而蒙之所以得亨也。

此卦艮为体而坎为用，阴化乎阳之说也。夫卦而言蒙，正人心惟危，道心惟微，窒滞未化，险而止之时也。君子当蒙昧之时，即知物之将亨，而浅深次序，各循其候以教之，则不失时而得其中也。盖物之当亨，时也；亨之顺时，道也。天至而人从，志至而气感，非可以妄求也。是以君子不违天而动，不先物而应，匪我求童蒙，童蒙求我之谓也。初筮则告，累渎则吝。因其机之通，不因其志之蔽也，时之谓也。再三渎者，渎于此而复渎于彼，物不信而求我，不孚而应，则取其所不信，而示之以不孚也。是非蒙之渎我，我之渎蒙也。夫物而蒙也，则其天犹全，蒙而渎也，则其真已凿，即圣人成己成物之功也。

象以山下出泉，其源可通，其流未达，蒙之象也。君子法之，以果行育德，果其行如水之必流，育其德如水之有本。使初筮之诚，渐达于懿美，即累渎之蒙，终不蔽于知能。且育德者，体艮之静止也；果行者，体坎之刚中也。当行而行，当止而止，内外交养，得其时中之义也深矣。

蒙之六爻，阴为蒙而阳为主，所以贵九二与上九也。然九二居则得中，而上九以刚居上，过于中已。九二应则得时，而上九险而不止，失于时已。九二有互震之象，而能出乎险。上九居艮位之终，而自止于刚。二又为蒙之主也，故二之词曰包蒙吉，纳妇吉。渎己者容之而待其化也，顺己者纳之而成其德也。且以刚接柔，能济其任者也。若上九有待于击，是强致之用也，故其词有戒而无与也。夫能发天下之蒙者，不以己为也。以直绳枉而收其名，以法裁物而揽其势，皆为寇者也。君子之治蒙也，如御寇然，机不轻发，志不他用，惟使蒙之不能为害而已，无所利焉而已矣。击蒙者，物与敌者也；包蒙者，物自正者也。击或过于严而不胜，包则得其情而无不克矣。贤愚均益，故二之所以为吉也。五以柔中相应，真实不凋，童蒙之吉也。

初以朴忠承二，以警惕不遑，发蒙之利也。初以阴居下，虽为无知之蒙也，亦非不移之蒙也。故以人示法，不任法也；以说感人，不强人也。若桎梏以往，则弃德尚威，民免而无耻，吝莫甚矣。然初之言吝，非四之言吝也。彼吝在己，此吝在民也。

三之近二也，非若初之近二也。以柔暗之资，失中正之位，外虽从善，内则怀私，苟利所在，忘身以殉之，己又何有于二也？故曰勿用取女，为二戒之也。二之才能，堪任为克家之子，而取女则吉。

如三之天真汩没，失于所克，而何有于利也？大抵蒙之为蒙也，惟蔽于利欲者之为甚也。蔽于利欲者，始则为蒙，终则为邪矣，故三不言蒙也，三为邪匪之伦也。反戒于二者，乃责贤者以绝不肖也。且大臣当发蒙之任，而好佞比淫，先自蒙矣，乌能以发人之蒙也哉？金夫之羞，为小人言也；取女之戒，为君子谋也。

是以童蒙未凿之初心，即圣人养正之本体；圣人已发之功用，亦即是童蒙初筮之本体而已。所谓大人不失赤子之心者，当于斯义而推之。

五　需卦

䷄乾下坎上

需：有孚，光亨，贞吉，利涉大川。

彖曰：需，须也，险在前也。刚健而不陷，其义不困穷矣。需，有孚，光亨，贞吉，位乎天位，以正中也。利涉大川，往有功也。

象曰：云上于天，需。君子以饮食宴乐。

初九：需于郊，利用恒，无咎。

象曰：需于郊，不犯难行也。利用恒，无咎，未失常也。

九二：需于沙，小有言，终吉。

象曰：需于沙，衍在中也。虽小有言，以吉终也。

九三：需于泥，致寇至。

象曰：需于泥，灾在外也。自我致寇，敬慎不败也。

六四：需于血，出自穴。

象曰：需于血，顺以听也。

九五：需于酒食，贞吉。

象曰：酒食贞吉，以中正也。

上六：入于穴，有不速之客三人来，敬之终吉。

象曰：不速之客来，敬之终吉，虽不当位，未大失也。

需者，从容宁耐，而无凌逼之意，非悠忽玩易之谓也。君子以斯道为体，以斯世为任，德性坚定，品节详明。有所需者，乘其时也，非乘其便也。时之未至，远难而守，需也；时之已至，蒙难而行，亦需也。进者无逼，处者无距，故曰有孚也。曰光亨，贞吉，利涉大川者，既昭融以晰物理，且款曲以合时宜也。

此卦乾为体而坎为用，贵阳贱阴之说也。夫乾之三阳有需于上，坎之一阳有需于下，阳贵而能下，阴贱而不竞，分不相越，德则相须，需道所以成也。有孚者待时而动，不失其信也。先时遽进为妄，非孚也；后时迟疑为愆，亦非孚也。曰光亨贞吉者，正有孚之所致也。位乎天位，以正中者，指九五而言也。坎之一阳处乎险中，而下当三阳竞进，如人主处险陷之时，而下有强臣窃据。非有中正之德称其天位，乌能免于凌逼之嫌哉？是故德所以居位也，位所以行德也。德位并茂，则刚柔相附。观变顺动，往而有出险之功矣。

象以云上于天，时至气合，需之象也，君子因此以饮食宴乐。盖阴阳相得而自成为雨，则刚柔相济亦可自成为功，又何容逞锐于其间哉？惟优游安静，俟其德化之有成，不溺志于怠荒，不侈心于巧利，进无所害，退无所疑，不失其常，而自得其乐也。

六爻之义，刚柔同归于需，故需于郊为无咎，需于沙不失吉，而需于泥不言凶也，何也？所谓需者，不以进退为异也。

初之在下，未可应机，处于旷达，安静自守，志虽有须，而恬然若将终身焉，置身于利害之外，其慎始之道也。

二当世难方殷，以身近之，不免有群小之讥，则失时矣。

三过刚躁动，不安于时，承上而亦如初也，则无功矣。故二不得避言而自阻，三不得畏寇而自退，惟宽容以济其任，敬慎以备其灾，始可以为需也。

四之需于血者，迫于时也。四为九五之卫，位居大臣，身当国难，下之三阳骎骎欲进，惧其凌逼之势，则以身距之也。距必相害，故伤而有血也。然三阳以健为正，本无凌上之私，而四能易仇以为亲，改距以为逊，同于奉公，不怀衅隙，听时之自然，则得出穴之安已。

至于上六，处卦之终，非塞途者也。与三为应，则三阳皆五援也，但才凉德浅，因人为功，不得不入于穴，以待其至而已矣。战于先而出于后者，需道也；入于先而待于后者，亦需道也。所谓刚柔同归于需也。

九五处于险中，必需同德之援者也。阳汇而升，阴引而伏，险解难夷则惟优游恭己，与天下相安于醉饱之乐，故曰需于酒食也。或谓九五治险之主也，何以为酒食是需也？岂知阳刚中正，不党不偏，安常而能虑变，应变而不失常者，德之至也。且于劻勷急迫之中，有和顺从容之致，立于不测而游于无有，所以能招同德之阳，而制异类之阴也。是以知采薇出车之忧虑，乃敬慎不败之谓也；既醉凫鹥之燕乐，即酒食贞吉之谓也。乐所以需也，惧亦所以需也，故曰有所需者，乘其时也，非乘其便也。

噫！世非可以旦夕治也，物非可以俄顷化也，需之而已。如五在险中，上下皆阴，不易需也。彼能使四之一阴制三阳而不害，上之一阴召二阳而相敬，则坎者得平，险者得夷，政教之行不告戒而自孚矣。然皆本乎坚忍沉毅，不苟于为，而后能有为也。岂若悠悠忽忽，而以秦越视天下者，能知需之时义哉？

六　讼卦

坎下乾上

讼：有孚，窒，惕中吉，终凶。利见大人，不利涉大川。

彖曰：讼，上刚下险，险而健，讼。讼，有孚，窒，惕中吉，刚来而得中也。终凶，讼不可成也。利见大人，尚中正也。不利涉大川，入于渊也。

象曰：天与水违行，讼。君子以作事谋始。

初六：不永所事，小有言，终吉。

象曰：不永所事，讼不可长也。虽小有言，其辩明也。

九二：不克讼，归而逋其邑人三百户，无眚。

象曰：不克讼，归逋窜也。自下讼上，患至掇也。

六三：食旧德，贞厉，终吉。或从王事，无成。

象曰：食旧德，从上吉也。

九四：不克讼，复即命，渝安贞，吉。

象曰：复即命，渝安贞，不失也。

九五：讼元吉。

象曰：讼元吉，以中正也。

上九：或锡之鞶带，终朝三褫之。

象曰：以讼受服，亦不足敬也。

讼之为卦，乾以健而变于刚，艮以止而变于险。上乾下艮则为遁，上乾下坎则为讼。艮为止而坎为险，故彼以遁此以讼也。险而接健，讼所由起也。然讼非美事，可轻举乎？不得已而情真受诬，当内讼惕中，以止为吉。若终讼不已，则孚反窒而凶也。

此卦乾为体而坎为用，阳激乎阴之说也。夫上刚制下，下险伺上，刚险相接，则内怀奸深，外持雄悍，致讼之尤也。然以刚来得中，虽有健讼之资，终无好恶之偏。能以理惕中，必得伸有孚之情，而不受入渊之险矣。圣人知健讼之为害，一则曰惕中吉，而即以终凶之危惧之；一则曰利见大人，而即以入渊之害危之。正谓讼不可兴，使民归于无讼之化也。

且讼者乾德之变也，故象不曰天水相违，而曰天与水违行也。天水一气也，变而后相背也。乾性动而健，水性险而顺。则乾居变之先也，水不能先乾而行也，阴不能先阳而唱也，天道之与人事一也。讼之始也，惟刚者始之，其成也，又刚者遂之。故变者乾之为变也，亦势为之也。是以知天下之不能无争者，势也，其不容有争者，理为之主也。君子体之以作事谋始，其防微杜渐之深心，不徒绝讼于争端已发之后，殆绝讼于人情未违之先也。

讼之诸爻，其终吉者柔也，终凶者刚也。

初与三终吉者也，上则终凶者也。初之不永所事者，才弱势卑，中怀畏惧，心不欲永其讼也。三之食旧德者，守其常分，不与人竞，心不欲成其讼也。初处坎之下，三介刚之间，虽有正应，皆强敌也。能以柔心处夫强敌，故一则小有言而不求辨，一则从王事而不求功，此不讼而止讼者也，所以皆获吉也。

二四皆刚也，所居则柔，故一则以分自安，一则以义自变，能讼而能不克讼者也。但二居坎体，则其中险，尚有欲讼之私；四居乾体，则其心夷，终无构讼之意。所以二止于无眚，四则得其吉也。曰归而逋其邑人三百户、曰渝安贞者，何也？盖民受中以生，所谓命也，天之所受，何有于危、何有于凶？惟心有所偏，则气随之而起衅生事，命因以失矣。是舍其所有之安而自罹于危，弃其所有之吉而反就于凶也。若能以柔制刚，复其所受之中，则善气相迎，恶机潜弭。如二之退居小邑而甘为屈服之休，四之舍置险途而得安贞之吉矣。

五以中正之德为讼之主，是藏其形迹以避名，约其奉御以远利，正本清源，大畏民志，使民各得其情，而安于无讼之吉也。

若上九者，刚而不柔，极而不已，始则讼人，终为人讼。鞶带三褫，其谁咎哉？锡带而被褫，较之却邑而无眚者，知过远矣。

呜呼！讼非治世之事也，民之不畏于下，而以词相陷，国是不定于上，而以议相激，德其衰已，有道之世其谁是耶？故无声无臭者，乾德也，奏假无言者，大君之体乾德也。天下失其实心，逞其虚讼，即为乾德之变也。奈何世人不察，偏以刚险自用，溺于得丧之间者，比比是也。孰知健而且险，虽得之亦为丧也；柔而能止，虽丧之亦为得也。故易之安贞者，有得无丧也；元吉者，无得无丧也。吉凶之故，讵非人自召之哉？

七　师卦

䷆坎下坤上

师：贞，丈人吉，无咎。

彖曰：师，众也。贞，正也。能以众正，可以王矣。刚中而应，行险而顺，以此毒天下而民从之，吉又何咎矣？

象曰：地中有水，师。君子以容民畜众。

初六：师出以律，否臧凶。

象曰：师出以律，失律凶也。

九二：在师中，吉，无咎，王三锡命。

象曰：在师中吉，承天宠也。王三锡命，怀万邦也。

六三：师或舆尸，凶。

象曰：师或舆尸，大无功也。

六四：师左次，无咎。

象曰：左次无咎，未失常也。

六五：田有禽，利执言，无咎。长子帅师，弟子舆尸，贞凶。

象曰：长子帅师，以中行也。弟子舆尸，使不当也。

上六：大君有命，开国承家，小人勿用。

象曰：大君有命，以正功也。小人勿用，必乱邦也。

师者，兵也。兵之动，圣人所不得已而言也，故寓兵于农，不欲以兵示天下也。

此卦以地为体，以水为用，阳制乎阴、阴归于阳之说也。夫师贵有名，贵于择将，又贵于肃律，必求老成练达之丈人，始得奉天伐暴之正。盖兴师必以众，动众必以正也。行以刚中之德，始威而有惠，勇而有谋，虽动乎危险之中，而自得乎仁义之号。故毒天下而民从，正所以计要天下而民悦也，无敌于天下者，此吉又何咎矣？

象取于地中有水，如水寓于地而水不泄，犹兵寓于农而兵不乱。君子以容民畜众，利用而藏险，居安而虑危，皆以不得已之心为之也。

六爻之义于用师之道无不备矣，而其言抑何危惧也？

因师之初出，在于行伍之整肃，不可用无制之兵，轻于攻取。无制之兵纵获功阃外，终必有凶。

二以刚中之德，能勇与谋合，威以恩施，律以行权，则师获万全之吉，终无败绩之咎。

三以阴柔之体，妄举嚣动之中，且无出师之才，而当战争之任，必有师徒挠败之凶。

四阴居阴位，无克敌之才，有量敌之智，虽不能战胜攻取，能退舍完师，亦无覆败之咎。

五柔中居尊，便非好兵之主也，然或蛮夷扰乱，害我生灵，不得已而声罪致讨，如田有禽而利执言也，何穷兵之咎？且有丈人以主其律，更得二为长子以壮其威，则师出万全矣。然不可信任不专，使少年之弟子轻举败事，虽正亦凶也。

上六柔顺承符，师当终事，正在论功行赏之时也。宜优功臣而广封建，待天下以大公无隐之诚，又当御才将而绝祸机，措天下以可久可远之业，始销兵铸农，永无乱邦之虑也。

然六爻之言，皆有戒而无喜，正谓兵不得已而用之也。至其所以为行师之道，曰贞也，丈人也，律以齐其始也，吉以制其暴也，左次以求全也。不惟阴谋掩袭、狙诈倾覆之术者无取，即桓桓挞武、执讯获丑之盛亦不足尚也，其意可测矣。且王者之用兵不贵战也，不贵胜也，贵其当也，贵其节也。如五曰田有禽、利执言、无咎者，亦言始事之当也。曰开国承家、小人勿用者，亦言终事之节也，此王者所以异于霸者也。王者与物均履载，而以众为师者也；霸者与敌争雌雄，而以己动众者也。若夫末世之行师也，鹰隼其卒，牛羊其下，而惟霑项渐襟之是快，又岂王者所忍见哉？则执禽之象其义深矣。然喜事乐祸之小人，亦犹禽也，用之追逐可也，用之为政是执田之禽而复驱禽于田矣。此消兵而反树兵也，易之所深戒者也。

呜呼！王者之待小人也，犹之待敌也。王者之用兵也，犹之用小人也。故曰：兵者，圣人所不得已而言也。

八　比卦

䷇坤下坎上

比：吉，原筮，元永贞，无咎。不宁方来，后夫凶。

象曰：比，吉也。比，辅也，下顺从也。原筮，元永贞，无咎，以刚中也。不宁方来，上下应也。后夫凶，其道穷也。

象曰：地上有水，比。先王以建万国，亲诸侯。

初六：有孚比之，无咎。有孚盈缶，终来有他吉。

象曰：比之初六，有他吉也。

六二：比之自内，贞吉。

象曰：比之自内，不自失也。

六三：比之匪人。

象曰：比之匪人，不亦伤乎!

六四：外比之，贞吉。

象曰：外比于贤，以从上也。

九五：显比，王用三驱，失前禽，邑人不诫，吉。

象曰：显比之吉，位正中也。舍逆取顺，失前禽也。邑人不诫，上使中也。

上六：比之无首，凶。

象曰：比之无首，无所终也。

比为亲辅之义，然比继于师后，亦非上世之道也。有间而后有比也，必以元善之德，深穷其故，筮决其意，始无间断而永无姑息。而贞乃可统天下，而咸归于顺从也。

此卦坤为体而坎为用，阴趋乎阳之说也。盖元者人所同得之良，上秉之以为倡率，下亦从之以为联合，兹亦出于情之不容已也。故粹然孚应，存此不忍则为元，运此不息则为永，守此不杂则为贞。以纯王之德，行纯王之政，得所比而无咎也。能如是，四方之求其安者，孰不闻风而类应？然有众之所安，必有独违于时而后至者，即为众之所恶，故曰不宁方来，后夫凶也。虽然上以原筮感，其感未神，下以不宁来，其化未光，故曰非上世之道也。

象以地上有水，相亲无间，比之谓也。先王体之以建万国亲诸侯，则通天下于一身，上之情得行于下，下之情得达于上，所以比天下而无偏党也。君之比天下以德，天下之比君也必先以诚。

如初之有孚盈缶者，实心中溢，不为虚饰也。曰终来有他吉者，久而信于人，人自孚之，得非意之吉也？初言他吉者，无位而吉，吉在人也。

二四言贞吉者，得位而吉，吉在己也。二居中而静以待求，四近主而行以趋事，内不失时，外不越位，皆得其正者也。

若夫质本暗昧，居非中正，六三是也。将比于四，而四则外比己；将比于二，而二则正应己；乃复比于无首之上，则为匪人之比也。

上六之无首者，处险之极，无所倚戴，而强自立者也。人孰与之，将何终焉？故曰比之无首，凶也。

夫众阴之所比者五也，五为比主而曰显比，则与玄感者异矣。爻辞之用军礼为喻也，明非垂裳之治也。三驱之礼，禽之逆来趣己者，舍之；背己而走者，射之。此爱于来而恶于去也，故其所施常失前禽也。四阴之比趣己者也，上之无首背己者也。抚降服判，用诫异方，不得不显也，至于邑人，又何诫焉？远则又告，近则不诫，比得其术矣。

呜呼！君之而曰比也，比之而曰显也，世之所趋也。待言说而后喻者，喻于浅者也；待指麾而后动者，动于末者也。故九经之治，唐虞以下之治也；三章之约，三代而后之约也。故曰：不道之道，无为之为，浩浩乎其至矣哉。

九　小畜卦

☴☰ 乾下巽上

小畜：亨。密云不雨，自我西郊。

彖曰：小畜，柔得位而上下应之，曰小畜。健而巽，刚中而志行，乃亨。密云不雨，尚往也。自我西郊，施未行也。

象曰：风行天上，小畜。君子以懿文德。

初九：复自道，何其咎，吉。

象曰：复自道，其义吉也。

九二：牵复，吉。

象曰：牵复在中，亦不自失也。

九三：舆说辐，夫妻反目。

象曰：夫妻反目，不能正室也。

六四：有孚，血去惕出，无咎。

象曰：有孚惕出，上合志也。

九五：有孚挛如，富以其邻。

象曰：有孚挛如，不独富也。

上九：既雨既处，尚德载，妇贞厉。月几望，君子征凶。

象曰：既雨既处，德积载也。君子征凶，有所疑也。

自乾坤而下，阴之用事，始于小畜之机也。其为德也，受坤道之柔顺，而代母用事，以养育乎阳者也，曰小畜。不但畜止为德，亦有畜养之意焉。其在于女，则上以承夫，下以孕子；其在于臣，则上以承天王，下以制强国。体卑而力微，有制而无害，阳气自抒，阴道未行，所以得亨也。

此卦乾为体而巽为用，阴承乎阳之说也。彖言柔得位而上下应之者，因四居巽之下，为巽之主，上承二阳以行其权，下畜三阳以施其德，党势虽孤，德权自重，故上下应之也。阴据其权，而阳乃得亨者，内既刚健，外逢柔顺，刚发于中，操纵得宜，不被摧抑，而志意得行也。以君子之势，行而上进，则正气伸而小人退。阳之尚往如初，阴之设施未竟，其犹密云不雨，自我西郊之谓乎？

象以风行天上，披拂远物，宜小畜之也。君子体此，动止有度，言语有章，聚文德于一身，振芳名于海内，是亦小畜之义也。六爻之辞俱无凶戒，独上九言征凶者，为阳言也。虞阴之至于盛也，虞以顺而为逆也，虞以制下者而敌上也，盖阴阳消长，在乎几微之际，所当谨也。

如初与二皆言复者，因乾非在下之物，进而上升则为复也。初之复也，以道德自持，正应在四，故曰复自道也。

二之牵复也，似乎藉援以同德在下，故曰亦不自失也。阳性至健而复以道也，复以牵也。上无所逼，下有所全，故不为亢激之患。

若三之刚而不中，无自守之节，举动不得自由，则四所必抑也。既为所抑，将有说辐之象，而必至于反目之争也。

四以一阴居于众阳之中，凌逼所不免也。但虚中巽体能制于下之三阳而不为暴，孚于上之二阳而得其助，则合顺以制逆，害去而惧除矣。

若夫居阳而体阴者五也，以巽之阴畜乾之阳，诚意相孚，既足以固众志而不忍离，且又足以召贤豪而不敢背，推其富以益之，得道之助者多矣。

至于上九，则巽阴至此而盛，乾阳至此而穷，故阳不复进，而受畜也。阳受畜则不犯阴，阴体顺则不侵阳，阴阳两无所伤，故曰既雨既处也。阴之尚德至此亦已成矣，阴德将盈，反非阴之福也，故于月为几望之月也，如阳复上征，则为阴所疑矣。惟其几望而不至于望，则巽德自全，阳而不使其征，则乾德无损也。

统而论之，密云不雨者，阴力之微也；既雨既处者，阴德之盈也。阳唱阴和，阳薄于阴，阴能固之，然后蒸而为雨。阴先阳唱，阴抗于阳，阳失其制，故不能和而成雨。是以阴之不能畜阳势也，以一阴而畜五阳者，数益不胜也。然巽之为阴，以和以顺，能上能下，以柔顺之德孚于上下，彼此挛系而助之也。阴为阳助，巽德益盛，乾势益孤，则知柔之制刚，弱之制强，岂一朝一夕之故哉？其所积者然也。但义取诸风，风者有气而无质者也。风行天下则能施及万物，而所畜者大。风行天上则惟卷浮埃止飞鸟，其所畜者小矣。君子观小畜之义，则以懿美其文德，如文王之演易，箕子之叙畴，非懿文德之谓哉？呜呼！志在明夷，业在小畜，皆圣贤不得时者之待也。

十　履卦

☱☰兑下乾上

履虎尾，不咥人，亨。

彖曰：履，柔履刚也。说而应乎乾，是以履虎尾，不咥人，亨。刚中正，履帝位而不疚，光明也。

象曰：上天下泽，履。君子以辨上下，定民志。

初九：素履，往无咎。

象曰：素履之往，独行愿也。

九二：履道坦坦，幽人贞吉。

象曰：幽人贞吉，中不自乱也。

六三：眇能视，跛能履，履虎尾，咥人，凶。武人为于大君。

象曰：眇能视，不足以有明也。跛能履，不足以与行也。咥人之凶，位不当也。武人为于大君，志刚也。

九四：履虎尾，愬愬，终吉。

象曰：愬愬终吉，志行也。

九五：夬履，贞厉。

象曰：夬履贞厉，位正当也。

上九：视履考祥，其旋元吉。

象曰：元吉在上，大有庆也。

易之一书，泄天地之苞符，尽人事之变化，原为人涉世而作也，故其辞多危。曰履虎尾，则危之甚也。危非自至也，触其机则所在皆焦原，顺乎理则所至皆坦道。顾名思义，圣人本示人以处危之道也。

此卦以乾为体，以兑为用，阳过乎阴、阴承乎阳之说也。彖言柔履刚者，以柔蹑刚之后，将以见其危也。然而君子自无危也，兑以为说，乾以为应，上不骄淫，下不谄媚，悦非乖戾，应非佞邪，何自而得危也？且建中表正，德称其位，有说于外，无疚于心，礼乐文章自能光显，而丕变也。

象取于上天下泽，盖言天有定分之施，而人多强得之欲。君子体此，各因其定分，制为典礼以辨之，使民安于分之所当得，则往来皆亨矣。

初言素履，慎于始也，如君子在下仅卑而自屈，高而自负，非也。必安履其素，富贵不移，宠辱不夺，不为物迁，又不与物竞，便否塞不能抑之，何惧之有？夫在下而往，犹易全也，至于当位，与世涉矣。

而二能以阳处阴，居易俟命，独行其道，故为履道坦坦，幽独守贞之象。然世非有险途也，以吾之行险而触其险也。如履在于道，吾已处于平易不争之地矣，岂与世相波流哉？恬淡自足，不失其幽，乃为贞吉也。初之曰往，居在下而非忘世也；二之曰幽，处在事而非逐世也。以之应乾，宜其亨也。

若夫三之进不量力，行不度德，而强以干世，则为武人之凶矣。且处乾之下，居兑之上，宜以道为说，而反以武为悦。无中正之德，而有刚愎之用，必上厉下凶，播恶于众，而取倾败也。

四之愬愬，危机暗伏，非中道也。彼能知戒惧，不敢自肆，履说而应乎刚，则终获吉也。此终其位之吉也，非终其身之吉也。

五有刚暴之才，又居于危险之地，尊而无制，势可为也，刚而难言，应不当也，任其逞欲而行，危多出于所恃也矣，故云夬履而厉。

然求吉之尽善者，惟上九之位也，其辞曰视履考祥，其旋元吉。盖履之为道，贵其祥也。于始而占，于终而考，天之降祥岂有所啬而有所笃哉？赋吾以善，赋吾以祥也。履无不善，则动无不祥，以祥而往，以祥而旋，始终无亏，吉乃全矣。故君子之为视也，不视于天，不视于人，而惟视于履。其时危，而其事不危，非危也。其事危，而其身不危，非危也。若非履之为视，而以苟免为安，是处兑而不应乎乾者也。若以躁动自快，是履乾而不体乎兑者也。即幸而不值乎危，亦终非吉道也，而安知其果不危也？

统而论之，履之犹言乎履，其主于行者也。而初曰素履则行不越其位，二曰幽人则事不改其贞，皆能行而慎于行也。三勇于行而凶也，四惧于行而吉也。五锐于行，不得其辅而厉也。上反其初，进退得宜，则有庆矣。甚矣，不得其时而躁进，其为人害也必矣。易之于阴阳动静之分，刚柔进退之际，深致意焉，故曰易为涉世而作也。

十一　泰卦

䷊乾下坤上

泰：小往大来，吉亨。

彖曰：泰，小往大来，吉亨，则是天地交而万物通也，上下交而其志同也。内阳而外阴，内健而外顺，内君子而外小人，君子道长，小人道消也。

象曰：天地交，泰。后以裁成天地之道，辅相天地之宜，以左右民。

初九：拔茅茹，以其汇，征吉。

象曰：拔茅征吉，志在外也。

九二：包荒，用冯河，不遐遗，朋亡，得尚于中行。

象曰：包荒，得尚于中行，以光大也。

九三：无平不陂，无往不复，艰贞无咎。勿恤其孚，于食有福。

象曰：无往不复，天地际也。

六四：翩翩，不富以其邻，不戒以孚。

象曰：翩翩不富，皆失实也。不戒以孚，中心愿也。

六五：帝乙归妹，以祉元吉。

象曰：以祉元吉，中以行愿也。

上六：城复于隍，勿用师。自邑告命，贞吝。

象曰：城复于隍，其命乱也。

泰者，天地交通，贞元会合之谓。本世运以推其机，实从天运以定其数。故圣人之道，与造化相为消息也。而或先焉或后焉，往来各有相成之妙。先之而图也，后之而维也。体天之心，以用天之权，则天莫之违，而天下亦不难为也，故曰吉亨。

此卦以乾为体，以坤为用，阴辅乎阳之说也。盖时当其泰，天地以气交，而万物化生无不通也；君子以心交，而致治之志无不同也。且君心之所存者，皆阳明之德，而阴暗不足以累之；君心之所发者，皆刚健之才，而柔顺不足以杂之。是以信而任者皆君子，疏而远者皆小人。岂知小以成其大之来，经国之谋日长；大以制其小之往，而害民之事日消矣。然世运之盛衰，往来莫测，不欲否者，天也；不常泰者，亦天也。故否泰之际，乃天与圣人交相为赖而交相为用之际也。

象取乎天地交泰，以裁成辅相为宜者，正言天以一炁浑沦，明四时而经九野，善万物于当然之用。圣人辅而相之教之，以法天时因地利，秩人伦于一定之符。若此者敦元复性，将以开万世之泰焉，于爻辞见之矣。

初之拔茅，以一人倡之，群贤汇起而从之，是先天而图也。

二为大臣，执中为德，待人有包容之恩，临事有冯河之勇。既宽而有制，且严而不苛，自得乎中行之尚，可不劳而治也。

若九三之艰贞，已处乎阴阳之交，时将大变，世将大革，小人无常往而势复将来，其信然也。故当艰难其思虑，正固其施为，而后可以无咎。曰勿恤其孚，于食有福者，此不忧六四之孚，而惟养其善类，以施福于天下也。食以养阳，因其衰而为后天之维也。然维于九三，犹可为也；维于六四，不可为也。何也？阳易往而阴易来也。阳之进也，有待于拔，而阴则翩翩轻疾矣；阳之征也，有待于连汇，而阴则不戒以孚矣。至于三之言勿恤者，治在于我，不在于人也。

五为泰之主，清心寡欲以应于二，是忘势下贤，克行其愿，能屈阴以从阳者也，必贤才辅而政事昌，以祉元吉也。

六之城复于隍，泰转而居否矣。邪媚近倖之流交相欺蔽，如丧师而不可用，拥命而不得行，虽有正人，亦且穷吝。因往来之正不能图于未乱之前，而欲收于已坏之后，贞亦可为羞吝也。

噫！圣人能用天之权，而不能使天之不否也。因天运循环，其数有时而塞也，故君子不忧天之否，而忧圣人尽诚以回天。其道尚有时而塞之也，故天之未始不可为也，在人事之初机；而时之未始不可挽也，在往来者得其相成之道耳。

十二　否卦

☷☰坤下乾上

否之匪人，不利君子贞，大往小来。

彖曰：否之匪人，不利君子贞，大往小来，则是天地不交而万物不通也，上下不交而天下无邦也。内阴而外阳，内柔而外刚，内小人而外君子，小人道长，君子道消也。

象曰：天地不交，否。君子以俭德辟难，不可荣以禄。

初六：拔茅茹，以其汇，贞吉，亨。

象曰：拔茅贞吉，志在君也。

六二：包承，小人吉，大人否亨。

象曰：大人否亨，不乱群也。

六三：包羞。

象曰：包羞，位不当也。

九四：有命无咎，畴离祉。

象曰：有命无咎，志行也。

九五：休否，大人吉。其亡其亡，系于苞桑。

象曰：大人之吉，位正当也。

上九：倾否，先否后喜。

象曰：否终则倾，何可长也？

否者，天地不交，阴阳闭塞之故也。泰先言小往大来，而后言吉亨者，是以天运推之人事也。否先言匪人，而后言大往小来者，是以人事参之天运也。以人事参之，则知小人用事，三纲沦矣，九法斁矣，非复人道之常，尽反乎中正之德，不利君子贞也。

此卦以坤为体，以乾为用，阳抑乎阴之说也。且否之小人，顺承之小人也，阴虽居内，阳犹在上，其势相敌。故其恶未形，而祸未著，是以不言凶吝也。

象因天地不交，取之为否。君子当此，若以德自见，必中小人之忌。惟收敛其用，不行于外，以避小人之难。更当知几测微，善藏其智，不以禄位荣之，始为善于处否也。夫顺承之小人即恶逆之小人，恶逆之小人又即顺承之小人为之也。君子苟乐其顺承，而不虞其恶逆，则未有不为所中，而天下之事从此而偾矣。故圣人于爻词之中，独言二五之大人，盖二则因其畏名重义，五则因其顺时反正，当否之时所以深致意于君子之修也。

如初之居阴在下，连二而进，志方求用，犹未涉事。且介于邪正之间，而未甘为小人也。故其始进也，亦为拔茅连茹之象。于此能贞，则又变为君子，而君子于此亦未敢遽必其为小人也。

至于六二，阴已居中而当位矣，惟恐君子之不能容也。内蓄其邪，外示其顺，虽或包容承顺乎君子，不敢轻肆其害，是亦小人之善也，故曰小人吉也。小人之吉，盖欲致君子于议论，以为窃发之端，而大人能以否为亨，则岂可乱也？君子不乱则小人之势孤，而庶几自变于否矣。

六三之包羞，位居不当，又短于才，有害正之心而终不能恣其毒，惟自藏其羞而已。

四当将济之时，而天心厌乱，将有转泰之机，况有所命令皆出于道而不为过举，则赏罚得中，举措无失，畴敢自离于福祉，而反为小人也哉？此亦惟无咎乃能展其志也。四之言无咎也，以刚居柔也。

五之言吉也，以刚居中也。君子之所瞻也，小人之所惮也。曰休否，曰倾否，非大人不能也。否不可以急治，而休之于先；否不可以终长，而倾之于后。得此方能为济否者也，然非以身先当其否，则不能以身后享其成。其亡其亡，系于苞桑，先否之谓也。心存祸患，若系于苞桑，无所庇荫而不能自安，抑何否塞之乃尔也？苟能知其否塞而善用之，则泰运由之而开矣。

呜呼！治天下者，怀苞桑之念于拔茅之时，则否不生矣；存倾否之忧于包承之际，则否不成矣。既否而复戒其成功之难如此。曰大人否亨，又曰大人吉，圣人深致意于否之君子，各自行其志，毋溺于时之变，可也。

十三　同人卦

☰☲离下乾上

同人于野，亨，利涉大川，利君子贞。

彖曰：同人，柔得位得中而应乎乾，曰同人。同人曰：同人于野，亨，利涉大川，乾行也。文明以健，中正而应，君子正也。唯君子为能通天下之志。

象曰：天与火，同人。君子以类族辨物。

初九：同人于门，无咎。

象曰：出门同人，又谁咎也？

六二：同人于宗，吝。

象曰：同人于宗，吝道也。

九三：伏戎于莽，升其高陵，三岁不兴。

象曰：伏戎于莽，敌刚也。三岁不兴，安行也。

九四：乘其墉，弗克攻，吉。

象曰：乘其墉，义弗克也。其吉，则困而反则也。

九五：同人，先号咷而后笑，大师克相遇。

象曰：同人之先，以中直也。大师相遇，言相克也。

上九：同人于郊，无悔。

象曰：同人于郊，志未得也。

同人者，即君子善与人同之道，本之以至正相勉之诚，行之以大公无我之意。然其所以为同者，非有偏党之私，惟德是比。不同俗而同理，出于君子之正，乃为于野而亨。

此卦以乾为体，以离为用，阳化乎阴之说也。以九五中正之德，有待于六二之应；六二柔中之德，有待于九五之感，故曰同人也。同人之义以乾而行，是刚德胜而私情黜，故亨而利也。利君子贞者，盖以文明之德，烛于和同之介，而定其取舍之衡，得于相应之正也。夫人同此心，心同此理。吾能得其所谓正，即能得其所谓通。能通天下之志，自然浑融万物，纤无间隔之情矣。

象取于天在上，而火炎上，其性同也，故为同人。君子体之，必先审异以致同，故云类族辨物。辨者使亲疏贵贱各循其分，而不相假借；类者使亲疏贵贱各遵其制，而不相混淆，始为大通无弊之道也。

但同人诸爻俱未尽为全得者，惟初居人下而曰无咎也，上居人外而曰无悔也。此皆以无所私昵，亦无所系应，不流偏党之咎也，亦终非同人之道也。

若三之乘墉也，四之伏戎也，五之用师也，皆处于理势俱屈之时，而各有智力相争之险，情之不广，故为有克、有弗克之象，此皆失其所以为同也。

二之于宗，得其正应，故能遏三之戎，而使其不兴困。

四之攻而使其弗克，然以吝狭之心，不能为大同之道，似欲行浑穆之义，而实起衅隙之端，所谓为权首而任其咎者，此也。

故云同人诸爻执同以为同，同而不和，均未有全得者也。

呜呼！以同而为异也，以易而为险也。此起于有所欲也，于野则何欲哉？无欲则至明矣，无欲则至正矣。故曰文明以健，中正而应，君子正也。行健不以武，而以文明用之，则何险之不易？相应不以邪，而以中正应之，则何异之不同？是故处上而不害，不必下也；涉世而不伤，不必外也。或曰于野亨矣，不几兼爱乎？曰：此一体之仁也，非兼爱之私也，兼爱则非文明也，非中正也。文明中正则虽廓然大公，而实井然有辨也。故以于野之心而时于宗焉，则不为吝；以于野之心而时于郊焉，则不止于无悔矣。今夫元首之重也，而手足之轻也；心膂之急也，而毛发之缓也。然而一体之心未尝辍也，故惟一体推之，则统同未尝不辨异，辨异未尝不统同也。天同覆而生物自殊也，火同照而辨物有别也。噫！此同人之真义也。

十四　大有卦

☲☰乾下离上

大有：元亨。

彖曰：大有，柔得尊位，大中而上下应之，曰大有。其德刚健而文明，应乎天而时行，是以元亨。

象曰：火在天上，大有。君子以遏恶扬善，顺天休命。

初九：无交害，匪咎，艰则无咎。

象曰：大有初九，无交害也。

九二：大车以载，有攸往，无咎。

象曰：大车以载，积中不败也。

九三：公用享于天子，小人弗克。

象曰：公用享于天子，小人害也。

九四：匪其彭，无咎。

象曰：匪其彭，无咎，明辩晢也。

六五：厥孚交如，威如，吉。

象曰：厥孚交如，信以发志也。威如之吉，易而无备也。

上九：自天祐之，吉无不利。

象曰：大有上吉，自天祐也。

大有者，据天下之大势，尽君臣之功业，运用得宜，调燮无弊。以大有为之君，再济之以大有为之臣，出其精明乾健之德，详审周密，为纪纲法度之治，推而广之，无所不通，故曰元亨。

此卦以离为体，以乾为用，阳用乎阴之说也。盖当大有之世，利用柔也，故柔之爻吉，而刚之爻言无咎也；刚之爻有戒，柔之爻无戒也。然以一柔而纳五刚，以五刚而应一柔，上无所摄，下无所陵，非以大中之德主之不能也，故大中而上下应之曰大有。

就五阳以柔道相应，初之柔而处大也，二之柔而居中也，三之柔而乘离也，四之柔而应天也，六之柔而独制，无二阴以分其应也。自乾坤而下，柔道之善莫过于斯，故曰应乎天而时行之至也。

象取乎火在天上，无所不照。言文明四烛，何物不容？君子体此，以时当大有，固足以振有为也。然过于繁盛，民物易于善恶之淆。以善者扬而显之，恶者遏而绝之。又能推天地之弘量，扬其所本有，遏其所本无，则顺天休命，可为大有之永计耳。

如初当盛始，私感未萌，尚无骄盈之害。惟艰以处之，时时戒谨，则可终于无咎。

二以刚中应主，抱负既宏，肩荷亦重，能以柔顺而往，则旋转自如，如大车之载矣。

三居用显之时，又遇下贤之主，凡诸大有之谋猷，无不可入，赞于尔后，故曰公用享于天子。然刚中靖献，君子能之，小人弗克也。

四以刚近柔，主才望日隆，宠权日重，不觉自满，而渐流于当局之迷也已，故为匪其彭之象。

五虚中实德，能推诚任贤，可以固结乎臣民之隐也，故曰厥孚交如。然君道贵刚，太柔则废，更当以威济之，使下之仰上者，既怀其德，复畏其威，则永吉而有备矣。

上当大有之过，将为满则招损之机已。犹幸下从六五，履信思顺而尚贤，自格天心之祐，而享其清和之吉也，故曰吉无不利。

凡若此者，惟能有其物而不有，然后能物无不有也。曰厥孚交如，以德感而不以私也；曰威如吉，以义制而不以情也。是能不有其物者也，故上下之应，皆应其不有物者也，此象君主之自明其德，则莫非德也。初之无害其道广也，二之能载其器大也，三之用孚其骄抑也，四之匪彭其盈损也，亦皆能不有其有，而得其有也，此皆非六五之为有也。若乃居无位之地，清净高洁，则上九不可撄矣，诸爻以不有而处有者也。上九以不有而为有者也，则非六五之所能有也。然而非六五之大，不能容上九之高，则亦六五之有也。

噫！有而能大，非柔而善用者，其孰能之？

十五　谦卦

䷎艮下坤上

谦：亨，君子有终。

彖曰：谦，亨，天道下济而光明，地道卑而上行。天道亏盈而益谦，地道变盈而流谦，鬼神害盈而福谦，人道恶盈而好谦。谦尊而光，卑而不可逾，君子之终也。

象曰：地中有山，谦。君子以裒多益寡，称物平施。

初六：谦谦君子，用涉大川，吉。

象曰：谦谦君子，卑以自牧也。

六二：鸣谦，贞吉。

象曰：鸣谦贞吉，中心得也。

九三：劳谦，君子有终，吉。

象曰：劳谦君子，万民服也。

六四：无不利，撝谦。

象曰：无不利，撝谦，不违则也。

六五：不富以其邻，利用侵伐，无不利。

象曰：利用侵伐，征不服也。

上六：鸣谦，利用行师，征邑国。

象曰：鸣谦，志未得也。可用行师，征邑国也。

谦者，满而能持、有而不居之义也。吾人身在宇宙，虽有盖世功勋，返之本来，如浮云耳。只因人德器浅薄，承载不起，便有骄矜之见也。

若谦德君子，处心抑抑，视盈若虚，则行无不得，故亨而终归于有也。

此卦以坤为体，以艮为用，阳止而阴顺之说也。内止则实而无伪，外顺则应而不穷，所以有终也。外不顺则为矫拂，内不止则为象恭。虽或勉强用谦，一有所欲则竞，有所负则矜，安能有终乎？彖之所谓谦尊而光，卑而不可逾者，惟谦之为道，尊大而光显，故虽卑屈而不可以尚之也。不与物校，何其尊也？不为满累，何其光也？以尊且光者，更能卑以自处，何可逾之？故人能谦，则必为人所好矣，以之居尊，则德因谦而益显，而光自不可掩；以之居卑，则德因谦而益重，而人自不能逾也。

象取为地中有山，高不离卑，故曰谦。君子体此，裒多益寡，称物平施，盖言有终之义也。地中有山，山虽高峻，平而不倾，物多植焉，亘万古而如斯也。君子体谦之义，戒其自满之心，行其谦逊之念，则能裒聚其多而增益其寡。道在称物以施，得其平而已，不盈故裒聚其多也，能受故增益其寡也。此忘物忘我，称量乎人己之宜，而平其施也。以我为重，非谦也；以物为重，亦非谦也。有所重则有所轻，低昂不定，谦不终矣。无所重无所轻，如山之无所凌而无所剥，则无倾坏之虞，为有终之义也。

释卦之义：其下三爻，体艮者也，则皆言吉；其上三爻，体坤者也，则皆言利。艮静而坤顺也，顺则多利，静则多吉也。

初居艮之下，柔和自尚，谦而又谦者也，则其气以不盈而安，志以能敛而定，以同心之德而收弘济之益，即涉险而无患矣。

二之谦德积中，声誉啧啧，且发于中心之自然，纤无矫饰之私，故贞吉也。

三有刚正之德，为上下所归，功在民社，然能自视欿然，所谓劳谦之君子也。然以师济之才，加之以撝让之德，功莫与争，位可常保，故有终吉也。

四下乘功臣，上近大君，居多惧之地，非利也。然柔而得正，上而能下，则无不利也。虽指撝经画非谦之状也，而曰撝谦者，乃大臣事主之谦，非循墙巽怵之谓也。

五柔居尊位，以谦得众，中外悦服，况劳谦者为之力，撝谦者为之谋，故为不富以其邻之象。夫谦而为人所与，何事不可为？即用以征伐，亦无不利也。

上六之谦，德虽盛而才力不足，用以行师，无勘乱之才，何以行天讨之令？仅可征邑国而已。

就六爻统而论之，初非济川之位，五非伐国之才，而言涉川征邑者，极言谦之能有为也。二居位而无应也，上居高而无位也，则不容以不鸣也，然鸣而皆不违乎谦也。二承刚而得其止，其鸣也，鸣以自适，故曰中心得也；上乘五而失其顺，其鸣也，鸣以自诉，故曰志未得也。志未得者，利在从时；中心得者，利在守己。故一曰贞吉，一曰利用行师也。

谦之为义也，止而顺，则非懦怯而无为；顺而止，亦非阿顺而无节。曰涉，曰劳，曰撝，曰征伐，非任意行权，亦非谦之能济天下之务也。呜呼！人之心体，本无障碍，犹太虚之无物也。以无物之心而称乎物，所以得其平也；以有物之心而加乎物，所以违乎谦也。可不知之？然世更有貌恭而色佞，中非有孚，其为谦之贼也欤？

十六　豫卦

䷏坤下震上

豫：利建侯行师。

彖曰：豫，刚应而志行，顺以动，豫。豫顺以动，故天地如之，而况建侯行师乎？天地以顺动，故日月不过而四时不忒；圣人以顺动，则刑罚清而民服。豫之时义大矣哉!

象曰：雷出地奋，豫。先王以作乐崇德，殷荐之上帝，以配祖考。

初六：鸣豫，凶。

象曰：初六鸣豫，志穷凶也。

六二：介于石，不终日，贞吉。

象曰：不终日，贞吉，以中正也。

六三：盱豫，悔，迟有悔。

象曰：盱豫有悔，位不当也。

九四：由豫，大有得。勿疑，朋盍簪。

象曰：由豫，大有得，志大行也。

六五：贞疾，恒不死。

象曰：六五贞疾，乘刚也。恒不死，中未亡也。

上六：冥豫成，有渝无咎。

象曰：冥豫在上，何可长也？

豫者，和乐之义也。豫则人心和乐，事无不宜，将溢天下之欢矣。然乐不可极，圣人深防人欲之流也，故曰利建侯行师。以爱戴之诚济之以公愤之举，则万姓归心，三军用命，克无不利也。

此卦坤为体而震为用，以阴从阳之说也。盖豫起于人心之和，而实由于修德之盛，顺天理合人心，朝野悦服，其志行也。然人而过豫也，每流于纵恣；事而过豫也，每失于宽假，如是则不可以经邦训俗矣。惟建侯行师，齐之以欢豫，济之以威严，一理所动，上下协应，则天地亦如之而不违耳。天地之动，原无不顺者也，圣人推造化之枢，亦以顺而动。本诸身而建诸政事者，皆顺理而无悖，则不烦刑罚，而民皆悦服于顺动之中矣。由是天地因之以化成，圣人因之以制治，而人心安有不从者乎？

象以雷出地奋，鼓天地之和气，万物莫不和畅，故为豫也。然雷之奋发也，气机因之而生动，及其震迅也，气机亦因之而凛赫，未始有宽假之意，而为乖戾之失也，故作乐崇德以召和也，荐上帝配祖考以致敬也。以和以敬，此圣人示人以豫之道也。

初应于四，濡迹权门，自为得志，而豫发于音声。

三承于四，仰视权臣，恣情纵欲，而豫见乎形色。初之轻浮浅露，三之骄肆睢盱，皆沉溺而不自知者也，其凶其悔宜矣。

五居尊位，阴柔不振，耽于逸乐，以天下之事委之权佞，而漫不知省，此贞疾之证也。犹幸四之承应，位虽危而不失其中，故曰恒不死也。

四以有容之度，且安处于下，既能尽其调燮之功，又能殚其披露之隐，是为君民相豫者也。曰由豫者，由由然，不过豫也。大有得者，豫不逼上，又能保其下也。然而为众所应，亦居于危疑之地矣，故圣人戒以勿疑。但聚天下之贤者以媚于上，不得徇一人之见以成其党，则得矣。簪聚于上，故取譬焉。

上六阴柔之极，处豫之终已，昏迷而不知自反者也。然在震之极，外有奋迅之机，内有渝变之理，故当翻然悔悟，振之以威武之为，而改其冥豫之习，此从苦海沉沦，指出回头是岸之谓也。曰威而有渝，犹言梦中一唤，倦后一鞭，借震惊而还觉性也，此圣人引人以补过之道也。

诸爻惟二为吉，以其处中正而无应，能为自守之象，豫之最善者也。然曰介于石，则有兢业自持之操。曰不终日，则无耽恋自溺之心。真见机明决，不以豫处豫者也。呜呼！惟不以豫处豫，而后能保合太和，三才一致，得其豫之时义也已。

读豫之卦，而知圣人遏人欲于将萌，维天理于未绝，戒于顺动之中者，岂易易哉？

十七　随卦

䷐震下兑上

随：元亨利贞，无咎。

彖曰：随，刚来而下柔，动而说，随。大亨贞，无咎，而天下随时。随时之义大矣哉!

象曰：泽中有雷，随。君子以向晦入宴息。

初九：官有渝，贞吉，出门交有功。

象曰：官有渝，从正吉也。出门交有功，不失也。

六二：系小子，失丈夫。

象曰：系小子，弗兼与也。

六三：系丈夫，失小子，随有求得，利居贞。

象曰：系丈夫，志舍下也。

九四：随有获，贞凶。有孚在道，以明，何咎？

象曰：随有获，其义凶也。有孚在道，明功也。

九五：孚于嘉，吉。

象曰：孚于嘉，吉，位正中也。

上六：拘系之，乃从。维之，王用享于西山。

象曰：拘系之，上穷也。

随者，以臣从君之义也。王者治化精纯，扬溢宇内，德足以致人之随，而下之情意相洽，因有欢然乐从之象也，故曰元亨。然随由悦致，悦则易涉于私，故圣人首戒以利贞。盖随而不正，即为邪僻之道也。凭天理以招徕，不假私情为联结，始无干誉之咎。

此卦震为体而兑为用，以阳从阴之说也。刚来下柔，徽柔之德立极于上，而刚德之人信从于下。虽然，上无以致人之随，人岂随之乎？故动而悦。则凡所以致随者，皆出于精神之欣洽，而非名分之束缚也。但世之人非其时而强进者多，故当戒之以随时。以正为随，自然人心顺应，而天下无不随之矣，岂欢虞小补之术哉？

象取乎泽中有雷，雷在泽中，动而能静，随之义也。君子推之而应事也，葆时止之体，为时行之用。随时随理而此心仍归于寂然，故曰向晦入宴息。盖澄其心于何思何虑之乡，凝其神于勿助勿忘之候，得随时之正者也，故诸爻阳不言系，而阴独言系，因系之非正应也。

如初居震之初，随之始也，泛以随人，主宰之君不能无渝，惟以贞则获吉，以公则有功也。

二阴柔无守而系恋庸流，必有遗失贤豪之过已。

三道义自持，中心有主，依名流而舍鄙夫，得所随矣。然二系于下，三系于上，均之为系，得失异焉，盖有上下不同之道也。

四与五同德相随，谏行言听，无求不获，然位高势盛，不免有凌逼之嫌，虽正亦凶也。戒之以孚于上，孚不在道则为容悦，道不以明则非知机。故孚必在道，道必以明，乃无咎也。

五以阳刚中正之君，下应乎柔顺中正之臣，同德相孚，嘉谋嘉猷，入告尔后，自无僻邪之疑也，吉何如之？

上六以阴处上，不能从阳，小人之势悍者也，故必拘系之乃从也。然而强之使随，其随不固，欲其维而不可解，则必如王者之享于鬼神，尽其诚意，是无有不随矣，故曰维之，王用享于西山。

然随非致凶之道也，故诸爻皆不言凶，而独于臣位之极者戒之，因获天下之随者，恐有逼上之凶，虽正必戒耳，圣人所以明君臣之分也正矣。

噫！贞之所在，即为时之所乘，而时之所趋，即为随之宜也，则知随时之义大矣哉！

十八　蛊卦

䷑巽下艮上

蛊：元亨，利涉大川。先甲三日，后甲三日。

彖曰：蛊，刚上而柔下，巽而止，蛊。蛊，元亨，而天下治也。利涉大川，往有事也。先甲三日，后甲三日，终则有始，天行也。

象曰：山下有风，蛊。君子以振民育德。

初六：干父之蛊，有子，考无咎，厉终吉。

象曰：干父之蛊，意承考也。

九二：干母之蛊，不可贞。

象曰：干母之蛊，得中道也。

九三：干父之蛊，小有悔，无大咎。

象曰：干父之蛊，终无咎也。

六四：裕父之蛊，往见吝。

象曰：裕父之蛊，往未得也。

六五：干父之蛊，用誉。

象曰：干父用誉，承以德也。

上九：不事王侯，高尚其事。

象曰：不事王侯，志可则也。

蛊者，积弊致蛊之义也。有天下者不事事，则事坏而不能无弊矣。当蛊之时，不可坐诿于气化，必以济险之才力，回天运于复兴，挽人事于未溃，精勤惕厉，补弊兴衰，如涉大川以求必济之象。故取先甲三日之辛，以虔其始；取后甲三日之丁，以善其终，乃乘其机而有所治之也。

此卦艮为体而巽为用，以阳革阴之说也。盖刚上柔下，上亢而不能下济，下卑而不能上承，因循苟且，坐视其弊而莫之救，所以成蛊也。夫蛊以天下不治言也，然乱必有治，岂可优游玩愒，终任其颓靡也哉？当君臣惕厉，往有事以治之耳。至于治之之事，曰先甲三日后甲三日者，何也？盖甲于先天卦，在东之离也。逆数者三，则当艮位，而日为辛；顺数者三，则当巽位，而日为丁。物盛于火败于金，先甲为辛，盛之衰，而蛊之始也；后甲为丁，蛊之尽，而盛之始也，故曰终则有始，天行也。君子法之，先甲而图之，豫除其弊于乱之终；后甲而为之，渐维其机于治之始，干蛊之道尽矣。

象取于山下有风，披拂震荡，变迁无定，蛊之义也。风从下而上，则长养万物；从上而下，则剥落万物。如风俗颓坏之时，而欲为政权鼓舞之用。君子惟刚以振民，柔以育德，持国脉于惺存，回天心于动变，斯济其艰矣。

初当蛊之始，事未尽颓，尚可斡旋也。如有子而克盖前愆，是为干父之蛊，可以无咎。然既谓之蛊，时事已危，必详慎谨密，善继其志，终可得吉。

二以刚乘柔，事多拂逆，必委曲周旋，方克有济。若自以为干，直行无避，反失其因革之宜也。

三当大臣之任，更张积弊，得干蛊之权也，但过刚不中，未免有急遽之悔，犹幸巽顺而止，用之革故鼎新也，终无大咎。

四以柔弱之才，遇事宽裕，既不忍更张以彰亲之过，宜安分以承父之艰也，故曰往见吝。

五以柔应刚，刚柔相济，君臣一德，已相与厉精剔弊，善继善述，以光先人之令绪，干蛊之功臣也。曰用誉用民，誉以为羽仪，而徂诈跅弛，殆不至矣。

上九干蛊既毕，则宜释去权利，不事王候，高尚其事也。

盖人当处蛊之时，不患少事功，而患少节义，如苟且以置身，决裂以措事，自多辱已，惟缓以投机，徐以观变，斯得治蛊之善者也。故初之厉首事也，二之戒承阴也。干蛊之首，时有损益，则以意承之，处阴之险，道难屈伸，则以权济之，故曰意承考也。二曰道得中也，三之干由凶而趋吉也，四之裕由吉而趋凶也，五之誉得其济而功成也，六之不事以不用而成用者也。君子审于前而决于后者，各得其时，至事宜之用也。是故君子当蛊之难干，有先去而不事者，微子、季札以之；当蛊之既干，有后去而不事者，范蠡、张良以之。先去者，欲以觉悟君之心而保宗祀；后去者，欲以成全君之谊而明臣节，皆所以为干蛊也。

虽然，圣贤之行，身或去而不事，原其心未有不为天下，而深维其终始者，岂徒以为高为洁，自保自重，而坐视其蛊之弊也哉？

十九　临卦

䷒兑下坤上

临：元亨利贞，至于八月有凶。

彖曰：临，刚浸而长，说而顺，刚中而应，大亨以正，天之道也。至于八月有凶，消不久也。

象曰：泽上有地，临。君子以教思无穷，容保民无疆。

初九：咸临，贞吉。

象曰：咸临贞吉，志行正也。

九二：咸临，吉无不利。

象曰：咸临，吉无不利，未顺命也。

六三：甘临，无攸利，既忧之，无咎。

象曰：甘临，位不当也。既忧之，咎不长也。

六四：至临，无咎。

象曰：至临无咎，位当也。

六五：知临，大君之宜，吉。

象曰：大君之宜，行中之谓也。

上六：敦临，吉，无咎。

象曰：敦临之吉，志在内也。

临者，监临之义。以君子而进逼小人，犹阳道浸长而逼于阴也。圣人于阳长之时即虑其衰，故曰至于八月有凶。八月者，由建丑而至建未，遁之复萌也。当二阳初长之时，即虑及于二阴复长之日。可见消长之机倏忽变换，防之不可不早尔。

此卦兑为体而坤为用，阳制乎阴之说也。夫阳得其时，方长于下，而其势浸上，渐以制乎在上之阴。必持之以和悦之德，应之以天德之刚，内则心气和平，外亦举动合理，始小人受我之临，而不敢为邪，此临之义也。然烁金之夏，必有伏阴，桂满之夜，必有亏魄，盈虚之道岂可据耶？故曰元亨者，幸之以势也；曰利贞者，维之以理也。曰八月有凶，以消长之时惕之也。

象取于泽上有地，地之临水，水盛则地陷矣，故阳之逼阴，不戒则反为所逼矣。君子体之，不徒曰教，而曰教思无穷；不徒曰养，而曰容保无疆。以荡荡之恩，沦肌浃髓，与地同其广也，与泽同其深也。

初当阳刚方长之时，其势渐盛，必不滥不求，感之以正，使小人无隙可乘，而吾道始得正其行也。

二近于上，举动得宜，权势在我，以诚感之，无顺无逆，则可以为临之主也。

三阴柔不正，以甘悦临人，而实不利于君子。若君子不受其非道之说，彼能知而忧之，改行从善，尽其道以为感，则无咎矣。

四虽以阴居正，下应初九而密比于三之邪，恐为所间，必切至其临，与正相符，乃得无咎也。

五处于尊，以柔用刚，自得其执简御烦之体矣，故曰知临也。阴本柔暗，而以明为临，则刚柔相济，行中之谓也。

上六阴柔在上，自远于阳，必敦厚以临于刚，斯吉而无咎也。且任贤之道，贵不夺于外物，去谗远色，贱货贵德，所以为敦也。曰志在内者，志不忘于天下之内也。

噫！此卦初与二皆曰咸临者，以下临上，不可凌逼，利在感孚，所谓咸临也。初尚未当临阴之任，故曰贞吉。二当临阴之任，故曰吉无不利。正以为主，利以为用，临道尽矣。三以兑体而逼于刚，故为甘临之象。然初与二皆阳德之君子，靡隙可乘，其术虽工，有忧之矣。咸临者，君子正大之情也；甘临者，小人邪媚之态也。咸临而无不利也，甘临而无攸利也。四之至临，臣道也，以身为临，下于阳也。五之知临，君道也，以心为临，委于阳也。上六不以高自居，志顺情厚，听命于阳，所谓敦临也。

总而论之，初则戒以正志行，二则戒以未顺命，若三之忧，与四之至，五之知，六之敦，皆为阳道之谋而预防之也。噫！卦之曰临，时当阳长之初，犹世之方盛时也，而圣人即防焉。爻则仅言其吉，卦则预言其凶，致意于消长之关者有如是，则知盛衰之际不可不贞者也。

二十　观卦

䷓坤下巽上

观：盥而不荐，有孚颙若。

彖曰：大观在上，顺而巽，中正以观天下。观，盥而不荐，有孚颙若，下观而化也。观天之神道而四时不忒，圣人以神道设教而天下服矣。

象曰：风行地上，观。先王以省方，观民设教。

初六：童观，小人无咎，君子吝。

象曰：初六童观，小人道也。

六二：窥观，利女贞。

象曰：窥观女贞，亦可丑也。

六三：观我生，进退。

象曰：观我生，进退，未失道也。

六四：观国之光，利用宾于王。

象曰：观国之光，尚宾也。

九五：观我生，君子无咎。

象曰：观我生，观民也。

上九：观其生，君子无咎。

象曰：观其生，志未平也。

观者，笃恭而化之象也。以二阳在上，为四阴所观，仰而观化，以静制动，亦扶阳之道也。

此卦坤为体而巽为用，以阴逐阳之说也。夫观化在民，为观在己。王者必躬修玄德，允执其中，不以显而修度者，为亿兆之作则；直以暗而修德者，俨明旦之操存，乃为有孚颙若之敬也。盖小人盛于下，君子欲为天下之大观，必其德顺而巽，始为恭默化成之主。顺则心和平而不拂，巽则气沉挚而不浮，以是居躬，自然建中有极，超于声色之表矣。盥而不荐，以诚交神，而不在物也。圣人德感玄应，孚信在中，颙然可仰，不待观其行事而化。一观示间，泯然默运，上无所著意，下无所庸心，诚意相孚，神矣哉，观之道乎。圣人以神道设教，喻之以意而不言，天下亦喻于圣人之意，不待象指之烦，均服于德化之中而不自知矣。

象取于风行地上，遍及庶物，观之义也。君子体之，巡省四方，省观民俗，设为教典，同归于中正之化，如风之行地也，布于四方，无所不历，各得其刚柔缓急之用，纤无偏枯动静之殊。则知神以法天，省以袭地，而观之道亦至矣。然大观在上，畴不欲快睹熙明以为道德之光？

但初远于阳，柔不及远，为浅见之象，宜居以自安，若进而干位则吝矣。

二近于初，才识不足，为偏见之象，亦宜固守，退而处内，如女之萧居独处，则贞矣。

三居下体之极，是有可进之时，但居上体之下，复为可退之地。故宜静观吾道之通塞，而为进退之权衡，不可汲汲然苟且徇人，轻赴功名，以失生平之守也。

四近于五，为观光之象，邦家有光，则人主之道德可见矣。既觌其休光，自当黼黻皇猷，大展生平抱负，上慰其大观之主，故曰用宾于王者，正谓其出不轻，其进亦可重也。

五为大观之主，天下之风气系焉，必反覆详审内观。我之道德果能建中表正，树生民之望，使天下潜移默转，皆有君子之风，始为观民之有征者也。

上九虽不得位，而德足以为人之观表，故君子之修，天下应之也。以君子之身，为天下之应，进则当设教以化民，退则当师表以善俗，岂可晏然恣逸，谓己无与于天下，而可自放者乎？故曰志未平者，其道宜和光同尘，其志当出类拔萃，不自失其仪表，斯无愧于观望之责也。

总观卦之义，本小人盛于下而逐君子之象也。故诸爻渐近于阳则吉，渐远于阳则凶，因阳之爻皆为君子，勉之不曰吉，而曰无咎，其扶阳之意亦至矣哉。

二十一　噬嗑卦

䷔震下离上

噬嗑：亨，利用狱。

彖曰：颐中有物，曰噬嗑，噬嗑而亨。刚柔分，动而明，雷电合而章，柔得中而上行，虽不当位，利用狱也。

象曰：雷电，噬嗑。先王以明罚敕法。

初九：屦校灭趾，无咎。

象曰：屦校灭趾，不行也。

六二：噬肤灭鼻，无咎。

象曰：噬肤灭鼻，乘刚也。

六三：噬腊肉，遇毒，小吝，无咎。

象曰：遇毒，位不当也。

九四：噬干胏，得金矢，利艰贞，吉。

象曰：利艰贞吉，未光也。

六五：噬干肉，得黄金，贞厉，无咎。

象曰：贞厉无咎，得当也。

上九：何校灭耳，凶。

象曰：何校灭耳，聪不明也。

噬嗑者，有物间于颐中，去而合之，则害亡而亨通也。物去其害，治得其平，即圣人用狱之心也。盖天地不能以春生而废秋杀，圣人不能以弼教而弛明刑，故狱以济德礼之穷，而得中又以妙，用狱之道也。

此卦震为体而离为用，阴阳分杂之说也。夫一统之时，有梗化而违法者，是为颐中有物之象，必去之而后四海同风也。然治狱之道，贵于威明，明合动而明益显，动合明而动益神。威明得中，则执法之义与矜恤之仁并至，虽济以用狱之刚，自能胜其位也。

象以雷动于下，电明于上，震曜相摧，阴阳和合，噬嗑之谓也。先王法之以明罚敕法，其防闲之意深矣。不言用罚而言明罚，明之于先，使人知所避；不言行法而言敕法，敕之于初，使人知所畏。盖不得已而用刑，而不欲用刑者，其心也。此所谓柔得中而用乎刚也。

初之灭趾，制其小过于始，使其恶不得行，故在上者可无咎也。

二乘刚而刑，噬过其分；三失中而刑，噬遇其梗。二之灭鼻似过，欲服其心，亦不为峻；三遇毒似吝，而时当用刑，义亦无咎。

四之噬干胏，大臣当专征之任者也。

五之噬干肉，人主当平乱之后者也。以威天下，故曰得金矢；以利天下，故曰得黄金也。得其情而服其心，噬嗑之功于此成矣。

独上九过尊而处刚，噬之太过，流而为暴，情与法不协于中，人与己亦不得其平，如何校灭耳，则凶可知矣。盖明不足以恤民之隐，而惟苛刻为能，如申商斯高之所以毒天下也。

且物而至于噬而后嗑，德下衰已，故三辟之兴，皆叔季也。若刚柔不分，专用于刑，如二之灭鼻，三之遇毒，皆不免于过也。即四之干胏，五之干肉，虽为噬得其道，亦恐比于情法之偏也。故一则曰艰贞，一则曰贞厉。惟初之灭趾仅为无咎，而上之灭耳不得其中，凶不免矣。刑其可不慎哉？

二十二　贲卦

䷕离下艮上

贲：亨，小利有攸往。

彖曰：贲，亨，柔来而文刚，故亨。分刚上而文柔，故小利有攸往，天文也；文明以止，人文也。观乎天文以察时变，观乎人文以化成天下。

象曰：山下有火，贲。君子以明庶政，无敢折狱。

初九：贲其趾，舍车而徒。

象曰：舍车而徒，义弗乘也。

六二：贲其须。

象曰：贲其须，与上兴也。

九三：贲如濡如，永贞吉。

象曰：永贞之吉，终莫之陵也。

六四：贲如皤如，白马翰如，匪寇婚媾。

象曰：六四当位，疑也。匪寇婚媾，终无尤也。

六五：贲于丘园，束帛戋戋，吝，终吉。

象曰：六五之吉，有喜也。

上九：白贲，无咎。

象曰：白贲无咎，上得志也。

贲者，饰也，圣人虞文之盛而为是说也。天下之事，固非文不行，然自质而趋文易，自文而返质难。圣人当文盛之时，不得不为末流之弊，而先虑及于靡靡之失也，文极则往而不返，故曰贲，亨，小利有攸往。造化之生也，本则为质，用则为文，文质彬彬，刚柔对待，文之所由始也。

此卦以艮为体，以离为用，阴阳交错之说也。艮之上六来居离之二位，柔来文刚，居位得中，是以亨也。乾之九二寄居艮之上爻，弃中而就无位之地，是以无大利也。盖质胜之时以文济之，文胜之后即以质救之。文以济质，质不为陋，固文也。质以救文，雅道之中，文亦寓焉。能如是，则天人之蕴相符，小利有攸往也。柔居刚中，文也；刚上柔下，文而止也，故曰文明以止。文明以止者，是人道当然之文；刚柔交错者，乃为天道自然之文。言文而必原于天，观变之始事也；言天而必及于人，化成之终事也。则知造化之运迁也，自质而生文；圣人斡旋也，以文而返质。故文者不可无也，而亦不可盛也。

象取乎山下有火，光明下蕴，不为风所逐，能明而不炫者也。君子体之，内外修明，又不敢自恃，惟慎于庶政之操持，不轻折狱之果决，正所谓文明以止之防也。

初有德而时在下，无所施于天下，象为贲趾，不以爵禄为荣者也。

二为文刚之主，心志相孚，其象贲须，应附上而为贲者也。如舍车而徒，众人所羞，君子所贲也。若贲其须，则彼此相成矣，因居位之与无位异也。

三处离之极，以一阳居二阴之间，是阳得阴贲，奔走承宜，凡所猷为，自成色泽，乃贲之盛者也。曰永贞之吉，欲保其刚而不溺于阴也。

夫藉物为饰而不为物溺，此当离之终已，有艮之意矣。

四与初为正应，本当贲如，而为三所隔，欲静则疑初之应，欲进则惧三之难。故心虽若白马之疾，亦必待三之不为己害，始得与初为婚媾也。盖乘险而求合者，君子之所戒也。

五居得致之位，事无所不用其饰，即束帛戋戋，亦不过制，此敦本尚实，终为吉者也。

上九处饰之终，饰终则反素矣，以质为尚，则天下无不足之患，上所以得志也。

是卦内三爻以文明为贲，而外三爻以笃实为贲，曰皤如、曰丘园、曰白贲，皆尚素也，故曰贲无色也。圣人虞文之太盛也，即圣人妙于用文之道也。虽然专任乎文，固非化民成俗之宜，若必尽去其文，亦非因时通变之治也。惟于刚柔摩荡之交，天人旋转之际，探文之原，救文之弊，不流于颓靡无底之患，则为章于天者，不动而变，而化成于人，亦可久而可大也矣。

二十三　剥卦

䷖坤下艮上

剥：不利有攸往。

彖曰：剥，剥也，柔变刚也。不利有攸往，小人长也。顺而止之，观象也。君子尚消息盈虚，天行也。

象曰：山附于地，剥。上以厚下安宅。

初六：剥床以足，蔑贞凶。

象曰：剥床以足，以灭下也。

六二：剥床以辨，蔑贞凶。

象曰：剥床以辨，未有与也。

六三：剥之，无咎。

象曰：剥之无咎，失上下也。

六四：剥床以肤，凶。

象曰：剥床以肤，切近灾也。

六五：贯鱼，以宫人宠，无不利。

象曰：以宫人宠，终无尤也。

上九：硕果不食，君子得舆，小人剥庐。

象曰：君子得舆，民所载也。小人剥庐，终不可用也。

剥当阴盛之时，正谊衰而邪僻盛，君子势孤，小人志肆，是非颠倒，祸乱无常，而举动之际所当加慎也。君子知时运之隆替，逊言晦迹，遵养待时，不可轻有所往也。

此卦艮为体而坤为用，阳格乎阴之说也。夫剥之继贲也，圣人岂无意乎？其为君子之虑患也深矣。盖文盛则道穷，所以剥也。阳性为健，其去阴也决；阴性为柔，其侵阳也渐，故曰柔变刚也。邪之倾正，曲之挠直，萋菲浸润，伤而不觉，是为变也。剥极于势，五阴而逼一阳，剥至于坤则尽剥矣。但阳无终尽之理，虽坤卦之六阴盛极，而未尽者犹存，方生者复萌也。剥之不终为剥也，此天行之道也。当剥之时，强亢激拂，如尽力以排之，则身殒而功不就，故宜顺而止之也。顺而止之，不徒为今日之消虚，且为日后之盈息也。盖君子之道阳道也，消息盈虚，随阳而转，所以合天也。

象以山附于地，为下所凌剥之义也。君子以天下为宅，欲其安宁，厚载则不薄小人，而厚之、贻之，休养使为我用，犹山之不让土壤，是所以治剥也。

但事异世殊，阴当剥阳之始，虽小人未能即去君子，然已侵其权、窃其位，害正之势渐行矣，故自足而辨，自辨而肤，剥以渐而变也。君子不能防之于早，身之下、足之上，不免于切近之灾也。

三为群阴之中，五为群阴之极，而曰无咎、无不利者，一则应阳，一则承阳也。小人知有君子，则君子亦不严绝于小人，就其意向之私，开以补过迁善之门，不使终为剥也，即所谓厚下之心也。

上以一阳独存，天留一君子，以延危微之关也。曰硕果不食，天遗其实以复生也。剥未尽而复生，此非消长之机乎？当此时，君子居之，则为众阴所载，象为得舆也。小人居之，其欲未厌，则必剥害君子，然违于天而穷于道，亦自失其所覆，故为剥庐之象也。

噫！大抵小人之欲去君子也，不过欲纵其志以利其身耳。而不知君子既尽，大道沦夷，家危国破，小人亦无所容其身矣。是卦也，于君子则劝之容小人，于小人则戒其剥君子，扶阳抑阴，委曲以致其意，圣人为世道人心之计也深矣。

二十四　复卦

䷗震下坤上

复：亨，出入无疾，朋来无咎。反复其道，七日来复，利有攸往。

彖曰：复，亨，刚反，动而以顺行，是以出入无疾，朋来无咎。反复其道，七日来复，天行也。利有攸往，刚长也。复其见天地之心乎？

象曰：雷在地中，复。先王以至日闭关，商旅不行，后不省方。

初九：不远复，无祗悔，元吉。

象曰：不远之复，以修身也。

六二：休复，吉。

象曰：休复之吉，以下仁也。

六三：频复，厉无咎。

象曰：频复之厉，义无咎也。

六四：中行独复。

象曰：中行独复，以从道也。

六五：敦复，无悔。

象曰：敦复无悔，中以自考也。

上六：迷复，凶，有灾眚。用行师，终有大败，以其国君凶，至于十年不克征。

象曰：迷复之凶，反君道也。

复者，一元复起之义。君子既往复来，阳和旋转，吾道发舒，自可以渐有为而亨也。阳既复已，光亨而盛，则己之出入固无忧疑，而朋类之来亦无阻抑，故曰出入无疾，朋来无咎。然自姤至复，阴消阳长，反覆计之，当有七日之循环也。

此卦以坤为体而震为用，以阳进阴之说也。夫阳以上为顺，顺动而行，则不疾不徐，可以养我之元气，而善其出入，而朋亦得附我之操存而归于顺动。此天以时而开人，人以定而胜天，默为消息而迎其刚反之机也。所谓反复其道者，盖剥而将尽，君子之势已穷，刚而复反，而天地之心未远，准之以来往之期，当知七日之复。凡卦气分流，每卦得六日七分之半，兹言七日，举成数而言也。六十四卦，无非天地之心寓焉，而独见于复者，正惟动静之间，为能见其心也。天地之心不欲消物而欲生物，当消之际，其心随物已敛，及生之时，其心又随物而显。故君子推于消长之间、动静之际，而天地之心，隐然可得其端倪矣。

象取乎雷在地中，以动为静，阳气渐生，复之义也。先王以微阳不养，气则不固，至阳至之日，闭其道路之关，止其省方之事，守精一于危微之候，兹燮阴阳以敷教，赞化育以奉天，默用其裁成之道也。是以柔之尽者刚之反，静之极者动之机。乾阳之变化，以一而成六十四者也，故剥复相连，复之下爻即剥之上爻也。引而伸之，乾坤固无一定之机，而阴阳又岂有胶滞之理耶？

如初以阳居阳，情识之染未深，真妄之关未迥，天良一触，固有昭然，故其复为不远也。

二柔顺中正，外无浮气之矜，内无胜心之恃，不敢为泥，自能安就乎初之仁也，乃为休复之吉。

三也既不能居柔而守之以仁，每欲尚刚而夺之以义，出入于理欲之关而莫为之儆，故为频复之象。然能操心惕厉，则为频复之安，不为频复之危也。

四居阴之中，独与初应，是耻凡民而以豪杰自期，却尘迷而以天心独复，不偏不倚，独得乎中行之善也。

五中顺居尊，操存贞固，以至诚之体，敦于无息之功，自然天理流行，屏其私而完于初也，何悔之有？

上六居复之终，最远乎阳，不知所省，此在复而自迷者也。且阴柔之人暗不自明，狠而好杀，绝天之道，失人之心，俯仰交惭，有灾眚矣。不固其本而务远图，故以其国君凶。若终不复其初而逐于外，将有十年不克征之败也已。是故求胜于外者，非善复其国者也；求理于外者，非善复其心者也。

商旅不行，外者不入也；后不省方，内者不出也。不行不省则情忘识泯，人净而天完矣，此真见天地之心而善复者也。圣人无失，故无复也。众人不能无失，失而后有复者，诸爻是也。失而不能复者，上六是也。曰休、曰独、曰敦、曰频、曰迷，非天之降才殊也，盖当剥尽之时能刚反之与不能刚反之也。圣人重以为戒，深有见于阳之不可远也如是夫。

二十五　无妄卦

☰☳震下乾上

无妄：元亨利贞，其匪正有眚，不利有攸往。

彖曰：无妄，刚自外来而为主于内，动而健，刚中而应，大亨以正，天之命也。其匪正有眚，不利有攸往，无妄之往，何之矣？天命不祐，行矣哉？

象曰：天下雷行，物与无妄。先王以茂对时，育万物。

初九：无妄，往吉。

象曰：无妄之往，得志也。

六二：不耕获，不菑畬，则利有攸往。

象曰：不耕获，未富也。

六三：无妄之灾，或系之牛，行人之得，邑人之灾。

象曰：行人得牛，邑人灾也。

九四：可贞，无咎。

象曰：可贞无咎，固有之也。

九五：无妄之疾，勿药有喜。

象曰：无妄之药，不可试也。

上九：无妄，行有眚，无攸利。

象曰：无妄之行，穷之灾也。

卦之无妄，乃真实无伪，即诚者天之道也。人能念虑不淆，惺存不灭，循事理之当行，识天命之本体，则得元亨也。但无妄而贞者，不惟妄念不形，即无妄之念亦不可著也。曰匪正者，不惟以妄灭妄为非，即以心照心亦不为正也，安望其为攸往之利乎？

此卦乾为体而震为用，阴辅乎阳之说也。夫无妄之为卦也，以坤之初变震之初，纯柔变为天德之刚，有去妄为正之象矣。初以刚自外而主于内，五以刚居中而应于下。下刚而动，上刚而健，私欲不萌，柔邪自灭。所动自健，任有为而不挠于物欲；所应自中，任酬酢而不杂于诡随。如此而行，则大亨以正，能顺天之命也。天命人心之判，在于危微隐显之交，设有不正，则不利有所往，即欲往焉，无所之矣。人之游衍动作，莫非天也，妄则逆天，逆天而行，其能行哉？

象以天下雷行，震动发生，至诚翕聚，物与无妄者也。曰物与，不言与物者，盖雷不期物而行，物不待雷而发，兹无妄之至也。先王观此，以茂对天时，养育万物，顺万物而不逆万物，养天下而不私天下。正所谓因时而施，非有心于迎时也；因物而化，非有心以合物也。体天道之自然，各得其性命之正，而全于无妄者也。

初当纯一未分，笃实无妄。四以天德为主，外无牵引。初无所应而行，四无所应而守。皆以天命为行止，而不以私心为行止，此无妄之正者也。凡学有计较得失之心皆妄也，有怨尤憎忿之心者亦妄也。

二以正应正，故为无妄之福。

三以阴居阳，故为无妄之灾。不耕而获，不菑而畲，福非有求也。且以动之顺而得之，不为计较之私也。或系之、或得之，灾非自作也。然以动之妄而触之，不免有怨憎之起也。二处柔为正，三应上为妄，甚矣，顺动之间宜正而不宜妄也。

五与二虽非中正相应，而上刚下柔，才不相协，中外之变起于不虞，疾之致也。但无妄之世，邪佞屏斥，感应无间，始虽未侔，终必相济矣，故曰勿药有喜也。

上九居乾之终，当健之极，事宜静而知止，不宜动而妄行也。若不知变化，与时俱抗，则有眚矣。

噫！祸福存亡，本无定辙，总由于人欲、天理之存。凡人主之威强既广，则当养民息兵；人臣之功业既盛，则当引身知退。故动而柔顺正也，动而过刚非正也。动而过刚，盖溺于欲之无厌也，欲而无厌，妄之所由来、祸之所由伏也。

呜呼！乾道变化，各正性命，夫焉有妄哉？亦因人欲无厌，斯有妄也，妄则不能复其真心矣。是以祸福成败，一听于天，而无所期望，无所设想，安于义命之自然，即所谓无妄也。故戒刚约柔，养阳制阴，此无妄之所以继复也。经言无妄，又戒言利贞，戒之匪正者，何也？恐人迹虽无邪，心有偏倚即为妄已。如仲子之廉，庄子之放，其为人岂求福计利者哉？因存一念之偏，即非天命人心之正。若以之处世，辄多过眚，岂可以为经方轨物之道哉？则知易之极深研虑，申戒于人心之初也至矣。

二十六　大畜卦

䷙乾下艮上

大畜：利贞，不家食吉，利涉大川。

彖曰：大畜，刚健笃实辉光，日新其德。刚上而尚贤，能止健，大正也。不家食吉，养贤也。利涉大川，应乎天也。

象曰：天在山中，大畜。君子以多识前言往行，以畜其德。

初九：有厉，利已。

象曰：有厉利已，不犯灾也。

九二：舆说輹。

象曰：舆说輹，中无尤也。

九三：良马逐，利艰贞。曰闲舆卫，利有攸往。

象曰：利有攸往，上合志也。

六四：童牛之牿，元吉。

象曰：六四元吉，有喜也。

六五：豮豕之牙，吉。

象曰：六五之吉，有庆也。

上九：何天之衢，亨。

象曰：何天之衢，道大行也。

大畜者，含弘广蕴之义也。夫含蓄之怀，贵于光大，又贵乎贞正，以圣贤为宗，不以曲学为附。大而能止，与物无碍，故曰大畜利贞也。畜之大者，施为必大，故穷居独善，不能展布王家，非大也。受禄而尸素无谋，不能济天下之险难，亦非大也。故曰不家食吉，利涉大川，斯为大畜之象也。

此卦艮为体而乾为用，阴止乎阳之说也。凡吾人学术经纶，必躬行实践，以刚健为先，始合乎德性之用，不为勉强之失。未事时，胸中不可存一毫之宽假；措手处，胸中又不可著纤忽之虚浮。恳挚日新，暗然章光，自不可掩，故曰笃实辉光，日新其德也。然犹不可自限也，循此而上之，以刚德而尚乎千古之圣贤，以止机而合乎天行之健体，乃为大正之学术也。进有道而止不泥，非至正者不能也，以所畜之正，际之大行之会，动与天俱，相时而行，可以立功而利也矣。

象以天至大而在山中，大畜之象也。君子体此，以为德由畜而大，凡前言往行，多识以为修德之备。盖天下之物无非心也，多闻广识，以畜其心之德，则无耳目之支离也，此畜所以愈大也。

初以刚居刚，故抑其锐。

二以刚处中，故安于钝。

三以刚应刚，与上同德，进无违距者也。然得意于功名者即失意于道德，宜知艰而自防，亦不可轻于进者也，故曰良马逐，利艰贞也。

四居臣位，其制邪也致其详，民德之污隆，关于大臣之忧喜。四能防微杜渐，如童牛之牿，虑于未发之前，禁于已发之后，则得胜残去杀之术矣，大善而吉也。

五居君位，其制邪也操其要，民情之格化，由于君心之儆惕。五能正本清源，如豮豕之牙，道之斯行，止之则戢，则刑清民服，大胥庆已。

上九处畜之极，畜极则通刚明之贤，进无阻塞，治化四达，如往来于天衢也。曰道大行者，犹之周公以东山之斧，涤皇路之大清，共济天下之险，而涉川之功成矣，此岂非一道同风之化乎？

夫乾进也，曰利已、曰说輹、曰艰贞，理贵以止为进者也；艮静也，曰牿牛、曰豮豕、曰亨衢，事贵以静制动者也。彖曰尚贤，而爻曰制邪者，去邪正所以畜贤也，体乎此，而参和不偏，所谓日新其德也已。

二十七　颐卦

䷚震下艮上

颐：贞吉，观颐，自求口实。

彖曰：颐，贞吉，养正则吉也。观颐，观其所养也；自求口实，观其自养也。天地养万物，圣人养贤以及万民。颐之时大矣哉!

象曰：山下有雷，颐。君子以慎言语，节饮食。

初九：舍尔灵龟，观我朵颐，凶。

象曰：观我朵颐，亦不足贵也。

六二：颠颐，拂经，于丘颐，征凶。

象曰：六二征凶，行失类也。

六三：拂颐，贞凶，十年勿用，无攸利。

象曰：十年勿用，道大悖也。

六四：颠颐，吉。虎视眈眈，其欲逐逐，无咎。

象曰：颠颐之吉，上施光也。

六五：拂经，居贞，吉，不可涉大川。

象曰：居贞之吉，顺以从上也。

上九：由颐，厉吉，利涉大川。

象曰：由颐厉吉，大有庆也。

颐为正养之道也，夫养之系于吾身不小，则养之之义，存于吾心者以正而吉。然正与不正，介于隐忽之间者最微，必养德出于性命之合，而不为他歧之惑；养身持于义理之节，而不为饥渴之害，乃为人心道心之交归也。

此卦艮为体而震为用，阳纳乎阴之说也。颐之为卦，上艮下震，动而求养，静而知止，养道之善者也。养之不贞，嗜欲纷杂，义理蔑如，则妄动而失所养矣。必身心有主，贞而始吉也。卦画上下二阳中含四阴，外实中虚，为颐颔之象也。阳为实，实能养阴，故曰观颐也。阴为虚，虚则受养于阳，故自求口实也。推颐之道而极言之，天地施泽以养万物，圣人弘道以养万民，养之以时，即得乎天理人情之正也。

象以山下有雷，闭固节藏，不过于动，颐之象也。盖山之广大，物无不养，而雷所以发动其生养者也。山止而能生，雷动而能止，生化不息。君子体此，而慎言语，节饮食，皆所以止其动也。然慎非不言也，当时有可言，虽披鳞而不羡乎括囊；节非不食也，当时宜不食，虽采薇而不惜乎丘壑。能如是，岂惟养身，德亦养矣。

如初之阳刚，足以自养，而累于动，体偶为富贵所移，即失于性灵之固有，犹灵龟之舍也。舍素修之操，甘非义之禄，朵颐之凶，其自致也。

二阴柔不能自养，资身无策者也。求养于初，卑贱之比，遗讥于士类；越五以为养，斥辱之耻，又见诮于庸流。拂其正养之道，故为颠颐之悖也。惟安于丘园，犹可颐也，若更往而求上，必失类而凶也。

三以阴之质，居动之极，不安于养，矫世自高，织屦擗履之流，拂养之道者也，故曰拂颐。其所守虽止，而不免有伤于物，不可以用世，故曰十年勿用，无攸利也。

四应于初，赖其养以施于下，故曰颠颐，吉也。求贤养人而不求自养，其威严可重，天下仰之，如虎视眈眈也。其欲逐逐者，专志求贤，始终靡间，反己之功可谓深矣。崇货以自殖，则所处卑鄙；贵德以养民，则所施光明也。

六五以阴柔居上，仅于自养者也。夫养天下者，乃君之大经也，今不能以善养人，而用人以养，是为拂经之甚也。然居贞守志，果能笃于任贤，则天下亦蒙其泽，可得为吉也。若冒昧行之，养无所备，其为涉川之险，何恃而不恐哉？

上九以刚阳处极，责任既重，施予亦繁，不可不存心惕惧，保其弘济之安，故曰由颐厉吉，利涉大川也。然六五过则为拂吉之在贞，上九滥则为渎吉之在厉。一曰不可涉大川，一曰利涉大川者，君不可喜功，臣不可避事也。君喜功而天下不得养矣，臣避事而天下失所养矣，皆非颐之道也。

六爻上三爻吉而下三爻凶者，下妄动而上能止也。曰逐逐、曰贞、曰厉，皆所以善用其养。本于义理之宜，而不过于性情之偏者也。是以古来经济，必从兢业中出，吾既体乎天地同德之心，则天下万物皆托命于我。苟精神一息不运，恩泽一物不周，则天下万物不得所养者多矣。若拂于以上养下之正，而己饥己溺之意，乌能自慊于天下之任耶？

二十八　大过卦

䷛巽下兑上

大过：栋桡，利有攸往，亨。

彖曰：大过，大者过也。栋桡，本末弱也。刚过而中，巽而说行，

利有攸往，乃亨。大过之时大矣哉!

象曰：泽灭木，大过。君子以独立不惧，遁世无闷。

初六：藉用白茅，无咎。

象曰：藉用白茅，柔在下也。

九二：枯杨生稊，老夫得其女妻，无不利。

象曰：老夫女妻，过以相与也。

九三：栋桡，凶。

象曰：栋桡之凶，不可以有辅也。

九四：栋隆，吉，有它吝。

象曰：栋隆之吉，不桡乎下也。

九五：枯杨生华，老妇得其士夫，无咎无誉。

象曰：枯杨生华，何可久也？老妇士夫，亦可丑也。

上六：过涉灭顶，凶，无咎。

象曰：过涉之凶，不可咎也。

大过者，过于时也。时事过于常，则政教流于敝，权衡失其平，非庸庸柔弱者所能克复其过也。必有大过人之才，起而振刷其间，始可以济时之失，通时之变，措国事于亨也。

此卦巽为体而兑为用，阴灭乎阳之说也。夫圣人之心如权衡然，不与物为低昂，亦不为世道所沉溺。当衰难之时，事有所不得已，势有所不能遂，即挺然济变，越常理以勒奇勋，挽颓风而归正化。然其于道，未尝不中其节，而于心卒未尝有过者也。

卦以四阳居中，上下二阴，不胜其重，为栋桡之象。但时当大过，又以才弱承之，不能振作于其始，即不能挽复于其后，本末俱倾，衰难之极也。既遭衰难，利有所往以拯之，故曰栋桡，利有攸往也。犹幸二五得中，内顺外说，以平易之德而为刚明之济，所以亨也。圣人之作事也，惟其时，惟其中，当时大过，过而不失乎中，非大有德力者，其孰能之？故曰大者过也。

象以泽中溢木，浸灭失宜，大过之象也。盖泽无灭木之理，泛滥之极，气不得胜，而木为之灭，过常之甚也。过常之事，岂常人所能制哉？惟君子独立无惧，遁世无闷，乃能然也，此其所以为大也。凡人情有倚藉之偏，即多顾惧之念，惴惴然不能自立于危险。君子以至夷之心，处世之至险；以至易之心，当世之至难。则心无所赖于世，而始能救世之过也。

初当过时，以柔处下，既能谨密，复善图维，可免害耳，未得为大过之咎也。

二得中居柔，复比于初，是刚过之人而能以柔相济者也。老过则枯，少过则稚，以老资少则稚者长，以稚分老则枯者荣。当至衰而如至壮，以至壮而辅至衰，过而不为过也，大过之善者也，其枯杨生稊之谓欤？

三以刚居刚，系于上而拂于下，动违中和，物莫之辅，大过之失者也，故为栋桡之凶。

四刚柔合德，不过乎刚，才可以肩鸿而任巨已。若处事不加详、杜侒不深至，是有大过人之志，而不能行大过人之事，终有他吝也。

五当阳过之极，又比于过极之阴，元气既衰，功业必薄，不足以共有为也。惜乎有大过之位，而未能尽大过之道。象为枯杨生华，无益于枯，老妇士夫终难生育也。

上当危急之秋，不知才弱自安，反以阴越阳，好为抗激之事，是履险犯难。仅知拯救于时，而不知拯救于身，有灭顶之凶也。然有济过之心，不获济过之益，于义则无咎。

大抵阴宜慎而不宜过，故藉茅则吉，灭顶则凶。阳宜济而不宜过，故二四则为利，三五则不利也。然则大过之所谓大过者，义当取于无过也。虽然，末世尽浮沉也，人情易反覆也，不测之险巇，忽形于俄顷，自完之全局，谁能必于将来？苟非虑于无可虑之先，防于未及防之际者，亦不能为天下之任过者也。

二十九 坎卦

䷜ 坎下坎上

习坎，有孚，维心亨，行有尚。

彖曰：习坎，重险也。水流而不盈，行险而不失其信。维心亨，乃以刚中也。行有尚，往有功也。天险不可升也，地险山川丘陵也，王公设险以守其国。险之时用大矣哉!

象曰：水洊至，习坎。君子以常德行，习教事。

初六：习坎，入于坎窞，凶。

象曰：习坎入坎，失道凶也。

九二：坎有险，求小得。

象曰：求小得，未出中也。

六三：来之坎坎，险且枕，入于坎窞，勿用。

象曰：来之坎坎，终无功也。

六四：樽酒簋贰，用缶，纳约自牖，终无咎。

象曰：樽酒簋贰，刚柔际也。

九五：坎不盈，祇既平，无咎。

象曰：坎不盈，中未大也。

上六：系用徽纆，置于丛棘，三岁不得，凶。

象曰：上六失道，凶三岁也。

坎为北方之卦也，重坎，险之极也。圣人观坎之象，为险难之义，故于重卦中而独言习也。盖险难之时，非经便习，不可以行，故曰习坎也。能以实心安于义命，静观时变，不为侥幸之图，素位而行，终可成出险之功，乃为行有尚也。

此卦以金为体，以木为用，阳主乎中之说也。水内阳而外阴，天德凝于中，化机应于外。但卦体重险，平陂之势不分，趋避之情难见，知愚皆自失者也。犹幸阳在内，为有孚之象也；明在内，是心亨之义也。诚则明生，既有真见，自无疑事，故曰有孚，维心亨也。能亨，则虽险而夷也。刚中自守，陷于势而不陷于义，以此而行，宜有尚也。内亨外暗，内刚外顺，兹处险而出乎险者也。故水流而不盈，行险而不失其信，圣人以此释坎之有孚也。第水来重险，陵谷倾陷，非浅岸平溪之所比也。王公观其势之必行，设戒预防，法天险之无形，设为纪纲法度之防；法地险之有形，设为城池甲兵之备。其为用时之险，亦可谓深切而周至也矣。

象以水流洊至，两险相仍，习坎之义也。君子习于坎，然后乃能不以险难为困，故德行不失其常，使利害得远于身心；教事不弛于习，使理义日新于闻见。以此而济身，即可以济天下之险难也。

凡处险者，以阴柔之质居重险之下，上无援应，又无自济之才，如初之入于坎窞者是也。

当上下之重阴，虽未能出，然有刚中之德，德足以孚人，才足以自卫，如二之求小得者是也。但上下俱阴，柔弱不足以当大援，故云小得也。

若内无济险之才，时又当多难之冲，所与非人，而所履亦非其位，出之则坎，居之亦坎，支枕不安，其陷亦深，用之不能有功者，六三是也。

四当险而处柔，且得位而承刚，故曰刚柔济也。至德为之主，太和为之表，所以终无咎也。但当险难之时，非明信结于君，何以得行其志？故一樽之酒二簋之食，以缶为用，不假虚饰，质之至也。质实之人易失于径直，必自牖而纳，委曲以行，始得乎用险之宜也。

五以阳刚之才，处极尊之位，中而且正，可以有为也。然适在坎中，未能遽出，有须待之义，故曰坎不盈，祗既平也。坎不盈，犹有险也；祗既平，则无险矣。阳动而上，不终陷也。

上以阴柔不振之才，而当重险危疑之日，更下乘五刚，将有系置之患已，故曰系用徽纆，置于丛棘也。险终乃反置于悔过之地，三岁之后，或可求复，故曰上六失道，凶三岁也。

坎六爻虽不同义，惟陷于阴，则险斯成；惟居于阳，则险可济。

噫！岂惟世事有陷溺哉，即人心亦有之也。苟非刚中之君子，乌能得与于斯？盖水为生物之先，利为事机之始，水溢为陷，利聚为害，重险者界于利害之间者也。且水之性为智，以智相竞则与势相倾，倾险成习，陷溺之所由来也。故武王曰，吾与其溺于人，宁溺于渊，溺于渊尚可救也，溺于人不可救也。何也？溺于人者，固陷溺其心者也。

三十　离卦

䷝离下离上

离：利贞，亨。畜牝牛，吉。

彖曰：离，丽也。日月丽乎天，百谷草木丽乎土，重明以丽乎正，乃化成天下。柔丽乎中正，故亨，是以畜牝牛吉也。

象曰：明两作，离。大人以继明照于四方。

初九：履错然，敬之无咎。

象曰：履错之敬，以辟咎也。

六二：黄离，元吉。

象曰：黄离元吉，得中道也。

九三：日昃之离，不鼓缶而歌，则大耋之嗟，凶。

象曰：日昃之离，何可久也？

九四：突如其来如，焚如，死如，弃如。

象曰：突如其来如，无所容也。

六五：出涕沱若，戚嗟若，吉。

象曰：六五之吉，离王公也。

上九：王用出征，有嘉折首，获匪其丑，无咎。

象曰：王用出征，以正邦也。

离者，南方之卦也。乾之用为坎，而坤之用为离。离为火，火体阴而用阳也，阴附于阳，其性炎上，易于躁动，躁动则失其宜，必得畜牝牛之顺，乃为利贞也。正则疑忌不生，宠注日隆，吉之征也。

此卦木为体而土为用，阳蓄乎阴之说也。以阳蓄阴，相继为丽，故火丽物则明也。物之丽者，易至于不正，故必以正则亨也。正则能明，君臣上下皆归于中正，则明德可以化天下也。文明而治，万物蔚兴。丽乎天者，正中而光大；丽乎土者，柔顺而化生。不流于察察，不偏于炫惑，以恭顺之为，宣懿美之德，如牝牛之豢也，贞且吉矣。

象以两明继起，炎威交作，离之象也。大人法此，以继明其德，临照四方。盖明之为明，神用于外，不能常有，必含辉养熄，则照临不绝，火传于薪，日继于夜，其道广也。故用晦惟明，正所以继其明也。

六爻之义皆是意也，天下事未有不以敬而成、以不敬而败者。

初当履错之日，中存敬畏之心，不为躁动之事，是无纷错之咎也。

二柔离自明，不激不随，秉中德以事一人，人臣之正道可居，大善之吉也。

三处离之终，盛极将衰，日昃之象也。既不安于常道，妄为倖难之功，徒戚戚于危亡之忧耳。

四当复明将继之际，国势渐张，人情复振，惟敬慎以惜事，始无祸也。若以刚迫之，必为死如弃如之患也。

五柔离乎中，虽非过弱，然不得其正，迫于上下之制，政权下移，不免有涕嗟忧惧之形矣。

上九处离之终，明过之极。明之为用，在去邪远恶，故曰王用出征。然曰有嘉折首，获匪其丑，则刑罚不滥，亦能慎其明者也。当继明之任，梗化乱治，不得不严，非以好大也。若好大用兵，伤民于和，则不明甚者矣，故曰王用出征，以正邦也。

前离则鼓缶，而后离则出征者，因作者过于动，故止之；继者安于逸，故振之也。臣之炎盛，则不能以刚为柔者也；君之忧嗟，则能以柔为刚者也，故臣死弃而君获吉也。初居下之下，四居上之下，志皆躁动者也，但初慎于进，四急于进，故吉凶之所由异也。曰突如其来，则非所谓履错然者也。曰履错然者，将进不进，徘徊踌躇，其迹纷错然也。呜呼！圣人于刚柔进退之际，详审如此，则知用明之道，匪易易也。

第三部分　易说下经

三十一　咸卦

䷞ **艮下兑上**

咸：亨，利贞，取女吉。

彖曰：咸，感也。柔上而刚下，二气感应以相与，止而说，男下女，是以亨，利贞，取女吉也。天地感而万物化生，圣人感人心而天下和平。观其所感，而天地万物之情可见矣。

象曰：山上有泽，咸。君子以虚受人。

初六：咸其拇。

象曰：咸其拇，志在外也。

六二：咸其腓，凶，居吉。

象曰：虽凶，居吉，顺不害也。

九三：咸其股，执其随，往吝。

象曰：咸其股，亦不处也。志在随人，所执下也。

九四：贞吉，悔亡。憧憧往来，朋从尔思。

象曰：贞吉悔亡，未感害也。憧憧往来，未光大也。

九五：咸其脢，无悔。

象曰：咸其脢，志末也。

上六：咸其辅颊舌。

象曰：咸其辅颊舌，滕口说也。

咸者，感也，以心相感之义也。天地以位分，以气合，山与泽通其合也，万物汇应焉。天地之感也以气，圣人之感也以心，心体周流，六虚环应，内无所不通，外无所不感，故曰咸，亨。然有意为感，则彼此未融，惟无心以致感，始得其贞，而有取女之吉也。

此卦艮为体而兑为用，阴归乎阳之说也。柔上而刚下，二气感应以相与。盖艮为刚、兑为柔，刚在上柔在下，则不相交感已。今兑上艮下，以止行说，是以平和感之，而天下亦以平和应之也。凡与之感以正者，亦时与之应；与之应以正者，亦时与之感。卷舒阖辟，出于自然，故曰相与也，如得取女之吉也。天地以正气感万物，万物同是气而莫知其化且生焉；圣人以无心感天下，天下同是心而亦莫知其和且平焉。故观其所感，位天地而育万物者，皆本于真心之孚洽，非伪妄所能参其毫忽也。

象以山之虚，受泽之润，咸之象也。君子体此，而以虚受人。山虚而后能受泽也，心虚而后能受人也。盖感有私意、有成心，则其中褊隘而窒塞，不能容物。若静养此心，寂然不动，廓然无我，如明镜止水，触之而虚静自如，是得天下之感，而无执滞也矣。虚本于静，故六爻以静为吉也。

初之咸拇，事物未接而意见将迎，此小有所动而未伤于静者也。吉凶悔吝，宜未之见也。

二之咸腓，当感之时，阴性躁动，不能顺应，难免于凶。如居其所而终不妄行，亦可得吉。

三之咸股，失其阳刚之体，中无所主，随物而动者也。曰执其随者，甘为人役而不知变化往吝之道也。

四在三阳之中，当心之位，感之主也。以阳居阴，易于失正，故戒以贞也。憧憧往来非贞也，人心之往来，犹气化之往来，不能息也而憧憧，则失其自然，非天地正大之情矣，将以思穷物而适以物穷思，不得感之正者也。曰朋从尔思，醒之也。

五之咸脢，欲动而能静者也，应于二而比上，欲动也，戒于四而刚中自持，能静也。脢其心之上、口之下也，已发于心而未形于言，慎其所感，不腾口说，悔所由免也。

上六为悦之主，居感之极，失于诚实，工于媚悦，仅以声音笑貌感人，其感之浅者也。故曰咸其辅颊舌，此动而失静之正也。

咸者，感也，感之为道，在于虚中而正应。惟虚以受之，正以致之，随本体自然之和，而还于至道无心之化，斯为相感之妙。故在下者不可以情感而逐于卑陋，在上者不可以言感而扬于形迹。取象于体者，以偏正言之也，体之偏者感之偏，体之正者感之正也。四不明其心者，其官重也。

三十二　恒卦

䷟巽下震上

恒：亨，无咎，利贞，利有攸往。

彖曰：恒，久也。刚上而柔下，雷风相与，巽而动，刚柔皆应，恒。恒，亨，无咎，利贞，久于其道也。天地之道，恒久而不已也。利有攸往，终则有始也。日月得天而能久照，四时变化而能久成，圣人久于其道而天下化成。观其所恒，而天地万物之情可见矣。

象曰：雷风，恒。君子以立不易方。

初六：浚恒，贞凶，无攸利。

象曰：浚恒之凶，始求深也。

九二：悔亡。

象曰：九二悔亡，能久中也。

九三：不恒其德，或承之羞，贞吝。

象曰：不恒其德，无所容也。

九四：田无禽。

象曰：久非其位，安得禽也？

六五：恒其德，贞。妇人吉，夫子凶。

象曰：妇人贞吉，从一而终也。夫子制义，从妇凶也。

上六：振恒，凶。

象曰：振恒在上，大无功也。

天地之道，静其常也，动则所以为常也。动而静者，天地之心；静而动者，天地之用。故静则其理一定，动则其机不息也。

此卦巽为体而震为用，刚上柔下，阳寓乎阴之说也。卦体曰恒，因刚上柔下，高卑不紊，位有常也；震雷巽风，动散相承，势可常也；巽顺震动，循理而行，事可常也；刚柔相应，彼此无猜，情可常也。岂非可久之道哉？然恒之所以能常者，能利于贞，盖正外无道，道外无恒，惟正乃为久于其道。不观天地之道，悠也久也。惟天之命，於穆不已。万古如斯，天地且然，况于人乎？人能久于其道，学问由此而精一，经纶由此而造端，始则必终，终则复始，可无往而不利也。推而广之，日月得天以垂象而万古不蔽，日月一恒也；四时变化而寒暑相禅，四时一恒也；圣人体此道以治天下而悠久不息，圣人之德一恒也。

象取乎雷风恒者，因刚上柔下，其理一定。而震出巽入，其机不息也。是以乱常者不知理者也，泥常者不知机者也。必能尽其变者，始能体乎常者也。故曰易穷则变，变则通，通则可久。立不易方者，君子体之，以审时度势，酬酢万变，而不易其方所也。

如初之浚恒，上之振恒，不知常者也；四之无禽，五之从妇，不知变者也。且初以柔居下，而四不能应，又为二三所隔，则排决而深求，故曰浚恒也。

上六以阴处极，而恒德将渝，又当震动之极，撼摇无定而安静之才不能相须为用，故曰振恒也。始则无与而求，终则无事而扰，违时昧势不知常者也。

四以阳居阴，处非其位而欲持保以为常，但依违而不能成天下之务。无禽之喻，犹之术多游猎，何益于身心也？

五以阴居阳，德不当位，意欲顺从以为常，则多姑息委靡，不能乾刚以制天下之务，臣丧其功，君损其威，如妇之事夫，不知变者也。

二虽行为不正，居则得中，变于事而不变于心，自能度于常变之间者也。故曰悔亡者，不能无悔，而悔则亡也。

若三之不恒其德，则羞辱承之，此心之操持未定于内，事之纷更频承于外，被讥蒙垢，莫知所自。然无德而羞，尤可言也。贞而不恒，吝何如之？贞所谓既不知其常又不知其变者也。

要而论之，四、五无才之君子也，九三无德之小人也，初、上有君子之才而失君子之道者也，九二其庶几矣，而居位在柔，柔亦非恒之正也。卦言利有攸往，而象言立不易方，总之万物之理，能动则能常，能立则能往也。诸爻惟上六为最凶，以其不能立也。静为躁之君，安为动之主，所以立也，不能静、不能安，故不能立也。

三十三　遁卦

䷠艮下乾上

遁：亨，小利贞。

彖曰：遁，亨，遁而亨也。刚当位而应，与时行也。小利贞，浸而长也。遁之时义大矣哉!

象曰：天下有山，遁。君子以远小人，不恶而严。

初六：遁尾，厉，勿用有攸往。

象曰：遁尾之厉，不往何灾也？

六二：执之用黄牛之革，莫之胜说。

象曰：执用黄牛，固志也。

九三：系遁，有疾厉，畜臣妾，吉。

象曰：系遁之厉，有疾惫也。畜臣妾吉，不可大事也。

九四：好遁，君子吉，小人否。

象曰：君子好遁，小人否也。

九五：嘉遁，贞吉。

象曰：嘉遁贞吉，以正志也。

上九：肥遁，无不利。

象曰：肥遁，无不利，无所疑也。

遁者，圣人知几之用也。阴柔方长，故退藏以求其志，明其道。进修自勉，形迹不彰，于身则塞，于道则亨，故曰遁亨也。

此卦以艮为体，以乾为用，阳制乎阴之说也。阴长未盛，正道尚未全灭，苟自安于分，善用其机，亦小利贞也。然君子既知几而先遁矣，洁身尚志，仅可自正其身，亦不能使天下大正也。曰刚当位，而应与时行者，五以刚正之德，适当其位而下应于柔，屈其刚以就柔，与时偕行之义也。且迹不示异，心不求同，观变慎身，能与时消息也。

象取乎天下有山，天远于山，遁之象也。盖山为阴长之喻，积阳为天，积阴为地，山从地起，突然高峻，将逼于天，岂非阴长之义乎？然乾刚而上，艮止而下，形虽近而势尚远，终不能凌逼。君子见几于早，则有遁之意也。体此意而修持，宜远小人，亦不必高声厉色，惟严以自持，则无意远小人而小人自远，斯真善其遁者也。

初居于下，内伏小人也，其势尚微，方潜踪匿迹以阴谋君子，故曰遁尾厉。遁尾者，欲掩闭而终不免于露也。勿用有攸往者，抑之使勿进也。

二处于中，知时之当遁，收敛于内，不形于外，得其宜也。但阴有所媲，进而逼阳，小人渐得位矣。阴微则拒，渐长则执，不可以力胜之，惟用中顺之德，以固结其志，则彼亦不能胜而伸其说矣，是二爻皆所以处小人也。

九三上承三阳，下遏二阴，比昵多惑，隐忍不能自远，当遁而尚有所系者也。比之初二，且遁且系，不能自决，中有伤也，然能以刚自守，如畜臣妾然，抚之以恩而不寄之以权，则小人常为我役，而不为我害，故吉也。盖当天下之任，身处其间，职未能去，且调停万物而默为之制，则不遁以迹，遁以心也。然大节攸关，岂可以畜臣妾者处之乎？故曰不可大事也。

四应于初，心虽好遁，而尚有富贵之眷恋，未能即为山林之计。故有小人之戒，能屏其私染，独为性天之好则吉也。

五居其中，能与时偕行，妙用其机，善藏其智，又得相应之美，其用遁之嘉者也。故勉以贞吉，苟好而否，不决于前者也；嘉而不贞，不固于后者也。

上九机闲神静，超然自得，外无所应，内亦无所系，优游宽裕，肥遁之谓也。道德仁义足以自安，默扶阳刚，幽赞化育，何不利哉？

夫遁者隐也，即困之义也。而曰遁亨者，善全其身以待时之可显，正所谓亨其道也。亨其道，正所以利天下也。夷齐以身，孔孟以言，树表于一时，仪型于万世。此藏经济于山林，避小人于恶俗，始善居贞而亨利也。若徒守孤高，强耽幽寂，知有己而不知有人，岂君子之遁哉？

三十四　大壮卦

䷡乾下震上

大壮：利贞。

彖曰：大壮，大者壮也。刚以动，故壮。大壮利贞，大者正也。正大而天地之情可见矣。

象曰：雷在天上，大壮。君子以非礼弗履。

初九：壮于趾，征凶，有孚。

象曰：壮于趾，其孚穷也。

九二：贞吉。

象曰：九二贞吉，以中也。

九三：小人用壮，君子用罔，贞厉。羝羊触藩，羸其角。

象曰：小人用壮，君子罔也。

九四：贞吉，悔亡。藩决不羸，壮于大舆之輹。

象曰：藩决不羸，尚往也。

六五：丧羊于易，无悔。

象曰：丧羊于易，位不当也。

上六：羝羊触藩，不能退，不能遂，无攸利，艰则吉。

象曰：不能退，不能遂，不详也。艰则吉，咎不长也。

易以大为阳，小为阴。大壮者，阳壮也，六爻以初二为少，三四为壮。夫君子之所以为壮者，不从势以倡之，实理以维之也。

此卦乾为体而震为用，阴惧乎阳、阳长阴消之说也。四阳进而二阴退，正君子道长之时。然君子之进，小人所忌也。进不以壮，则羸而莫决；壮不以正，则决而不服，故大壮利贞也。君子以天德之刚，措之动履间，本无不正者也。且为天下之大人，则所存所发，必协天下之至正，以至刚至正之情处小人，小人安有不服者？若过暴则招殃，锐进则速退，皆非正也。

然而欲治人者，必先自治。故象取为雷在天上，如声势赫烈，布于空明之界。君子体此，非礼弗履，威严果决，以去其恶，如雷之震于天上，正之至也。壮盛之时不为侈溢，自绳以礼，则浩然之气自然常充于宇宙间也。

初以刚居刚，率意妄动，故为壮趾之象，然始事而锐，失其正也。

二以刚履柔，能消融戾气，不轻召衅，此居中能守，保其正者也。

三当乾体之终，大过于刚，必有轻为任意之施，但小人方用无礼之勇以窥君子，而君子不能密窥其隐以杜之，是亦过于壮矣，故曰志虽持正而不知危，终不遂其壮也。

四当震体之初，不极于刚，又不轻于躁动，而小人不得植藩以阻矣。曰壮舆者，有积中不败之德，能为藏器善时之用，自然环转无碍，而无颠仆之虞也。然三有所隔，而四无所御，处势之不同也。四位虽不当，然为大壮之主，总领群阳以决二阴，任天下之事而有天下之功，则圣人之所贵也。藩决不羸，阴已退矣，而犹且壮于大舆之輹，惧其复也，安往而不旨哉？四之藩，阴为藩也；三之藩，阳为藩也。以阳触阴则决，以阳触阳则羸也。君子方攻小人，而复自相矛盾，则势不合而功不成也。三之志非不正也，道则未尽也，其待小人也，以壮凌之而欲据于上；其待君子也，以网罗之而使出其下。故不特小人叛之，而君子亦且离之，进无所与，故为羝羊之羸角也。

五以柔居上，过于委靡，不能自壮，人皆恃壮以欺之。若当群阳方进之初，能自丧其壮，不为违抑，虽刚而不害也，故曰丧羊于易者，险虽未来而豫为之防也。

上六当壮之终，处动之极，虽柔而亦用壮，此不知其时之不可为也，故有进退维谷之象。然苟知时会之艰，详审顾虑，安乎柔而顺乎刚则吉也。

是六爻也，于阳则欲其决阴，于阴则戒其违阳，圣人之为世道计也。圣人岂恶阴而仇小人哉？惧其为害耳。故君子以天德之刚用壮，此体天地之情为言也。天地之于万物也，情在于生；圣人之于万物也，情在于仁。以天地之情治天下，故虽决小人而亦无有害之之意。若与之为斗、与之为仇，则非天地正大之情也。

三十五　晋卦

坤下离上

晋：康侯用锡马蕃庶，昼日三接。

彖曰：晋，进也。明出地上，顺而丽乎大明，柔进而上行，是以康侯用锡马蕃庶，昼日三接也。

象曰：明出地上，晋。君子以自昭明德。

初六：晋如，摧如，贞吉。罔孚，裕无咎。

象曰：晋如，摧如，独行正也。裕无咎，未受命也。

六二：晋如，愁如，贞吉。受兹介福，于其王母。

象曰：受兹介福，以中正也。

六三：众允，悔亡。

象曰：众允之，志上行也。

九四：晋如鼫鼠，贞厉。

象曰：鼫鼠贞厉，位不当也。

六五：悔亡，失得勿恤，往吉，无不利。

象曰：失得勿恤，往有庆也。

上九：晋其角，维用伐邑，厉吉无咎，贞吝。

象曰：维用伐邑，道未光也。

晋者，进也，以德乘时而上进也。康侯即佐命安国之侯，以和顺得中之绩上通于天子，而天子亦以柔中之德比而亲之，是以眷注之隆有三锡之重焉。

此卦以坤为体，以离为用，阴应乎阳之说也。世道雍熙，明良合德，君子咸有进而奋庸之志。然恭顺以事上，廉明以抚下，有诸己者，光明不滓，遇于君者，遭际亦非偶，此所以锡马蕃庶，昼日三接也。

象取乎明出地上，火得其原，光明愈炽。君子体此，明德居躬，不缘饰于形迹，亦不借资于耳目，惟清心以别理欲，用智以防危微，进退不苟，复于本体之明，如日之方升而精采益焕矣。

然就晋之义，详言其体用，其下三爻，坤丽于离，为下附上之象；其上三爻，离上于坤，为上接下之象。上接下附，所以进也。下之附上，贵在于正；上之接下，戒在于贪。

初之摧如，有进擢之志而遇妨贤之臣，惟自抑而进不竞者也。

二之愁如，以正独持，不肯随波逐流，此能自慎而进不肆者也。

三志同道合，心孚于众，能推诚而不独进者也，故二曰贞吉，三曰悔亡，皆得其正者也。

四居明之下，无德而居高位，患得患失，贪而畏人，故有所忌，如鼫鼠之厉。

五居明之中，以阴居阳，治道或有未纯，然以英明之资统御四方，治机得失可置之勿恤。

上居明之极，躁动不安，为晋角之险。惟用以伐不服之小邑，则兵虽危亦可收战胜之功也。

然鼫鼠贪而畏人者也，惟贞且厉，则能免也。失得勿恤者，听物之去来也。维用伐邑者，不广求也。三者皆戒贪也。士之附上，急于求信，非正也；上之进士，急于求附，亦贪也。故下曰罔孚裕无咎，而上曰失得勿恤也。初二罔孚，至三而众允，则无不孚矣，顺之至也。五之勿恤，至上而伐邑，则有恤矣，明之过也。初言无咎，三言悔亡，而二独言受福者，柔贵于中也，在坤之中，故曰王母也。受兹介福者，格于幽也。上言晋其角者，角在西南，日过于中之象也。明出于地，过则将夷，亦消息盈虚之理也。

三十六　明夷卦

䷣离下坤上

明夷：利艰贞。

彖曰：明入地中，明夷。内文明而外柔顺，以蒙大难，文王以之。利艰贞，晦其明也。内难而能正其志，箕子以之。

象曰：明入地中，明夷。君子以莅众，用晦而明。

初九：明夷于飞，垂其翼。君子于行，三日不食，有攸往，主人有言。

象曰：君子于行，义不食也。

六二：明夷，夷于左股，用拯马壮，吉。

象曰：六二之吉，顺以则也。

九三：明夷于南狩，得其大首，不可疾贞。

象曰：南狩之志，乃大得也。

六四：入于左腹，获明夷之心，于出门庭。

象曰：入于左腹，获心意也。

六五：箕子之明夷，利贞。

象曰：箕子之贞，明不可息也。

上六：不明晦，初登于天，后入于地。

象曰：初登于天，照四国也。后入于地，失则也。

明夷者，有明而见伤之象。明而见伤，圣贤于此宜艰难贞固，外不炫明，内不倾志，顺其道以处之，始为利耳。如以宗臣而遇暗主，不正则失身，直用又贾祸。惟自晦其明，隐忍以行志，委曲以尽忠，用其道而晦其明。主于济天下之艰，而全吾之贞也，故曰艰贞。

此卦以坤为体，以离为用，阳顺乎阴、阴终服于阳、五六相应之说也。盖人臣内有文明之德，而外处柔暗之下，忠而被谤，义而蒙讥，明有所伤也。曰利艰贞而晦其明者，何也？夫人臣之心，使心之与主，卒无所伤，为幸也。或不得已，宁伤其身，而君之不能不伤也，听之于天而已，故以文王、箕子为喻。以文王有缉熙之德，翼翼小心，遭纣之见囚，此即艰贞而蒙大难者也。以箕子而遭亲近之难，佯狂受辱，委曲以行其志，岂非晦其明之谓乎？然坤道从顺，文王、箕子顺之极也。而或者乃以九三之事归之汤武，以大首为暗主之象，此实非圣人所以示人之心也。且汤武之事，不可与文王、箕子并论，其革命也，不得已也，非可为后人则也，圣人必不以其不得已者示则也。

象取于明入地中，明蔽于地，幽而不明。君子体之，明哲内藏，柔顺外处，不可以明为明，当用晦而明可也。

是卦也以上六为明夷之主，而初登于天，后入于地，言君之始也。处高位以伤人之明，终则自损其明，求为匹夫而不可得。然主而自伤，犹可言也；臣而伤主，不可言也。故初至五，皆臣子之所以扶伤也。

盖初当明夷之下，道已不行，见几而行，不暇顾虑，不伤己之谊也。

二为股肱之臣，欲毕谋效力，动皆掣肘，如夷于左股之谓。

三虽隔于位，而谊则有休戚之关，不得袖手而观，宜急于往救以尽其忠，斯为不伤君之明也。

四处明夷之时事，不能默然以洁身也，当开陈善道，以牖其衷，故曰入于左腹。左为尊象，借以喻之也。获明夷之心，于出门庭者，收其邪心于外也，如法家拂士之义。虽小有所伤，而于君则无所伤也。

五为柔之中，居暗之地，以宗臣而当内患，惟晦其明而不彰，正其志而不乱，乃为处明夷之利耳。如危言危行，则上下皆伤，故箕子之明夷，惟自晦藏也。

三之于南狩者，除其伤君者也。如文王之伐崇、伐密是也，崇、密不顺于纣，故伐之也，所谓三分天下有其二，率其二以服殷也，非臣其二以服殷也，此所谓柔顺之至也。得其大首者，如平、勃之诛诸吕，李、郭之除安史，仅可见其志，而不可实其事者也。不可疾贞者，因君臣大伦，放伐大事，必大不得已而后行之，不可轻于去暗而为，贞之疾也。则知圣人以明治夷，其去与就皆视义也。义可去则就为污，义可就则去为薄。去而不决，奚得于去？就而不拯，奚取于就？惟就而能拯，去而能决，斯为用晦而明之至也。如初处微则义当去也，二当位则义当就也，自二以至五皆义当就者也。圣贤志在生民，岂忍去以鸣高哉？亦审于时数之艰，不得已而思去之也。故心虽欲去而就之之义为多也。世之治也，言凤凰于飞，飞而上也；世之衰也，言明夷于飞，飞而下也，故曰垂其翼也。三日不食，困之极也。辞尊而居卑，庸者疑之；未夷而先遁，巧者忌之。况当幽暗之世，忌洁恶高，宜有言也。在君子洁身正谊，何恤人之言也，其所全者大矣。孔子之去，所以全鲁君也；申公之去，所以全天王也。此虽去而亦用拯者也，彼不去者亦有为也。二之用拯，因义同休戚，若拯之不速，必伤于大臣而失于节也。故圣人之处明夷也，虽分有各当尽，而义诚有不同。曰于飞，非高也；为奴，非卑也；拯马，非急去也；南狩，非专伐也；入腹，非直讦也，期于贞而已矣，贞而治夷。其扶伤也，无所不至。究其初心，终不忍言主之伤也。呜呼！用晦而明，岂圣人得已之心哉？

三十七　家人卦

☲☴离下巽上

家人：利女贞。

彖曰：家人，女正位乎内，男正位乎外，男女正，天地之大义也。

家人有严君焉，父母之谓也。父父、子子、兄兄、弟弟、夫夫、妇妇，而家道正，正家而天下定矣。

象曰：风自火出，家人。君子以言有物而行有恒。

初九：闲有家，悔亡。

象曰：闲有家，志未变也。

六二：无攸遂，在中馈，贞吉。

象曰：六二之吉，顺以巽也。

九三：家人嗃嗃，悔厉吉。妇子嘻嘻，终吝。

象曰：家人嗃嗃，未失也。妇子嘻嘻，失家节也。

六四：富家，大吉。

象曰：富家大吉，顺在位也。

九五：王假有家，勿恤吉。

象曰：王假有家，交相爱也。

上九：有孚，威如，终吉。

象曰：威如之吉，反身之谓也。

易以一阴一阳之为道也，阐卦义而至家人，始知国之本在家也。齐家之道，必内外各得其正，修身之道，乃为无愧焉耳。夫家之不正，恒起于妇人，故当谨严以别贞淫，明顺以端风化，利女之贞而后利也。

此卦以巽为体，以离为用，阳制乎阴之说也。盖国之治，既系于家，而家之本，起化于女。为女者秉顺德以正位乎内，为男者秉健德以正位乎外。男女正位，刚柔之义相得，是无乖戾之为，而正家之道成矣。故圣人以刑于为首功，齐家为明德也。虽然男女之聚于斯、恒于斯者，易流为知和而和之失，必得严君正位乎内，则教行于父子、兄弟、夫妇间者，始长幼有别、尊卑有序，自无不尽之伦也，家道至此可谓正矣。家正则天下犹一家也，各尽其正而无悖逆之情也矣。

象以风出于火，化出于家，故曰家人也。风自火出，先贤以为橐籥之火也，有硎范之意焉。物顺于火，家顺于主，其义一也。君子知风之自而体之，言有物而行有恒。盖言、行为君子之枢机，出乎身而加乎人，发于迩而见于远，皆本之正心诚意之防闲，自然人心服而风化正矣。

初当有家之始，伦正义笃，以明为用，本诸身以立闲，不正之悔亡矣。

二阴得其正，女之贞静者也，性不负于专成，情自安于内助，所主者惟中馈之事而已，此正位乎内也。

三居明之极，以刚为用，治家而过于严切者。嗃嗃者，用法之过也，法伤于恩故有悔厉。迨至以情掩义，终失其节，则为妇子嘻嘻，无所敬畏，将有败伦之吝也。

四柔得其正，不渝于内，有制乎外，阴阳协和，能开财之源，节财之流，保有其家者也，故曰富家大吉。吉则以仁义雍睦为生财之道，不以朘脂剥膏为获利之凶也。

五以巽之中而应离之中，刚柔并济，其德至盛，自能恭己正家，而关雎麟趾之化成矣。以床笫之情而获天伦之庆，交相乎爱则事之不必闲者也，故曰勿恤吉。

上九处家道之成也，但人情久而易怠，故反身而终勉之，本孚诚以笃恩义，先正己而后正人，有孚于内，威如于外，是以终吉也。

噫！家之难齐也。凡情之所由生，即为礼之所自出，故行与其慢也，宁过乎恭；家与其渎也，宁过乎严。此阴阳不可易之大义也，讵可视为平易之事而忽诸？

三十八　睽卦

䷥兑下离上

睽：小事吉。

彖曰：睽，火动而上，泽动而下，二女同居，其志不同行。说而丽乎明，柔进而上行，得中而应乎刚，是以小事吉。天地睽而其事同也，男女睽而其志通也，万物睽而其事类也。睽之时用大矣哉!

象曰：上火下泽，睽。君子以同而异。

初九：悔亡，丧马勿逐，自复。见恶人，无咎。

象曰：见恶人，以辟咎也。

九二：遇主于巷，无咎。

象曰：遇主于巷，未失道也。

六三：见舆曳，其牛掣，其人天且劓，无初有终。

象曰：见舆曳，位不当也。无初有终，遇刚也。

九四：睽孤，遇元夫，交孚，厉无咎。

象曰：交孚无咎，志行也。

六五：悔亡，厥宗噬肤，往何咎？

象曰：厥宗噬肤，往有庆也。

上九：睽孤，见豕负涂，载鬼一车，先张之弧，后说之弧。匪寇婚媾，往遇雨则吉。

象曰：遇雨之吉，群疑亡也。

睽者，以离为合之义也。睽言小事吉者，言小其事则吉也。圣人当家国纷张、人心乖异之际，未能遽合以图大事，仅可补偏救弊，暂为维持以待济耳。若以大视之则愈难，以小视之则稍易，故曰小事吉也。

此卦离为体兑为用，阴阳相违之说也。夫火动而炎上，水动而润下。刚者自大，柔者自小。物性之睽也，如二女同居，其志异，适相聚而不相符也。然何以言小事则吉？惟悦而丽于明，柔进而上行，得中而应于刚，则内外咸孚，上下交洽，始无扞格之虞。盖明而非说则气不和平，进而非柔则德不卑抑，刚而不应则志不谦虚，皆亢激而成睽，何以得贤人之助也？是以世道人心之系最不可睽，而天地事物之机又不可不睽也。圣人惟恐人执德不弘，推类不广，合三才而极言其用。位上、位下，天地之睽也，而化育之事同焉；位内、位外，男女之睽也，而倡随之志通焉；以贵、以贱，万物之睽也，而应求之事类焉。察乎理数之微，则知睽之为合，非可以睽之为睽也。

象以火泽合体，情性不同，睽之义也。火上泽下，天地之气不相交合，形势之抗莫甚于此也。君子体之以处世，同而自异，外不矫情以忤物，内亦不和光以徇人。合中有睽，睽中有合，深于用睽者也。

卦以言睽道不同也，则诸爻之同而异、异而同，又岂可等而并论哉？且物理之变化同于前者必异于后，违于始者反合于终，睽亦非一定之情也。睽至于上而极矣，物极必反，睽极必通，故为遇雨之象。雨则阴阳和畅，睽之所以合也。然睽变之时上下交疑，能以刚制柔，去疑成合，故曰群疑亡也。凡物之情信则合，合则愈信；疑则睽，睽则愈疑。疑者小人之道，非治世之事也。如初与四皆刚也，初曰见恶人，好恶未形，不疑而见也；四曰交孚，德同心契，不疑而孚也。二与五应，三与上应，而三五皆柔，故有噬肤天劓之刑也。

初言丧马者，马于物为阳，又能识途，是无疑者也，但处睽之初，未能言群也。

四之睽孤，疑于众也，遇元夫则又信于君子已。

二之遇主于巷，圣贤达节之事，其迹则疑，其心不疑也，且以刚中，故不失道也。

三则合于上，而疑于二与四者也，猜狠方深，妄合为幸，将有曳于后而掣于前之疑也。

四自上而剠，二自下而劓，上下俱刑，执志不回者也，盖以阴而违所乘之阳，则无初而位不当也。以阴而合所应之阳，则有终而遇刚也。此疑于始而信于终也。

六五之治睽也，能宗二之贤也，噬三之间也，虽才弱不足以济睽，宜有悔亡之戒。然以阴居阳，实能以阳制阴，刚柔相济，不疑于行也，何咎之有？

上九处睽之极，明而为察，刚而为狠者也。猜其所应，意见俱非，则有见豕、见鬼之疑，而至于妄矣。三不畏其疑恶而终获婚媾，是能以正应也已。曰往遇雨者，阴阳相和同，无懈弛之异也。一诚终始，众异潜消，愈往而愈和，故曰群疑亡也。

呜呼！盛世君臣神交志感，大道相从，不言而喻。今则至于说弧，至于噬肤，至于天且劓，未信而先疑，既疑而强合，其为德之衰也极矣。设有君子出焉，救弊扶衰，以孚国定众之心为心，欲合天下之睽，而复还于一道同风之盛，其惟正其志而小其事乎？小其事，正所以大其用也，是故古之豪杰，每处于卑小而成硕大之功者，如平之交勃，子产之赂伯石，仁杰之交二张是也。苟不知所同，偏为侈大而自失其用者，如汉之袁何，唐之李郑，欲讨君侧之恶，而过视其事，遂至于睽散而不可解，则无得于易之义者也。

三十九　蹇卦

䷦艮下坎上

蹇：利西南，不利东北，利见大人，贞吉。

彖曰：蹇，难也，险在前也。见险而能止，知矣哉！蹇，利西南，往得中也。不利东北，其道穷也。利见大人，往有功也。当位贞吉，以正邦也。蹇之时用大矣哉！

象曰：山上有水，蹇。君子以反身修德。

初六：往蹇，来誉。

象曰：往蹇来誉，宜待也。

六二：王臣蹇蹇，匪躬之故。

象曰：王臣蹇蹇，终无尤也。

九三：往蹇，来反。

象曰：往蹇来反，内喜之也。

六四：往蹇，来连。

象曰：往蹇来连，当位实也。

九五：大蹇，朋来。

象曰：大蹇朋来，以中节也。

上六：往蹇，来硕，吉，利见大人。

象曰：往蹇来硕，志在内也。利见大人，以从贵也。

蹇者，险难之义也。处蹇者，或因时势之艰，以止为尚；济蹇者，当尽人事之能，以往为尚。故曰利西南、不利东北者，进退有据，乃为利耳。然扶危拯险必见德望之大人，始可抒匡济之大业，而得安贞之吉也。

此卦艮为体而坎为用，阴阳相违之说也。凡圣贤当天下之险难临逼于前，不容坐视，惟其势不可行，则止而不往，苟机会可乘，谁惜其身而不往也？曰利西南、不利东北，何也？西南坤位也，东北艮位也，以乾之四往居坤之五而为坎，五居坎之中位得其中，将出坎而为坤。兹进以据其形势，退不陷于险阻，故曰往得中也。三为艮体之主，止而不进，泥于东北之交，则常在险中，其道穷也。若往而遇大人之庆，资贤才之德，协力共图，以保身保民之智，而为拨乱反正之功，得地而得人，蹇可济也，故曰往有功，以正邦也。然蹇而能济，不徒有先见之明，见险之所当止，且有济险之智，于止之中有时用出焉。所谓置身于事外，静以观动，而从违之道洞然于兴废之关者也。蹇之时用岂不大而可据哉！

象以水在山上，止而不流，蹇之象也。然水性就下，虽在山上，终反于下，其止也未尝不往。君子体此，而反身修德，亦所以往也。视世道之险巇，皆由修身之缺陷，蹇之所宜然也。遂还返此身，将生平行谊检省无怠，则一身无险，举世皆平，险可终济矣。

诸爻皆不言吉，而上之阴柔乃言吉者，以其来三而得硕大之助也。

初之来誉者，何也？初之在下，以不往为来，不往则能全其身而无济于事，徒获誉而已。然君子之心虽其不往，亦未始忘天下，故曰宜待也。

二膺国步多艰，身为王臣之任，才猷不足，惟鞠躬尽瘁，顶踵不恤而已。然殚血性之诚，竭忠荩之效，谁得而尤之也？

三当国难方成，不资于人，恃刚独往，有蹇而已。若能反就二阴，共维王事，或可为不足之援，故曰内喜之也。谓之内喜，外则犹乖也，谓之无尤，功不如志也。

四本乘刚，不能往济，但以阴下阳，连三之阳刚，相与立功，倾心并济，位当其实也。

五以尊居蹇，立乎险中，宗社存亡系焉，非常之蹇也。犹幸其刚健中正，推贤让能，德足以孚人，则豪杰景从，朋来竞济，是能尽乎匪躬之节者也。

上当蹇之极，时固阴险而止也，然又不可终止而不思展济之用，故当从德位兼隆之大人，行君臣合德之功业，不可高蹈以终事也。

是故欲济天下之蹇者，非上下之刚明不能也。三之与五皆阳刚也，五不进上则无以来三，三不就上则无以助五。三五之合，合于上六也，上六坤也。故利西南者，勉九五也，不利东北者，戒九三也。诸爻皆言往蹇者，因当济蹇之时，欲其慎于往也，非止而不往也。呜呼！圣人济蹇之心盖如此其急也。

四十　解卦

䷧坎下震上

解：利西南，无所往，其来复，吉。有攸往，夙吉。

象曰：解，险以动，动而免乎险，解。解，利西南，往得众也。其来复，吉，乃得中也。有攸往，夙吉，往有功也。天地解而雷雨作，雷雨作而百果草木皆甲坼。解之时大矣哉!

象曰：雷雨作，解。君子以赦过宥罪。

初六：无咎。

象曰：刚柔之际，义无咎也。

九二：田获三狐，得黄矢，贞吉。

象曰：九二贞吉，得中道也。

六三：负且乘，致寇至，贞吝。

象曰：负且乘，亦可丑也。自我致戎，又谁咎也？

九四：解而拇，朋至斯孚。

象曰：解而拇，未当位也。

六五：君子维有解，吉，有孚于小人。

象曰：君子有解，小人退也。

上六：公用射隼于高墉之上，获之，无不利。

象曰：公用射隼，以解悖也。

解者，承蹇之难而缓解之也。蹇言利西南、不利东北，而此但言利西南者，何也？蹇，难之未济者也，故利在往，不利在止；解，难之已济者也，故可以往，亦可以止。阴阳相济，无所往而不可也，但阳往而济阴，复其来所而安静，始天下相安于无事而吉。无难则退守其静，有难则速济其危，故曰有攸往，夙吉。

此卦坎为体而震为用，阳拯乎阴之说也。夫当险难之时而承解难之任，必振作有为，能易险而夷，免乎小人之扰，斯之为解。然阳之遇阴，出乎险者以震。震，动之极也，动不以顺，众无由得也。往之西南，以顺获众，所以为利也，利非强以求人也。有事避难非顺也，无事求功亦非顺也，故曰其来复吉，乃得中也。中则不纷扰以起衅，不姑息以养奸，安静居躬，平易为用，随所往而皆收镇辑之功也。王者法天地之宜，而行解难之道，则二气交和，万物萌动矣。盖天地当未解之时，万物不能先时而盗泄其精气；天地当欲解之候，万物亦不能后时而郁塞其玄功。是以解之时义不可轻遽失之也。

象取雷雨交作，万物涣散，谓之解也。雷雨之解也，以破阴为功。君子而行解也，以宽容为德。体天地生物之心，解斯民法网之密，赦其无心之过，宥其有罪之诛，则得刚柔并济之宜也。

初当解之之始，柔而应刚，既不烦动以激变，亦不因循以养奸，何咎之有？

二以刚中之操辅正除邪，举措得其宜矣。曰田获三狐，得黄矢者，乃去邪媚之小人，得中直之良士也。

三以才柔而居下之上，处非其任，内则树党，外则致戎，小人之标帜也。曰贞吉者，乘君子之器，则勉为正事。怀小人之心，则终为可吝也。

四以阳刚处辅弼之任者也，但解难济艰，自非一人之所能胜，必资朋以相助也。九二、上六其朋也，朋之不至，附和之徒间之，必解而拇，则九二、上六始同德而相孚也。

五履中而应刚，有四为之求朋，有九二、上六与之除害，此用人而不自用者也。然贤奸混迹之朝，不轻谬缔风云之合，必推诚以结于君子。君子既结，阴媚渐疏，自能解难而小人亦化矣，故曰有孚于小人。三以小人而居高位，犹隼于高墉之上，渐有逼君之象也。

上六受五之任，处镇方外，抱已成之器，解而除之，则奸邪去而生民获利也已。

噫！夫欲解天下之难者，非能任天下者不足与有为也。二以刚应五，五以柔任二。刚柔相资，此能任天下者也。然刚者恐其恣于击断，故勉以黄矢；柔者惧其易于眩惑，故勉以维吉也。初以柔居乎坎之下，四以刚动乎震之初，此刚柔远接而未能近协者也。惟未协故不能有为，惟已接犹可得无咎。三无德而据高位，其自罹于获狐射隼之害也。六以顺体而居动极，五任之而成解之功也，此皆协于刚柔之际而往，无不利也固矣。虽然，蹇难方解，治道初安，君子当体天行而返于平易之途，不可任乎险而流于变激之端也。故诸爻之义虽皆言去小人也，而难之未解，先以安小人为务，未可以言去小人为急急也。

四十一　损卦

䷨兑下艮上

损：有孚，元吉，无咎，可贞，利有攸往。曷之用？二簋可用享。

彖曰：损，损下益上，其道上行。损而有孚，元吉，无咎，可贞，利有攸往。曷之用？二簋可用享。二簋应有时，损刚益柔有时。损益盈

虚，与时偕行。

象曰：山下有泽，损。君子以惩忿窒欲。

初九：已事遄往，无咎，酌损之。

象曰：已事遄往，尚合志也。

九二：利贞，征凶，弗损益之。

象曰：九二利贞，中以为志也。

六三：三人行则损一人，一人行则得其友。

象曰：一人行，三则疑也。

六四：损其疾，使遄有喜，无咎。

象曰：损其疾，亦可喜也。

六五：或益之，十朋之龟弗克违，元吉。

象曰：六五元吉，自上祐也。

上九：弗损益之，无咎，贞吉，利有攸往，得臣无家。

象曰：弗损益之，大得志也。

损，非圣人有意为之也，造化推移本有消息盈虚之理，而圣人为之裁成辅相，损过以就中，殆有约己裕民之道存焉。是故时有所损而损所当损，实无所损者也。

此卦艮为体而巽为用，以阴从阳之说也。夫以阴损乾之阳而为兑，以阳益坤之阴而为艮。艮阳止于上而受益，兑阴悦于下而甘损，此有孚之义也。故损之为道，以节用之实心，行节用之实政。上行下服，非矫强而然也，有德意之可征，无愆尤之可指，故曰元吉无咎。且刚不以损而消，柔不以益而盈。下无邪謟，上无骄泰，以斯而往，物无距也。曰二簋可用享者，行损以信，即二簋亦可以告虔也。鬼神且约，况于人乎？然至约不可以常居，刚德不可以常损。又曰二簋应有时，此损刚益柔之谓也。盖物不可以久亢而盈者，应与时而偕损；物不可以终穷而虚者，又应与时而偕益。时盈而损则损犹益，时侈而约则约犹丰也。故圣人时行之功用，与造物同其变化，而非有过不及之违也。

象取乎山下有泽，损深益高，损之象也。君子体此，而惩忿窒欲，将以求治心之学也。盖吾身所当损者，莫如忿欲之扰扰。能惩忿于未发之先，而不为暴气所乱；绝欲于未萌之始，而不为妄念所牵，则身无不修，损而益者也。

初以刚居刚，而损以益，顺乎四之阴也。

二以刚居柔，而损以益，徇于五之应也，故初贵往而二戒征也。曰已事遄往，无咎者，视上之事若己之事，知时效忠，亟往图之，无咎之道也。然居兑之初，过损其刚则为失已，故又当酌损之也。始初已损刚，二复损已，则剥道成焉，故利在守不利在行也。守则为九二，征则为六二也。贞者守也，以明资顺，以实助虚，所谓弗损益之也。

三之言行者，何也？阳道上行理也。三阳为乾，损乾之上爻以益坤，所谓三人行则损一人也。损非委也，益非赘也。阳不得阴不成，阴不得阳不生。阳往阴来，情谊相孚，是得其友也。艮兑相合以生物，上下相和以经化，乃为阴阳相得之情，即合君臣相合之义也已。

四以柔居柔，委靡不振，自损其疾者，治之者必资于初之刚明也。

五以柔居中，虚心好善，贤豪景从，有或益之者，益之者必藉于二之中正也。臣能受人之损，而直者尽其诚；君能自以为损，而知者竭其虑。天人交助，故五曰无咎而元吉也。

上九以乾之阳自益，以坤之阴益三，则弗损于己，而有益于下，上全其刚，下受其益，何咎之有？然乘兑之上，或自侈而不贞；当艮之终，或自满而不进，故勉之以贞吉，利有攸往也。正道自持，刚德日长，则泽无不被，海内归心，臣天下矣。而不富之以自利也，故曰得臣无家者，损之之谓也。

噫！初则酌损以为损，二则弗损以为损，五则以损为益，上则以不损为益，四则因益而得损，三则因损而得益，正所谓损而当损而实无所损者也。且柔合刚而得臣，刚合柔而得友，有孚之损可以为万世通行之法也。如怀私营而忘国恤，挟壮志而失虚怀者，当以损下益上之义思之。

四十二　益卦

☴☳震下巽上

益：利有攸往，利涉大川。

彖曰：益，损上益下，民说无疆，自上下下，其道大光。利有攸往，中正有庆。利涉大川，木道乃行。益动而巽，日进无疆。天施地生，其益无方。凡益之道，与时偕行。

象曰：风雷，益。君子以见善则迁，有过则改。

初九：利用为大作，元吉，无咎。

象曰：元吉无咎，下不厚事也。

六二：或益之，十朋之龟弗克违，永贞吉。王用享于帝，吉。

象曰：或益之，自外来也。

六三：益之，用凶事，无咎。有孚中行，告公用圭。

象曰：益用凶事，固有之也。

六四：中行，告公从，利用为依迁国。

象曰：告公从，以益志也。

九五：有孚惠心，勿问元吉。有孚惠我德。

象曰：有孚惠心，勿问之矣。惠我德，大得志也。

上九：莫益之，或击之，立心勿恒，凶。

象曰：莫益之，偏辞也。或击之，自外来也。

益者，天下之大利也。乾以一阳益下而为震，坤以一阴应乾而为巽。天施地生，万物咸嘉，故圣人体之，施益于下，以利民也。事无不行，道无不济，故曰利有攸往，利涉大川。

此卦巽为体而震为用，以阳动阴之说也。推其义而孔子彖之曰，木道乃行。夫帝出于震而齐乎巽，震木之阳也，巽木之阴也。木道之行，犹言兴作靡穷，舟楫之材自运也。故初言大作，二言享帝，三言征伐，四言迁国，皆动众之意也。人君效此而益民，既奋发于事功，复沉潜于德业，自然日进无疆，生生不穷，而遍益造化矣。凡此皆益之道，即皆益之时也。自消而息，自穷而通，本于自然之德，初无矫强之为，故曰与时偕行也。

象取乎风雷益者，雷动于前，风散于后，万物皆利，益之义也。雷风交作，天下变化，物相成而为益故。恒言雷风，而益言风雷者，雷阳之为也，风阴之为也。阳上阴下，天尊地卑之定理，故曰雷风恒也。若阴上阳下，则阴升而助阳，阳降而资阴，天施地生之妙用也，故曰风雷益也。夫造化之道，常则必变，变则能常，损益相乘，盈虚不已。知益之为损，即知损之为益，始可以观变而立德已。见善则迁，有过则改，如风之入微也，迁无殢念；如雷之迅发也，改无停机，交相益而无遗殢焉。

然阴利于小，阳利于大。初本阴也，而损乾阳以益之则大矣，受益最深。居勤方始，体夫刚德以之乎巽，披诚图报必获大也。但官薄事繁，必洗心涤虑，谋出万全，始无躁动之咎。故曰元吉，乃无咎也。

二以柔中之德为五所益，此刚柔并济之君子也。刚可以决疑，柔可以毖祀，故王者用之以荐于上帝，帝必享而获福也。前之吉，言臣之吉也；后之吉，言王之吉也。二本贞也，而爻位俱柔，惧不固守，故中勉以永贞也。

三以阴居阳，处非其宜，据于多凶之地，贻大投艰，咎不免也。然当震之极，承巽之始，能以身捍天下之难而不居其功，斯受益矣。诚意积中，志不为私，故曰有孚中行，道不至亢也。告公用圭者，归功于上，使受君之赏也。

四处巽之始，体柔用刚，卑不穷下，高不居亢。位虽不中，以益民为心，动中机宜，是能用孚中行者也。以斯告公，无有不从，言听计允，上亦依之以迁国也。初本坤体，而上迁于四。四本乾体而下迁于初，故云迁国之象也。

九五居中履正，益之主也。上不以小利而惠民以实心，下不以私恩而惠上以实德。上以诚感，下以诚应，而民之惠我德者精神相通，犹之天施地生也。

若上九之不行益于人，而徒求益于人，则为莫益之而反有以击之也，此昧于损益之义也多矣。义理之心，人孰无之？惟其蔽于欲，则失其初心，而刚德日亏，本根日损已。故戒之曰立心勿恒，凶，则知吉凶之道岂由天乎哉？

噫！天下之理，益而不损则违于谦，作而不止则犯乎盈，天人皆弃击之也。故诸爻之言益，喜益之宜也。上六之言莫益，即戒益之过也。然圣人不但致戒于过益之时，而且存戒于受益之际。言元吉于初，言贞吉于二，言中行于三、四，言有孚于三、五，未尝不以益为惧也。以益为惧，则其所以获益也，终无或击之来也，利天下者宜知其戒而勉之。

四十三　夬卦

䷪乾下兑上

夬：扬于王庭，孚号有厉。告自邑，不利即戎，利有攸往。

彖曰：夬，决也，刚决柔也。健而说，决而和。扬于王庭，柔乘五刚也。孚号有厉，其危乃光也。告自邑，不利即戎，所尚乃穷也。利有攸往，刚长乃终也。

象曰：泽上于天，夬。君子以施禄及下，居德则忌。

初九：壮于前趾，往不胜，为咎。

象曰：不胜而往，咎也。

九二：惕号，莫夜有戎，勿恤。

象曰：有戎勿恤，得中道也。

九三：壮于頄，有凶。君子夬夬，独行，遇雨，若濡，有愠，无咎。

象曰：君子夬夬，终无咎也。

九四：臀无肤，其行次且。牵羊悔亡，闻言不信。

象曰：其行次且，位不当也。闻言不信，聪不明也。

九五：苋陆夬夬，中行无咎。

象曰：中行无咎，中未光也。

上六：无号，终有凶。

象曰：无号之凶，终不可长也。

夬者，决也，以五阳而决一阴之义。其为力固无难也，然而其词之谆谆有戒者，因不可以阳盛长而忘有备也。

此卦以乾为体，以兑为用，阳抑乎阴之说也，故曰夬。盖小人而在君侧，必明揭其罪，使判然不复与谋，始无牵连党锢之复。曰扬于王庭，声小人之罪也；孚于号者，树君子之朋也。曰有厉，兢兢惕惕以防窃据之奸也。告自邑者，表白遐迩，无逸志，无私昵，不示隙于彼也。不利即戎者，小人之处高也，匪戎不去。而曰不利即戎者，言戎虽当用，不以为利也。苟专恃乎戎而其道不修，其谋不审，则胜负反覆之机亦未可必。故不利即戎，乃利有攸往也，攸往者进而决之也。曰健而说、决而和，健以断之，不缓以失其机；说以处之，不轻以激其变。然君子以天下万物为一体，如阳德之施无所不及，其于小人亦未尝仇视而物畜之也。惟恐其剥阳以为世道之累，故不容于不去耳。而矜惜之意未尝不存，故虽用壮以决之，而若释痒疴于体，不少失其和也。所以谋出万全，光大而有终也。

象取泽上于天，气蒸自上而润及于下，故谓之夬。君子体之，以施禄及下，居德则忌。盖兑泽之气上腾于天，化成雨而下降，和之至也。其解炎荡秽，则有决小人之意，而天下沾其泽也。君子去小人之害物，则能施德于天下，其亦如造化之和也。然苟自居其德，不推功于众，则未免失之媢忌，且亦为群阳之忌矣。

夫初之壮趾，权居在下，始为令也，阳方微而虞其躁动也。曰不胜为咎者，言前往而不胜，则为咎矣。

二居柔得中，酌事机而惕号，申其令也，不任刚壮而善其能戒也。曰勿恤，内有备而外无患也。

三怠寇者也，四养寇者也。曰壮于頄，虽义形于色，而反致其疑，凶之道也。君子于此，夬夬以致其决，独行以绝其应，则不牵于私已。然与之相遇，必若濡而外不为异，有愠而内不为同，斯善处小人者也。

四泥于和而失所系，故止则不安，进则不前，不果于决者也。故有其行次且，闻言不信之谓。虽勉之使进，其孰我信，乃为聪不明也。

五乘尊以决阴，如决苋陆之易，然而独居于上，是可虞也。势接，则彼易弥；情昵，则此难断。即过于决，其于中行亦无咎也。天下有过刚而为中者，五之中行是也。

上六以一阴处极，其党将尽，其势将孤，而恃三为应，恃五为比，俱不相协，是有号咷求免之意。然戒之曰无号，因终当有凶，不能免也。此虽上六之戒，并为三五之儆也。

噫！夬之为义，总决一阴，以全纯乾也。盖阳之与阴，其机相为屈伸，其数相为胜负。阳不长则阴不消，然而阳之长也难，阴之滋也易。故圣人之所为汲汲也。卦词不言吉而言利，爻词不言吉亦不言利者，警戒之至，恐阳德之易怠而衰也。初之言为咎也，二之言勿恤也，三、五之言无咎也，四之言悔亡也，盖勉之也，亦慰之也。三与上皆言有凶者，因三与上无德而私相为应也，壮頄之凶，止其应阴也；无号之凶，绝其援阳也。或曰：造化之运行也，不能无阴；天之生才也，不能无小人，易何以绝之之深也？君子曰：数乖于心，则造化或有所屈；道终其用，则人事亦有所伸。圣人不能使有阳而无阴，理也；然能使阴之终不胜阳，亦理也。圣人不能使小人尽去于天下，势也；能使小人尽去于朝，亦势也。故四凶之在，刚之未长也；比屋之封，刚之乃终也。则圣人之扶阳抑阴，以健而说、决而和，其用意也亦可谓深切而明备已哉。

四十四　姤卦

䷫巽下乾上

姤：女壮，勿用取女。

彖曰：姤，遇也，柔遇刚也。勿用取女，不可与长也。天地相遇，品物咸章也。刚遇中正，天下大行也。姤之时义大矣哉!

象曰：天下有风，姤。后以施命诰四方。

初六：系于金柅，贞吉。有攸往，见凶，羸豕孚蹢躅。

象曰：系于金柅，柔道牵也。

九二：包有鱼，无咎，不利宾。

象曰：包有鱼，义不及宾也。

九三：臀无肤，其行次且，厉，无大咎。

象曰：其行次且，行未牵也。

九四：包无鱼，起凶。

象曰：无鱼之凶，远民也。

九五：以杞包瓜，含章，有陨自天。

象曰：九五含章，中正也。有陨自天，志不舍命也。

上九：姤其角，吝，无咎。

象曰：姤其角，上穷吝也。

姤之言遇也，夬方决于上，而姤复生于下。阴有心于合，而阳不拟其来，出于不期之遇也。

此卦以巽为体，以乾为用，阴蔑于阳之说也。夫阳来为复内之也，阴生为遇外之也。五阳外入为微虞之也，一阴内伏为壮防之也。防而为之虑，故曰女壮；虞而为之谋，故曰朋来。阳之性介而易孤，阴之性牵而善媚。以一柔而遇五刚，阴挟其私，阳无其主，则能借其势以为壮也。阳弛其势而阴滋其类，蔑贞之谋以蓄，君子被害，机不免也。自此而如卦之为遁、为否、为剥、为坤，阴盛长而阳消落也。故曰勿用取女，恐为所乘也。此圣人之所以慎于遇也，然而遇之为义，又不可废。虽阴阳有淑慝之分，私遇不可有，而阴阳有相须之机，正遇又不可无，故曰天地相遇，品物咸章，刚遇中正，天下大行也。以刚遇中正之柔，犹男得幽贞之女，则人伦物化由兹大行，不然则为亢为戾，万品庶物无由章显矣。故遇不可无也，不可苟也。遇而正则阳道得行，遇而不正则阳道将消。其辨在乎几微之际，不可不慎也。

象取为天下有风，虚动而合，故为之姤。如后以施命诰四方之义。盖天至高也，物至卑也。天之于物也，以风动而后合也。后至尊也，民至卑也。后之于民也，必以命诰而后遇也。风无所不触，命无所不达，道之大行也，然而可虞者伏矣。风自下而上则为阳德之升，自上而下则为阳气之降。此阴之将壮也，后之施命岂得已哉？上世言德而不言化，中古言化而不言命。如以诰命四方者，事不能无虞也已。且姤以柔遇刚，非正道也。

初为阴，遇之主，阴不能以不牵，而又不可以不正，故不系于正应，乃为得吉。若不牵于一而务进不已，凶之道也。初本不贞之阴，惟务于躁动，必且为羸豕之蹢躅，失其所牵矣。柅在车下，所以止轮轴之不动也，以金为之则刚且静，所以喻君子也。羸豕谓牝豕也，群豕之中豭强而牝弱，故谓之羸豕，所以喻小人也。

二遇于初，最先者也。以阳纳阴，以正防之，使不得逸，故为包有鱼，此微以制之之象也。然阴可包也，不可宾也，宾之则违，勿用之戒明矣，故曰义不及宾也。

三说乎初而承乘皆刚，故居则不安，行则不进，其象然也。然道虽过危，履则得位，苟安于不遇而能自守，虽厉而无大咎也。

四与初遇，柔不能制，如有其鱼而故失之也，失其所应，以静为宜，设或妄动，凶不免也。

五居阳明之位，下制一阴之微，犹以高大之杞，包覆善溃之瓜，其势甚易而其道不可不尽也。故必含晦章美，不露声色，默以制之，其来也不能芽，其去也不能孽，始人事已尽，天运渐回，姤将转而为乾矣。有陨自天，如天之陨乎物，无微不尽者也。

上九居高自亢，无位独立，如姤其角之象。然角非遇物之具也，以角为遇，其遇穷矣，曰吝。幸既无所遇，亦无比匪之伤，何咎之有？

是卦本以阴遇阳，而二则得位有制，不溺于遇者也。三与上九，无德无位，则不与之遇者也，是皆可免于咎也。四失其应而强以求遇，所以凶也。五之含章有陨，其得制遇之道者乎？虽然，其视圣人作而万物睹之气象远矣。故易之所虞也，遇为天下相合之机，亦有君子与小人之别，苟不深虑预防，先以中正之德自持，其流于比昵之失也多矣。

四十五　萃卦

䷬坤下兑上

萃：亨，王假有庙。利见大人，亨，利贞。用大牲吉，利有攸往。

彖曰：萃，聚也。顺以说，刚中而应，故聚也。王假有庙，致孝享也。利见大人，亨，聚以正也。用大牲吉，利有攸往，顺天命也。观其所聚，而天地万物之情可见矣。

象曰：泽上于地，萃。君子以除戎器，戒不虞。

初六：有孚不终，乃乱乃萃。若号，一握为笑，勿恤，往无咎。

象曰：乃乱乃萃，其志乱也。

六二：引吉，无咎，孚乃利用禴。

象曰：引吉无咎，中未变也。

六三：萃如，嗟如，无攸利。往无咎，小吝。

象曰：往无咎，上巽也。

九四：大吉，无咎。

象曰：大吉无咎，位不当也。

九五：萃有位，无咎。匪孚，元永贞，悔亡。

象曰：萃有位，志未光也。

上六：赍咨涕洟，无咎。

象曰：赍咨涕洟，未安上也。

萃者，尽萃之义，专为君亲之道言之。道莫大乎尊亲，诚不越乎萃聚。得其义而守之，以顺以说，故曰萃，亨，王假有庙，顺以说之极也。

但顺而说，则或有邪佞偏比之私，故必归之以正以公也。利见大人，亨，利贞，则言正也。用大牲吉，则言公也。以正以公则利有攸往，可以济天下之事矣。

此卦以坤为体，以兑为用，阴说乎阳之说也。夫阴说乎阳，且刚中而应，则说而主之以刚，刚而不违乎中，以斯为应，故得聚也。用大牲吉者，则惠及于人，而人心以顺也。人心既顺，道隆则与之而俱隆，时行则与之而俱行，故利有攸往也。然顺人心者所以顺天命也，天命顺已，则天地万物之情岂不可见于流行动静之间也哉？天地之所以为萃者，情也，故天人之绾合不在形相比而在情相通。幽明之理，非情不洽；堂廉之际，非情不交；天地之远，非情不格；万物之多，非情不化。则知情之为用，根于天命之先也。

象以泽上于地，故名为萃。地者万物之所成也，泽者众水之所聚也。圣人体之，以除戎器，戒不虞。何也？盖泽聚必溃，治溃之道在于堤防；物聚则争，息争之道在于有备。戒不虞者，正为保终萃也。

萃之为卦，二阳比于中，而群阴萃之，兹君臣合德、万物孚感之时也。然而圣人不以之自喜也，故于阴之求萃也，以倾邪为戒；阳之主萃也，以强亢为戒。恐盛聚之易耗，必以诚以顺，乃能保其萃之永吉也。

初以阴柔，不能固守，心志惑乱，为有孚不终之象。又若呼号，正应而从违莫决，自为众所笑也。然号之者正也，笑之者妄也，苟自矢其诚，不恤众笑，往无咎已。

二杂于二阴之间，似有徇友忘君之咎，然以其中心言之，是引二阴以萃于五，当得集贤广益之吉，终无背公植党之咎也。且殚其忠爱之诚，犹可格神而用禴也。

三才德不足，人莫与萃。欲求比于权贵而势不得萃，徒为萃如嗟如之困。不刚不正，竟其从上之心，终不得从上之益者也。

四上比九五，下比众阴，如得其萃已。但权之所集者，即咎之所归。必贞以事上，义以使民，始得其吉。

五居尊位，为四阳所承，三阴所仰，是得民之萃也。然人之萃我者，以位我之自萃者。以德设有未孚，复多离间之情。惟修德聚人，则政行化洽，可以孚天下而悔亡矣。

上当萃反之时，且阴柔无主，求萃不得，将为孤立之危。如赍咨涕洟之象，能晏然自安于上乎？故曰上未安也。

总而论之，萃之皆不得其情者也。初之若号，正而不终者也；三之嗟如，不正而弃者也；上之赍咨涕洟，不正而未安者也。但物之求萃，顺也；阴之欲萃于阳，顺也；即安于不萃也，亦顺也，故曰无咎。若二之所居正也，所应正也，而亦曰无咎，以其介于不正之间也。以阴居阴，志于静退，是与众聚而有异操者也。人之多僻，独守则危，变节则悖，必诚意引人，互相孚契，始无偏倚驳杂之害。初之乃乱乃萃，妬娼之徒也。二能以中正引之，情孚于萃，亦可为君子也。一握为笑者，群阴相聚，笑其不知止也。萃于四者，权之所趋也。四当萃时，或私其萃于己则咎，苟归其萃于上则吉，此以臣道言之也。至于二言引吉，五言大永贞者，引则广善以及人，大则宏善以尽物也。是故保天下之萃者，非大法小，廉君明臣，良不能也。如二之引吉、四之大吉，此大小协恭也。二以孚为利，五以匪孚为戒，此君臣合德也。然萃天下者以其时，而所以为天下之萃者，非以其情哉？圣人于至顺之时，犹为不虞之备；以众萃之日，而先为易散之防，而易之为虑也深至矣。

四十六　升卦

䷭巽下坤上

升：元亨，用见大人，勿恤，南征吉。

彖曰：柔以时升，巽而顺，刚中而应，是以大亨。用见大人，勿恤，有庆也。南征吉，志行也。

象曰：地中生木，升。君子以顺德，积小以高大。

初六：允升，大吉。

象曰：允升大吉，上合志也。

九二：孚乃利用禴，无咎。

象曰：九二之孚，有喜也。

九三：升虚邑。

象曰：升虚邑，无所疑也。

六四：王用享于岐山，吉，无咎。

象曰：王用享于岐山，顺事也。

六五：贞吉，升阶。

象曰：贞吉升阶，大得志也。

上六：冥升，利于不息之贞。

象曰：冥升在上，消不富也。

升者，上进之象也。夫君子当在下之时，积德立行，日益日显。一旦乘时奋进，自有大通一致之合，故得元亨。用此道以施为，自然上下交洽，功业丕著，征于利见之时矣，阻抑之患可勿恤也。

此卦以坤为体，以巽为用，阴顺乎阳之说也。夫升之为义，以柔嘉之德，当昌明之会，乘时而进，盖不可蒙蔽失之也。如升不以时，则为窃据；时至不升，则为懦暗。惟以时升，利见则逢乐道之君，南征则得相时之哲。真所谓量可而进，不失其时，升之巽而顺者也。以巽顺而升，内既沉潜以观理，外又从容以候时，刚不违中，是以得大亨也。曰用见大人，勿恤者，盖阳当在下，未孚之际，不免于忧，故用见九五之大人，则勿恤也。勿恤者，下得上而庆也；南征者，上得下而行也。南为阳明，征则刚健，以坤趋乾，顺时而行也。若以阴之阴，弥足其暗，志弗行也。

象取为地中生木，渐以高大，升之象也。君子体此，洗心涤虑，每事不轻于游忽，以几希之存，渐入于危微精一之关；以幽独之致，直抵于中和位育之妙。积之以至于高大为本，斯为柔顺而能慎者也。

如初爻有谦顺之德，不先升而躁进，其信于二也。

二之用禴，矢志精诚，不事虚文以事焉，乃孚于五也。信于刚则不为援，孚于柔则不为亢。小臣行志，大臣效忠，无不顺也。

三以阳刚之德而际雍熙之会，且巽顺处躬，以是而升，下之阳有助，上之阴不拒，如入无人之邑，莫能御也。

四以阴居柔，处升之际，履顺之始，而最近于君。且下体三爻，皆因之上升者也。若能诚敬率之以事上，如王者之合萃以孚鬼神，则吉而无咎也。二之用禴，四之用享，皆取其诚意交于上也。不言升者，二应五，四承五，避逼上之嫌也。

六五之升，升于治也，居柔应刚，利在于贞，既得其正，则治道可次第而举矣。曰升阶者，升有序也。

上六之冥升，以阴居升极，沉迷利欲而不知止，当时暮而犹思进也。然居顺之极，亦非竞进者也，因上柔下刚，以身调剂，势不能遂故也。惟孳孳为善，利在于不息之贞而已，贞而能久，岂贪昧哉？

噫！君子之升，升以德也。虽以德为升，然亦未闻有无所援而能升者。但未援之时，不可虚声动人，全要工夫慎密，精气相通，抱弘毅之才，孚于未升之先；守柔顺之德，展于已升之后，如是致君泽民之志，可大行而无窒碍也矣。故前之曰允曰孚，后之曰亨曰贞，皆勉以德而不轻于进也。三无所勉者，正以其巽顺得中，不待勉也。

四十七　困卦

䷮坎下兑上

困：亨，贞，大人吉，无咎。有言不信。

彖曰：困，刚掩也。险以说，困而不失其所亨，其唯君子乎？贞，大人吉，以刚中也。有言不信，尚口乃穷也。

象曰：泽无水，困。君子以致命遂志。

初六：臀困于株木，入于幽谷，三岁不觌。

象曰：入于幽谷，幽不明也。

九二：困于酒食，朱绂方来，利用享祀，征凶，无咎。

象曰：困于酒食，中有庆也。

六三：困于石，据于蒺藜，入于其宫，不见其妻，凶。

象曰：据于蒺藜，乘刚也。入于其宫，不见其妻，不祥也。

九四：来徐徐，困于金车，吝，有终。

象曰：来徐徐，志在下也。虽不当位，有与也。

九五：劓刖，困于赤绂，乃徐有说，利用祭祀。

象曰：劓刖，志未得也。乃徐有说，以中直也。利用祭祀，受福也。

上六：困于葛藟，于臲卼，曰动悔，有悔，征吉。

象曰：困于葛藟，未当也。动悔，有悔，吉行也。

困者，穷也。穷不足为困，困在不能自振其穷耳。盖天地之气由西而北则渐趋于阳，由北而西则退守于阴，穷变之道固如是也。

此卦兑为体而坎为用，乃阴掩于阳、阳溺乎阴之说也。兑阴为柔，坎阳为刚，坎在兑下，是刚见掩于柔也。非有大涵养者，其能怡然守正，身处困而道自亨也哉？故心不能亨，徒为愤世之语，谁能信之？益取穷困而已。以六爻言之，则九二为二阴所掩，四五为上六所掩，刚应升进，今掩而不施，其犹君子为小人所蔽，穷之象也。坎险、兑悦，处险而不改其悦，犹处贫而不改其乐，则君子之道也。然其所以悦者，由刚而能正，不失其中，正而能大，不违其体，可以济物，可以修己。故曰贞，大人吉，以刚中也。以正大之道施之于身，行之于物，待其自感，虽困而不失其亨也。盖困之移人，每乘于柔荏，柔荏则沾恋，沾恋则多牵，故贵于刚。困之挠人，又乘于矜激，矜激则虚憍，虚憍则易至耗折，故贵于中。刚与中合，则操守固而涵养纯，历久而自亨也。如急于求通，借口说为筌蹄，则招忌致疑，弥见其困耳。

吁嗟！口非所以济困也，有言不信，则标榜之议盛于一时，而党锢遂起。君子之节不能复振，其违尚口之盛也多矣。且坎下兑上，境遇既逆，数当隐默，勿求自明可也。苟为之尚口，徒激人之怒，滋己之危，倍取穷困而已，岂刚中之君子哉？且困之体，刚掩乎柔也，卦中以三爻之柔，掩三爻之刚，非特刚困，而柔亦困矣。柔之困也，以犯刚为忌，须退守以为安；刚之困也，以躁动为戒，惟固守以为福。盖阴困其宜也，阳困其变也。

初以阴居下，欲三为应，二隔其路，进不能以观变，退不能以守顺，将坐于困穷而不得所安也。然困而自遁，不伤夫阳，得其所避也，故不言凶咎也。

二以刚中之德而任济困之劳，又能居谦处静，为德之盛，恩宠并隆，物所归也。且坎居北方之位也，朱绂南方之物也，离之应坎，通塞之间也。宜竭诚称职，如用享祀则吉，然必待机缘之自至耳。苟不安处俟命，先往求之，则降志陨节，凶自取也，咎将安归乎？困夺于先，名驱于后，君子之所宜慎也。

三才德不足以处困，又阴体而承阳，用小人而志武者也。且二欲推四以上进，四又欲退二以图安，三处其间，进迫乎四，则如戴石；退据乎二，则如坐刺，困之甚也。然其犯刚之志犹未已也，有伤而进，无变而求，六已征矣。而犹欲合之为助，其孰与应？故曰入于宫，不见其妻也。且入不如初，征不如六，困而有害者也。

四才德不足，惟冀援于人，就其志在初。而初又隔于二，则所以来彼者徐徐也，无偶求行，虽已有坚利之具，不行也，故曰困于金车，吝也。然以阳居阴，履谦能守，二必不争，初亦不判，事有终也。

九五以阳居阳，而所乘之四，与所应之二，又皆刚壮，则为用武之君也。但用武之君为上阴所掩，如权奸蒙蔽之意，未免忿其不恭，致其刑威，殆有伤痍之见，故曰劓刖也。既为所伤，则无所用。象为赤绂之困，犹幸资性英明，刚中说体，不动身色，而畔援之党久而自消，故曰乃徐有说也。得其说而孚以至诚，反受天下之福已。

上居困极，才弱时穷，欲动不得解，欲静不得安，如困于葛藟、于臲卼也。然穷当思变，苟知刚之不可乘，必改计而去之，吉之道也。

呜呼！平城之围，赤绂之困也。两阶干羽，即所谓利用祭祀也。然诸爻之相应，词或相袭，而旨各有所归。如九二之征凶，以进为征也；上六之征吉，以退为征也。此贵阳而贱阴也，贵阳则欲其慎于进，贱阴则欲其安于退也。曰困于酒食，志不遂而困于惠也；困于金车，势有阻而困于行也；困于赤绂，权有夺而困于治也。

总居下者泽不及物则困，居上者治不及远则困也。至于阴之困也，曰不觌，曰不见其妻，曰动有悔，皆言困滥而不能守躬也。阳之困也，则曰方来，曰有终，曰有说，虽当困而能自振其困也。故困者，小人之所为困，君子无困也。语云圣人无忧地，斯言其信然也。

四十八　井卦

䷯巽下坎上

井：改邑不改井，无丧无得，往来井井。汔至亦未繘井，羸其瓶，凶。

彖曰：巽乎水而上水，井。井，养而不穷也。改邑不改井，乃以刚中也。汔至亦未繘井，未有功也。羸其瓶，是以凶也。

象曰：木上有水，井。君子以劳民劝相。

初六：井泥不食，旧井无禽。

象曰：井泥不食，下也。旧井无禽，时舍也。

九二：井谷射鲋，瓮敝漏。

象曰：井谷射鲋，无与也。

九三：井渫不食，为我心恻，可用汲。王明，并受其福。

象曰：井渫不食，行恻也。求王明，受福也。

六四：井甃，无咎。

象曰：井甃无咎，修井也。

九五：井冽寒泉，食。

象曰：寒泉之食，中正也。

上六：井收勿幕，有孚元吉。

象曰：元吉在上，大成也。

井之继困，以其体有守而不穷，道有常而不迁，行藏有时，德之最善者也。六爻之词皆无凶咎者，以井之为物，见用于人而不求自用也。卦言羸其瓶，凶者，不用者之凶也，非井之凶也。无丧无得，往来井井，盖无丧则无凶，无得则无吉也。

此卦巽为体而坎为用，阴资乎阳之说也。卦名井者，以木之根荄入于坎水之中，以水之膏润溢于巽木之上。其出也有源，其施也不匮，养之有度，用之不穷，先王以良心而运为良法也。但天一之水为坎，坎水汪洋，易失其贞，若德性未坚，难以持守，意见偏执，易于纷更，必以刚中之德制之，始冬温而夏凉，不变于寒暑，不剥于风雨，能保其贞也。羸其瓶者，即改井之为也。改井者即无刚中之德，而不能全其器也已。

象以木上有水，浸长上行，井之象也。造化以五德用事，而水为之纪，木为之行，故水木之为用相通也。当闭藏之时，则木气入于水中，而井为温；及发生之时，则木气出于水上，而井为凉。木气之伏溢，惟井司其宜也。且阳之上生一阳谓之太阳，生一阴谓之少阴；阴之上生一阳谓之少阳，生一阴谓之太阴。少阳之上生一阳而为巽，又生一阴而为坎。巽五坎六，坎在巽上，故曰木上有水也。水独言井者，惟井之为德不失坎之真性也。

君子体此，以之劳民劝相，制其田里，教其树畜，竭为兴发、补助之用，所谓养而不穷也。养则民不困，而吾道亦不困，此井之所以继困也。井自下而上出，功成于上，吉归于上。故上六言元吉者，以及物也。物之吉也，非井之吉也。君子出而能济天下之众者，义犹是也。夫君子以天下为体者也，隐非甘下也，出非好上也，会逢其适，不得不然也。然而道之成也，必成于出，故井之为义，以出为贵也。

初无养人之德，不足以为世用，如旧井无禽，为人所弃，而泥蟠之象也。

二有养人之德，而汲引无人，不能泽物，如井谷注于鲋，敝瓮漏于下，即少有所长，亦仅浮沉于闾里之际也。

三德足以泽民，但遭时之违，不能见用于明主，徒恻然心曲，是为可食而不得食也。

四洁于内而饰于外，日新之德以浴其功，如井之甃然，体用无弊，可谓修身而见于世者也。

五刚中居尊，志高行洁，渊泉之德，甘而可食，纯粹之功，澄而不滓，故曰井洌寒泉，食。养之之体已立矣，而用犹未广也。

至上六之井收勿幕，自裕其用，群利其有。导民之利而不穷，任民之取而不禁，实德相孚，博施不匮，大善之吉，非其人而谁与归也？虽然，君子施泽于天下，则天下受其利，君子无利也。即其泽不获施于天下，亦不用者之责，终非君子之咎也。故井之成，成于德也，有遁世不见之精神，始有万物皆睹之气象。则知君子善养天下，在善养其德以全用，不轻变迁其志以违天者也。

四十九　革卦

䷰离下兑上

革：已日乃孚，元亨利贞，悔亡。

彖曰：革，水火相息，二女同居，其志不相得，曰革。已日乃孚，革而信之。文明以说，大亨以正，革而当，其悔乃亡。天地革而四时成，汤武革命，顺乎天而应乎人。革之时大矣哉!

象曰：泽中有火，革。君子以治历明时。

初九：巩用黄牛之革。

象曰：巩用黄牛，不可以有为也。

六二：已日乃革之，征吉，无咎。

象曰：已日革之，行有嘉也。

九三：征凶，贞厉。革言三就，有孚。

象曰：革言三就，又何之矣？

九四：悔亡，有孚改命，吉。

象曰：改命之吉，信志也。

九五：大人虎变，未占有孚。

象曰：大人虎变，其文炳也。

上六：君子豹变，小人革面。征凶，居贞吉。

象曰：君子豹变，其文蔚也。小人革面，顺以从君也。

革者，天地之变也。天地不变，则圣人遵养时晦而不变，故变非圣人之得已也。

此卦离为体而兑为用，两阴俱柔，中、少不相得之说也。象取乎泽中有火。若泽中有火，非正也。所谓阳冰不治阴火，潜然大泽之中，或常有之。且兑为少阴，自非北方之正水，而情激于性，用以敌南方之正火。火气既盛，水不能制而生变也，故曰水火相息，此势穷而生变之谓也。然变之所生，生于不合也。以中、少二女，同居失序，志不相得，则必至乖戾相克，相克不止，必相离而变革矣。虽然，天下之事苟不至于如水火、如二女，圣人岂乐于革哉？圣人者，因天地之变而为之变也。变革之道，以规易矩，以琢为朴，协赞化育，而与天下更始，必诚信相孚，非可强革者也。

释经之义，曰已日乃革，亨利，悔亡，此言日有十二时，循回已久，而阴阳终始，自有相生相息之道。阳之息机于此，即阴之变化于此，谓之已日。正原始要终，推所以生，究所以息，变无不尽，不使其有性情之违也。性情相符，便非妄革，则知精神所运，天且弗违，而况于人有不孚乎？孚于万民，则大而且通，孚于万世，则利而可久，悔其亡哉。

然内外既相信从已，是非文明以说不能也。文明则能经纬于事宜，照彻于物理，悦则相化于情性，而不拂乎时势。总时势所至，即义理所在也，义理所在，即天地之心所寄也，况天下之变革，由于人心之变革也。故曰汤、武革命，顺乎天而应乎人，如天不顺、人不应，南巢、牧野之师何举哉？始知汤、武用革，其以夏桀、商辛为水火、为二女也。

象曰泽中有火，水能灭火，此言时之不能不变，犹日之不能不已也。圣人体此，以天道人事准于危微变革之交，以时为七政之要。惟明以知时，悦以顺时，亨以宜时，贞以守时，把兢兢业业之心，推于天旋地转之会者，是亦不得已也。故曰变非圣人之得已也，因天地之变而为之变也。

且革当初事之始，法未甚弊，时犹有待。位列诸爻，在下者有议革之思，在上者当主革之任，是以初居下位，革机虽动，事未可为，宜中顺以守成，不可躁妄以应变。故曰巩用黄牛之革，巩者革其坚仞，毋轻变焉。

二得其中，上应乎刚，革其时也。以柔顺之德，济以文明之用，征吉无咎。然阴不先唱，臣不居首。曰已日乃革，则主其详也，从其顺也，革道庶几矣。夫君上之革，孚于已日之前也；臣下之革，革于已日之后也。以缓为革，从容慎重，便无纷扰之咎已。

三处离之极，居下之上，性过乎刚，躁动于革，以是而往，未孚于人，征则有凶，虽正亦厉也。彼之为病，因不审其机耳，故曰革言三就，就之犹云乎思也。三思而不轻变，则革孚于人心矣。所以二征之吉者，柔当上也；三征之凶者，刚忌进也。

四值变更之际，不嫌于过中，又当处上之下，利于刚正，有张弛之才，无偏倚之用，自然积弊尽洗而悔亡矣。然必有信下之志，而后为改上之命，则命无不行，而革故鼎新之治成矣。

五以大人之德为革之主，损益千古，斟酌百王，文章之美，炳耀尘寰。以龙飞之德济之以虎变之威，明著动变，有孚之庆岂待占决哉？当此时，三之有孚，求孚于上也；四之有孚，克孚于下也；五之有孚，合上下而端信从也。

上六刚柔得中，此当革道之已成者也。上有革命创制之主，下有嘉猷润色之臣，蔚然其文，如豹变也。然虎变，文章之大者也；豹变，文章之小者也。君之神理，寄于经纶；臣之学术，宣于法令。由是人皆迁善毓德，而风移俗化矣。曰小人革面者，因革道已成，道德积于中，而英华发于外。贵在无为，不用过激，故居贞则为吉，躁扰则为凶也。

呜呼！圣人非乐变也，畴不欲遭尧而逢舜哉，其如时势何？汤、武而用黄牛之革也，尧、舜以为辜矣，故虎变亦非得已也。变而复征，汤、武亦不为也。噫！末季之变革，纷然不一，如九三之躁竞，与上六之征凶者，往往而见，此皆无其才而逞其欲，有其位而不善其用。等而论之，弃于尧、舜固远矣，比之汤、武，亦仅有其事而无其德者也。悲夫！

五十　鼎卦

䷱巽下离上

鼎：元吉，亨。

彖曰：鼎，象也。以木巽火，亨饪也。圣人亨以享上帝，而大亨以养圣贤。巽而耳目聪明，柔进而上行，得中而应乎刚，是以元亨。

象曰：木上有火，鼎。君子以正位凝命。

初六：鼎颠趾，利出否，得妾以其子，无咎。

象曰：鼎颠趾，未悖也。利出否，以从贵也。

九二：鼎有实，我仇有疾，不我能即，吉。

象曰：鼎有实，慎所之也。我仇有疾，终无尤也。

九三：鼎耳革，其行塞，雉膏不食。方雨亏悔，终吉。

象曰：鼎耳革，失其义也。

九四：鼎折足，覆公餗，其形渥，凶。

象曰：覆公餗，信如何也？

六五：鼎黄耳金铉，利贞。

象曰：鼎黄耳，中以为实也。

上九：鼎玉铉，大吉，无不利。

象曰：玉铉在上，刚柔节也。

鼎者，象也，贵重以昭其德也。圣人画卦不专取象，而象无不该，义与象合，则因象以名卦也。体之曰耳也、铉也、腹也、足也。因卦之画似之，而爻之义不必泥也，所谓不可为典要也。井与鼎之象，民用之大者也。民用之大而主鼎者，当以德为重，经纶调燮，不失于偏倚，可永保其元亨也。

此卦巽为体而离为用，阴成乎阳之说也。夫圣人制器尚象，因木上有火，鼎之体立矣。天显其象，人终其能，鼎之用成矣。然凝天命而系人心，则其用岂小哉？故享上帝以报功，必鼎烹以达其诚；养圣贤以崇德，必鼎烹以将其敬。内巽外离，既沉潜而入义理，又聪明而触事机，鼎之用也备矣。且五以徽柔而履大宝之尊，二以刚明而承重器之任，是以得元亨也。

象以火生木上，烹饪所宜，鼎之象也。君子礼卑法地，智崇效天，以柔顺之德，为聪明之用，所以能正位凝命也。民受天地之中以生，故谓之用。中之为用，见于其位，君臣上下各正所居之位，则不失天命也。位正而命凝，鼎成而形养，其义宁有二哉？鼎之贵上也，犹井也，其待用也，有次不可紊也。

如初为四应，才弱不足以胜任，失臣道之宜，有颠趾之悖也。苟为之警戒，震动去其柔靡，以从阳刚之贵，则为出否之利，有得妾以其子之幸也。妾之事夫，子之事父，居劳惟先，执役惟贱，乃为宜也，故无咎。

九二实德积中，其器已固，但密迩于初，不免有小人之侵逼，故曰仇有疾也。言仇其所疾，殆不使安于鼎也。若刚中自守，不恶而严，戒其不即而疾我，则辅鼎之功成矣。

三才全德备，可以食天下之奉也。但舍其君而不事，虽有雉膏之美而不能食。然蕴其德者，久而必彰；守其道者，其终必遇，当获方雨之吉，而亏其不仕之悔也。

四膺重器之任，实无自立之才，况任匪人而败公事。鼎为折足覆餗之凶也，但形之沾濡，即不可以享帝养贤，则素所期许者失之远矣。

五虚中用贤，由于至隐，崇大道以官其能，知正用以重其器，鼎之命永凝也。

虽然，鼎惟刚，可以受火之用，若过刚亦损于木之体。必精明温润，合而为一，始成玉铉之象。此为不吐不茹，刚柔相济，相道得而大典成也已。

举而论之，初居下位，曰利出否者，治无位之奸也。二居尊位，曰仇有疾者，绳有位之奸也。三之过刚，居变革之时，求治太急，而下无所应者也。四居柔乘刚，承上而应初者也，惜其知小谋大，不堪重任，所以辱及其身也。五体柔而任刚，以金为铉，能济以刚也。上体刚用柔，以玉为铉，能节以和也。柔以制刚，患其不贞，刚以节和，无不利矣。

呜呼！井之与鼎，水火之用也。水之贵通也，火之贵节也。收以上水，通之也；玉以镇火，节之也。故二卦之上爻，所以皆言元吉也。

五十一　震卦

䷲震下震上

震：亨。震来虩虩，笑言哑哑。震惊百里，不丧匕鬯。

彖曰：震，亨。震来虩虩，恐致福也。笑言哑哑，后有则也。震惊百里，惊远而惧迩也。出可以守宗庙社稷，以为祭主也。

象曰：洊雷，震。君子以恐惧修省。

初九：震来虩虩，后笑言哑哑，吉。

象曰：震来虩虩，恐致福也。笑言哑哑，后有则也。

六二：震来厉，亿丧贝，跻于九陵，勿逐，七日得。

象曰：震来厉，乘刚也。

六三：震苏苏，震行无眚。

象曰：震苏苏，位不当也。

九四：震遂泥。

象曰：震遂泥，未光也。

六五：震往来厉，亿无丧，有事。

象曰：震往来厉，危行也。其事在中，大无丧也。

上六：震索索，视矍矍，征凶。震不于其躬，于其邻，无咎，婚媾有言。

象曰：震索索，中未得也。虽凶无咎，畏邻戒也。

坤求于乾，得其初爻而为震。震为乾之长男，六子之最先也。阳气盛畜而遏于二阴，故震迅而为雷也。夫能震，则危者使平，伏者使起，有亨道焉。人主心存恐惧，不敢萌怠荒之念，即有祸患之来，而神明在躬，如主祭者匕鬯在执也。

此震之为卦，上下重震，阳奋乎阴之说也。阳之不可下，天地之道也；阳之不终下，天地之机也。故柔而乘刚，所必震也，犹小人之乘君子，人欲之蔽天理，二时之厄也，而终不能以掩正也。但当震未来之先，必虩虩然常存惕厉之思，而后能笑语优游，得处事之则也。惟其有则，则才足以任天下之重，德足以副宗社之灵，名称丕震，如雷声之远迩共惊也。

象以雷声洊至，奋迅不遑，震之象也。君子体此，于变动之来，先存心凛烈，修治其身，思省其过。盖君子敬天之心，已笃于平时，而畏天之威，益严于今日之谓也。

震之六爻，初与四为主。而四之震处于上下重阴之中，有互艮之体，上有所震，下有所牵，不若初阳之能自主也。故初曰哑哑，笑语自如也；四曰遂泥，沉溺不返也。

二在初阳之上，故曰来厉。五在四阳之上，故曰往来厉，或往或来，虽其来厉而实缓也。二丧其贝，失其位也。五居阳位不可失也，故曰亿无丧也。亿者大也，象所以言大无丧也。二之跻于九陵，危险之极也。又曰七日得者，柔顺中正，足以自守，故复其位也。五之曰有事者，戒其操心以危、虑患以深之道也。

三远乎初，则震苏苏，而声渐缓矣。然必战兢惕厉，避其乘刚之逆，则可以无眚也。

上居最远，又当四之不震，则震索索而无声矣。但其阴柔之质，常怀恐惧，瞻视彷徨，犹矍矍然也。曰征凶者，上无所征，必返而救三也。返而救之，逆用其刚，所以凶也。若不往救，则止于震，邻虽失婚媾之情，不失奉阳之义，即有言，奚恤也？

盖阳可避也，不可逆也，扶阳抑阴，圣人之心也，即天地之心也。或曰初为震主，不先儆惕，反笑言哑哑者，何也？此尊阳之义也，阳居其吉，阴居其凶，宜也。二曰七日得，三曰无眚，五曰无丧，上曰无咎者，何也？戒其变动之时，有恐惧而无逸豫也。

噫！臣之事君，小人之事君子，恐惧自存，则何危也？故危所以致安也，安所以召危也。危而后知，危者下也；不危而预知，危者上也。诸爻之义，皆危而知危者也，非不危而知危者也，故无咎也，亦无吉也。若夫震惊百里、不丧匕鬯者，则不危而知危者也。以安为危，则不以危为危也，是可以为宗庙、社稷之主矣。

五十二　艮卦

䷳艮下艮上

艮其背，不获其身，行其庭，不见其人，无咎。

彖曰：艮，止也。时止则止，时行则行，动静不失其时，其道光明。艮其止，止其所也。上下敌应，不相与也，是以不获其身，行其庭，不见其人，无咎也。

象曰：兼山，艮。君子以思不出其位。

初六：艮其趾，无咎，利永贞。

象曰：艮其趾，未失正也。

六二：艮其腓，不拯其随，其心不快。

象曰：不拯其随，未退听也。

九三：艮其限，列其夤，厉熏心。

象曰：艮其限，危熏心也。

六四：艮其身，无咎。

象曰：艮其身，止诸躬也。

六五：艮其辅，言有序，悔亡。

象曰：艮其辅，以中正也。

上九：敦艮，吉。

象曰：敦艮之吉，以厚终也。

艮之为卦，一阳居二阴之上，阴止而阳静，故为艮也。易言艮其背者，背之为体，内含脏腑，外统肢骸，无欲无思，其静与动，载虚而行，止之意也，故取象焉。人能知其所止，凝神虚远，形迹化而思虑捐，内可忘己，外不见人，则动静皆天，自无妄动之咎矣。

此卦以阳临阴，不相凌烁，阴阳各得之说也。天下之事，千变万化，周流六虚，固无一定之机，然而各有一定之理也。如贯乎动静之间，妙于当然之用，行止以时，不参于我，则止亦行也，行亦止也，正所谓得其所当止者也。得所当止而止之，惟道是体，何己之见？惟道是用，何人之见？人己两忘，定慧生而客尘灭，器宇光明，随机圆应，孰得而为吾道之障哉？象言上下敌应，不相与也，阳上阴下，未尝不应，但不得已而应之，故谓之敌应。而曰敌，虽应而不相与也。不相与者，不相引也，不相入也，然见闻无碍，终无物我之累也。

象以两山各止其所，静而能远，艮之谓也。君子推此，而思不出其位。盖两山交乘，出之象也。分其体而观之，即止之义也。凡思多紊事，以止持之，则从位起思，而不以思迎位。内不胶系，外不妄驰，始为止其所而不出也。如是则耳目视听莫非天理流行，任天下之事众寡大小纷然迭出，亦不能夺吾之真矣。

观六爻之义：

初性本静，内欲未萌，得其止也。而外交相引，不可不慎。故勉其立跟之坚定，曰艮其趾也。

二能安静以居躬者也，故曰艮其腓。但君子之心，以人己兼成而后快，因所随之。三刚愎自用，妄止于上，而不能拯，终为强制之心而已。且时行而行，时止而止，动静之间，正不可逞心于妄者也。

三则违时强制，不知变动屈伸之用，如艮其限焉。艮其限，事物纷更，安能免于危厉之熏灼乎？

四以阴居阴，时止而止，心既无妄营已，身焉有妄动之咎哉？

五居君位，安仁体道，动静语默，皆得之中正不偏者也，故曰言有序而悔亡。

然而行止之道不难于先机之固守，而难于末路之操持。如上六之性定养纯，终始不易，敦厚于止者也。厚可终者，学所以聚，而道所以凝，因物付物，日应万变而不失其为艮之体也。

呜呼！圣人勉人以止也，意深哉！所谓止其所当止也已。

五十三　渐卦

䷴艮下巽上

渐：女归吉，利贞。

彖曰：渐之进也，女归吉也。进得位，往有功也。进以正，可以正邦也。其位，刚得中也。止而巽，动不穷也。

象曰：山上有木，渐。君子以居贤德善俗。

初六：鸿渐于干，小子厉，有言，无咎。

象曰：小子之厉，义无咎也。

六二：鸿渐于磐，饮食衎衎，吉。

象曰：饮食衎衎，不素饱也。

九三：鸿渐于陆，夫征不复，妇孕不育，凶。利御寇。

象曰：夫征不复，离群丑也。妇孕不育，失其道也。利用御寇，顺相保也。

六四：鸿渐于木，或得其桷，无咎。

象曰：或得其桷，顺以巽也。

九五：鸿渐于陵，妇三岁不孕，终莫之胜，吉。

象曰：终莫之胜，吉，得所愿也。

上九：鸿渐于逵，其羽可用为仪，吉。

象曰：其羽可用为仪，吉，不可乱也。

渐者，渐进之意也。万物当将动之微，而事机犹在守正之候，君子所以慎于进也。

此卦艮为体而巽为用，阳隔乎阴、阴待乎阳之说也。

象取于山上有木，何也？木上升而山下止，有进而能持之意也。木之在山，当风飚摇撼，其势若倾，危而仕之进也。当贞悔之交，宜宽以居之，持礼以进，相时而通，法乎艮止之义。则德必渐积而盛，俗必渐摩而化，自无枉道徇人之失也。

释经本义，山止而风得其平，风静而木得其养，可渐进而得其位也。

初渐于干，位虽未安，而履危未峻，能中心惕厉，不希躁进，借人之言为己之勉，吉无咎也。

三之陆也，体柔而用刚，先时而妄进，内不能闲邪，外或以御寇。故图征进而不得克复，抱经济而不得自伸。

四之木也，柔顺居躬，逼处高位，亦据于所争之地也。若居易而守顺，危亦为安。

五之陵也，身居尊位，处于所塞之途，将有废时失位之渐。致其宜者，惟思履道而贤终合，守刚而邪自远也。曰干、曰木、曰陵、曰逵，皆相时而进，进而能惧者也。

独二渐于磐，盖进得其所安。然曰饮食衎衎，亦有需之之义，终不轻于躁动者。未可云自适其适，而不知所当进也。

上九之升逵也，位过居尊，下亦无应，无归与进之义。然居人位之外，超然于进退，故虽处极高，有可用为饰之象也。凡处尊者，盍取则于此？

五十四　归妹卦

䷵兑下震上

归妹：征凶，无攸利。

彖曰：归妹，天地之大义也。天地不交，而万物不兴。归妹，人之终始也。说以动，所归妹也。征凶，位不当也。无攸利，柔乘刚也。

象曰：泽上有雷，归妹。君子以永终知敝。

初九：归妹以娣，跛能履，征吉。

象曰：归妹以娣，以恒也。跛能履，吉相承也。

九二：眇能视，利幽人之贞。

象曰：利幽人之贞，未变常也。

六三：归妹以须，反归以娣。

象曰：归妹以须，未当也。

九四：归妹愆期，迟归有时。

象曰：愆期之志，有待而行也。

六五：帝乙归妹，其君之袂，不如其娣之袂良。月几望，吉。

象曰：帝乙归妹，不如其娣之袂良也。其位在中，以贵行也。

上六：女承筐无实，士刲羊无血，无攸利。

象曰：上六无实，承虚筐也。

归妹之继渐，何也？渐以女归为象，归妹又以渐进为期。盖士之守道，犹女之守身也，必止静以正其志，始能顺动而持其节。若枉道徇人，事既不能进，徒为误身误国之凶也。

此卦兑为体而震为用，以阴从阳之说也。夫阴阳交感，天地之大义也。凡阳顺于内，阴逆于外，乃为天地之化机；阴从于阳，阳动于阴，乃为天地之生气。故天地不交则气化塞，而万汇不兴；男女不交则形化绝，而人类灭息。卦以震为长子，而外承父行；兑为少女，而内从母谊，其守女道之终者，岂非为人道之始乎？然男动而女悦，悦以动，失其正也。女之失正不可以承家，是以当为征凶之戒，伸其私昵之非也。

象以泽从雷而降，犹女之随男而动，归妹之义也。君子体此，知夫妇之道，情重于阴阳，义配于天地，必正其始，斯能要永终之合。若悦而动，是或有将来之变也，则始事之不可不慎也固矣。

如初为有德之臣，不能逢时以助于君，犹之有德之女，不得于正而安于妾之微也。臣不能尽臣道而有跛履之艰，即女不能居妇道而有僭嫡之嫌也。

二有贤德，遇非其君，宜委曲以效忠，不当勉强以行义。曰利幽人之贞者，正隐居求志，精白修躬之谓也。

三无德以待时，必违世而终弃，犹归妹以娣，不免自贱之失也。

四则抱道自守，外无干名之嫌，中有待价之志，志之所待，终有迟归之遇，而不为愆期之失也。

六五柔中居尊，屈已下贤，德盛化隆，惟谦抑以从礼，不容饰以悦人，犹帝女之归，反不如娣之袂良也。其崇俭节而去虚文，德蔑以加矣。

上无实德，侈志浮华，乃悦以动之极也。大义已亏，妇不成为妇，终为承筐无实之嗟；夫不成为夫，或为刲羊无血之变也。兹穷厄以终身，何以为利乎？

然归妹之义既重如斯，而仕进之节不可紊也，可推之已。故初之为娣，二之处幽，三之反归，四之迟归，皆所以抑之也。至于六五，柔德居尊，修饰过于君后，然必能终自持盈，而不敢逼阳，斯德其吉尔。苟如上六之处于穷极，无所仰受，虽承筐刲羊，莫有与者，何所利耶？

噫！士之贪慕富贵而不以正应者，岂可使之秉钧持轴，居于人上？其无攸利，不尤甚哉！绎是卦之与渐异者，一则明其机而能惧，一则随乎动而过悦也，尚德者戒之。

五十五　丰卦

䷶离下震上

丰：亨，王假之。勿忧，宜日中。

彖曰：丰，大也。明以动，故丰。王假之，尚大也。勿忧，宜日中，宜照天下也。日中则昃，月盈则食，天地盈虚，与时消息，而况于人乎？况于鬼神乎？

象曰：雷电皆至，丰。君子以折狱致刑。

初九：遇其配主，虽旬无咎，往有尚。

象曰：虽旬无咎，过旬灾也。

六二：丰其蔀，日中见斗，往得疑疾，有孚发若，吉。

象曰：有孚发若，信以发志也。

九三：丰其沛，日中见沬，折其右肱，无咎。

象曰：丰其沛，不可大事也。折其右肱，终不可用也。

九四：丰其蔀，日中见斗，遇其夷主，吉。

象曰：丰其蔀，位不当也。日中见斗，幽不明也。遇其夷主，吉行也。

六五：来章，有庆誉，吉。

象曰：六五之吉，有庆也。

上六：丰其屋，蔀其家，窥其户，阒其无人，三岁不觌，凶。

象曰：丰其屋，天际翔也。窥其户，阒其无人，自藏也。

丰为明动致丰之义也。世而曰丰，盈之极也，非王德曷能致哉？然而丰者，即虚之渐盛者，即衰之伏。欲后事之常盈，必当为先事之忧虑。忧虑亦非泛然持之也，宜如日中之遍照，通夫隐滞，斯勿忧矣。

此卦离为体而震为用，阳用乎阴之说也。古来气运之盛衰，由于人事之防危继绝，是以圣人宪天律时，惟有此照心之不息耳。宇宙如此其广大也，事机如此其殷繁也，苟或怠荒厥志，不期侈而自侈，则天下之隐情必不能昭晰矣。所以明动之功当勤，日中之照，洞达无遗，则盈虚消息之权，不为造化用而为我用也已。虽然，盛极不可恃者，物理之常，忧虑必先防者，持衡之道。试观日未有中而不昃者，月未有盈而不食者，天地之盈虚，尚与时为消息，况于人事鬼神，不出于范围之内，能无持盈卫虚之戒乎？

象以雷电交至，威明并行，丰之象也。君子以物不可抑，犹之民不可冤也，故以之折狱致刑。大抵盛衰、倚伏之机，人所难见，即见矣而优柔不断，又何济也？必如折狱、如致刑，明断相资，而后其丰可保也。

初之遇配，四之遇夷，小能协力，大能开诚，所谓相资也。曰虽旬无咎，往有尚者，初在下位与大臣相接，不接以日而接以旬也。但其实德相应，何咎之有？往而从之，则事功成矣。

二之见斗，三之见沬，以下之明，值上之暗也。故宜正己以感之，去邪以防之。有孚发若，正己也；折其右肱，去邪也。人之肱，惟右为多动，动而不正，则多邪僻。象为小人之阴险而躁动者，折之斯无咎矣。国家当丰亨之时，人主喜事而躁动，小人乘之而倚权开衅，有不偾事者鲜矣。

五质虽柔暗，能资人之明以开己之蔽，则虚心可以来天下之章美也。人主不患无以照天下，而患无以来天下，来天下正所以照天下也，何吉如之？

上之溺于人情物欲，昏迷不振，如丰屋蔀家，以丰盛自满而为近习所蔽也。蔽于俗习，贤者退矣，其为凶也，不亦宜乎？象曰丰其屋，天际翔也，如秦皇、汉武，宋之道君，迷于一时之识，障蔽不迁，皆有翔于天际之意。汉能自悔，中业复兴，宋卒不觌，而凶蔽犹是也。吁！可畏哉！大抵明君与相臣宜照天下，愈收敛则愈光明，愈发扬则愈障蔽，岂可矜高恣肆，不知自反，终无底止，等于倾覆之危也。可慨矣夫！

五十六　旅卦

䷷艮下离上

旅：小亨，旅贞吉。

彖曰：旅，小亨，柔得中乎外，而顺乎刚，止而丽乎明，是以小亨，旅贞吉也。旅之时义大矣哉！

象曰：山上有火，旅。君子以明慎用刑，而不留狱。

初六：旅琐琐，斯其所取灾。

象曰：旅琐琐，志穷灾也。

六二：旅即次，怀其资，得童仆贞。

象曰：得童仆贞，终无尤也。

九三：旅焚其次，丧其童仆，贞厉。

象曰：旅焚其次，亦以伤矣。以旅与下，其义丧也。

九四：旅于处，得其资斧，我心不快。

象曰：旅于处，未得位也。得其资斧，心未快也。

六五：射雉，一矢亡，终以誉命。

象曰：终以誉命，上逮也。

上九：鸟焚其巢，旅人先笑后号咷。丧牛于易，凶。

象曰：以旅在上，其义焚也。丧牛于易，终莫之闻也。

旅者，客寄之名也。志有所进而不得遂，境虽可止而不可常。或宦或贾，皆羁旅也。当旅之时，不为境溺，不为事迷，循素位之行，守吾志之正，则无往而不得吉也。

此卦艮为体而离为用，阴阳自得之说也。上离下艮，火上行而山下止。内所止者，心安静而无妄求；外所行者，烛事机而无蒙蔽。行而能止，止以为行，处旅之贞吉者也。旅得乎贞，则居易不争，殊俗可谐，虽处困穷，不足以动其心志也。

象以山上有火，去而无定，旅之谓也。君子体此，明慎用刑而不留狱，如旅之行不留迹，居不留时，有决断之志，无停滞之机也。旅为境之偶然，知其所止，不可以偶然而任之也；旅为事之小节，知其所行，又不可以小事而忽之也。故处旅之道，惟以器识为先。

初无超然之识，处旅而琐琐，近辱取灾，其自致之也。

二柔中合外，身心无旷，居处适宜，有安贞之道，而怀资之用裕已，得童仆之贞，而周身之策备已。

三过乎刚，志与境违，旅次而不得所安，丧童仆而不得所赖，虽贞而亦厉也。

四离下而上，舍止而行，有出疆载质之遇，故曰旅于处，得其资斧。但居非其正，无同德之助也，有上下之嫌，非久安之地也。志不合于同人，才不售于当世，安能有快心之事乎？

五为文明之主，有羁旅远臣入国而觐其休光，初或阻于一矢之失，终必得誉命之荣也。

上九以刚自用，穷大失居，似无可栖之地也。故鸣豫自乐于先，号咷忽叹于后，骄亢之害，终昏迷而莫之问也。

是故旅为境之偶然，而处之不可不贞；旅为事之小节，而行之能止，始可得亨也。如初之琐琐，居卑而行卑，灾由自取，无论已。二即次而不求多则得，三焚次而不知抑则丧。四能自下，故具资斧而不快。五能处中，故居文明而不有其文明也。上处离之极，其位既高，骄而不顺，乐而忘忧，则焚巢丧牛，上下莫与矣。

大抵旅以处外无义，爵位货物皆外物也。知其为外而安之，得不求多，进不求速，处不求高，旅之善者也。况百年身世之间，何在非寄旅耶？虽旅非一致，于义则同。知其义者，任境缘之各得，循素履而有常，忠信笃敬，虽蛮貊可行也。故深于易者，然后可以深于旅也，信矣。

五十七　巽卦

☴巽下巽上

巽：小亨，利有攸往，利见大人。

彖曰：重巽以申命。刚巽乎中正而志行，柔皆顺乎刚，是以小亨，利有攸往，利见大人。

象曰：随风，巽。君子以申命行事。

初六：进退，利武人之贞。

象曰：进退，志疑也。利武人之贞，志治也。

九二：巽在床下，用史巫纷若，吉，无咎。

象曰：纷若之吉，得中也。

九三：频巽，吝。

象曰：频巽之吝，志穷也。

六四：悔亡，田获三品。

象曰：田获三品，有功也。

九五：贞吉，悔亡，无不利。无初有终。先庚三日，后庚三日，吉。

象曰：九五之吉，位正中也。

上九：巽在床下，丧其资斧，贞凶。

象曰：巽在床下，上穷也。丧其资斧，正乎凶也。

巽者，柔顺而入也。天下事惟大有才力而后能大有所为。巽以一阴伏于二阳之下，沉潜卑逊，不能自振。虽于事或无所失，要其才力，终有所未逮也，故曰小亨。然以巽顺之德，而从阳刚之大人，终亦可凭借而树殊勋也。

此卦阴顺乎阳，德有余而才不足之说也。是卦以阴居内，承顺为正，固非圣人所取也。曰重巽者，以二阴伏于四阳之下，以四阳乘于二阴之上，以柔顺刚，以刚制柔也。刚不制柔，则为隘、为暴；柔不顺刚，则为諂、为怯。故圣人反复叮宁，以申戒命焉。然以刚毅之资，入乎中正之矩，则德纯化洽，而志无不行矣，自可以见刚中之大人也。

象以风行相继，无物不入，巽之象也。君子以为政教之施，命不再申，不能入人，故于其事反复申命，然后行其所命之事焉。兹特以仁心仁闻，感人于爱戴之微，不徒以虚文告诫，强人于刑威之下也。

初以阴居卑，持事两可，进退不决，乌能济天下之事哉？故所利在武，以壮其锐也。

二以阳处阴，谦卑逊顺，靖献不欺，可以披丹忱而格君之隐者。故所利在诚，以表其忠也。曰用史巫纷若，吉，无咎者，何也？巽在床下，卑顺之甚，施之于人，则近于攀援阿徇之意，不免为邪矣。以此格神，诚意默达，吉之道也。

四乘刚而所依者正，故能获强暴以亡悔。

五重刚而所位者正，故能先命令以亡悔。两言悔者，阳不可抑，亦不可过也。两言悔亡者，皆能知其才力，而揆其时势者也。

三志穷而巽，其巽也，过刚不中，勉为谦逊，为不得已也。

上位高而巽，其巽也，中无刚断，优游从事，为不知止也，故三言吝而上言凶也。

大抵贪鄙之夫，爱其富贵权势，不复为苟利社稷、进退以之之计，而惟顾忌利害，怵惕讥谗，极其巽顺，阿谀曲从，以保其所有而已。不知威断，既失权势，亦从而去矣。迷迷不振，迨至丧其资斧而不知自悔，深可惜已。丧其资斧，虽贞亦凶，岂可以云持保之正也？噫！事以持保为正，可谓正哉。

五十八　兑卦

䷹兑下兑上

兑：亨，利贞。

彖曰：兑，说也。刚中而柔外，说以利贞，是以顺乎天而应乎人。说以先民，民忘其劳；说以犯难，民忘其死。说之大，民劝矣哉!

象曰：丽泽，兑。君子以朋友讲习。

初九：和兑，吉。

象曰：和兑之吉，行未疑也。

九二：孚兑，吉，悔亡。

象曰：孚兑之吉，信志也。

六三：来兑，凶。

象曰：来兑之凶，位不当也。

九四：商兑未宁，介疾有喜。

象曰：九四之喜，有庆也。

九五：孚于剥，有厉。

象曰：孚于剥，位正当也。

上六：引兑。

象曰：上六引兑，未光也。

兑者，说也。人主以德礼化民，民无不怀，感之以肺腑，应之以情义，上下相洽，所以得亨也。然所为悦者，必出于大公至正，不杂乎欢虞之私，乃利贞耳。

此卦阴阳相和，而阴从乎阳之说也。夫王道固不令人流于喜好之私也，此以刚中而柔外，本之以太和之洋溢，不为偏党之欢虞，诚心一致，得其贞也。贞则天人交协，顺天理而不悖，应人心而不违。率民趋事，民用情而忘劳；率民犯难，民向义而忘死。不招徕而自至，不鼓舞而自兴，已相忘于过化存神之劝哉？

象以两泽相资，德义浸润，兑之象也。君子以学无所润，何以悦心，故集朋友而共为讲习。盖独学无友，则孤陋而寡闻。得同人而切磋风雨，观摩朝夕，悦心应口之趣自无穷矣。但卦取于丽泽，欲其相润而不流也，悦而流焉，则为邪矣。

诸爻惟初为吉，以其与阴相隔，无所党锢也。

二比于在上之阴，处于危疑之地已，但至诚所格，以信而亡悔。

三无才德，枉己媚悦，自取辱焉，凶之所由来也。

四比于三之邪媚，似未宁也。能介然独断，以刚中之德，裁而隔之，始可邀君臣相合之喜也。

五居君位，切近于阴，有小人剥君之危也。能以中正之志，孚而感之，自得预防之戒，不为其所剥矣。

上六以阴柔之质而处于悦后，穷悦之巧，致人昵己而不自觉也。幸五之能戒，不为所剥，则其悦媚之私迹虽似，形终隐晦，而未至于光显也。

噫！悦之引人，最为可惧，故处人于邪媚之间，惟以和以介，不为枉道之引与苟合之来，则得其正，而为理义之悦也。或曰：兑为口舌，悦在心而发于言，言所以宣悦也。观于六爻之词，尚简而不欲尚口也，所以止悦也。止于悦，辨邪归正，犹之堤防于泽，不轻使其流也。此圣人之深意也。

五十九　涣卦

䷺ 坎下巽上

涣：亨，王假有庙，利涉大川，利贞。

彖曰：涣，亨，刚来而不穷，柔得位乎外而上同。王假有庙，王乃在中也。利涉大川，乘木有功也。

象曰：风行水上，涣。先王以享于帝立庙。

初六：用拯马壮，吉。

象曰：初六之吉，顺也。

九二：涣奔其机，悔亡。

象曰：涣奔其机，得愿也。

六三：涣其躬，无悔。

象曰：涣其躬，志在外也。

六四：涣其群，元吉。涣有丘，匪夷所思。

象曰：涣其群，元吉，光大也。

九五：涣汗其大号。涣，王居无咎。

象曰：王居无咎，正位也。

上九：涣其血去逖出，无咎。

象曰：涣其血，远害也。

涣者，世道险厄，人情解散，将不可合之势也。王者萃聚精神，通德于神明，济才于险厄，登斯民于衽席，措天下于泰安，虽涣散而复亨也。

此卦坎为体而巽为用，阴阳相济之说也。夫涣何以复亨也？臣之刚者，有济涣之才而不穷；臣之柔者，有聚涣之德而不隔。刚济以柔，行不困于内；柔济以刚，事不激于外。内外同心，刚柔不悖，所以得亨也。然当涣时，祖考之精神散矣，民生之陷溺深矣。如不能以中孚之诚，幽格乎神明，即不能以联合之情，显通于民类；不能以奋迅之才，堪任乎艰剧，即不能以拯救之功，弘济于天下。故曰王假有庙，利涉大川也。

象以风行水上，披离无主，涣之象也。先王因人事之纷弛，皆逐于末而失于本也。故济涣之道，以享帝立庙为本，使民知所尊，尊之之至，因而尊君也；民知所亲，亲之之至，因而亲君也。敦仁孝为联合，则可以聚天下而不流于涣散矣。天下涣散之机，由于悠忽之败故。

初用马以求拔，二用奔以求安，不失志于怠荒，不溺情于偏党也。凡为国之念轻，则为躬之念重；克己之功深，则济人之心切。

三斥其私于己，四散其群于人。所散者小，而所聚者大，故曰涣有丘，匪夷所思也。破邪散党，非常之原也，必神之以不可测之机，而形之以必可赖之智，岂寻常思虑所及乎？

惟夫号令之颁，则又当以王者之正道居之。盖天下之涣，起于人心之离，人心之离，因财用聚于上而不宣于下。今虚怀操于己，实惠及于民，故曰涣，王居无咎也。谋则神之，令则明之，所以大畏民志也。然散群而不尽其类，颁号而不通乎隐，则其忧潜伏，其害复滋已。上必使其血去，使其惕出，然后居于远害之地，而拯涣之功成矣。此非德足以格庙，才足以涉川者，孰能致是耶？

是卦乘险而六爻无凶，因二应于五，四资于五。上有涣汗之君，复有涣躬之相，更有奔机之臣，则刚柔相济而行权，文武并兼而效用，虽有乍散之机，可得终聚之助。故知其本而守其贞者，圣人所谓无死地也。

六十　节卦

䷻兑下坎上

节：亨，苦节不可贞。

彖曰：节，亨，刚柔分而刚得中。苦节不可贞，其道穷也。说以行险，当位以节，中正以通。天地节而四时成，节以制度，不伤财，不害民。

象曰：泽上有水，节。君子以制数度，议德行。

初九：不出户庭，无咎。

象曰：不出户庭，知通塞也。

九二：不出门庭，凶。

象曰：不出门庭，凶，失时极也。

六三：不节若，则嗟若，无咎。

象曰：不节之嗟，又谁咎也？

六四：安节，亨。

象曰：安节之亨，承上道也。

九五：甘节，吉，往有尚。

象曰：甘节之吉，居位中也。

上六：苦节，贞凶，悔亡。

象曰：苦节贞凶，其道穷也。

节者，节而不过之义也。人情物理以得中为宜，故宁俭无奢者，乃通行之道；既滥复淫者，即偏胜之弊也。圣人裁制其间，不肯过于浮靡，以为败常紊俗之失；亦不肯过于俭啬，以为矫情拂性之苦，所以得甘节之亨也。

此卦坎为体而兑为用，阴成乎阳之说也。夫节之为卦，内兑外坎，所谓悦以行险也。人之情易流于邪侈之端，而势位富厚尤能悦人，而使其沉溺不返。当此时，能以刚用约，以柔作奢，得乎理数之中和，即合于人情之共适。然其所以为限制者，惟制俭则自止矣。方悦而止，节也。节本中道也，不节非中也，节过而至于苦，亦非中也，故曰不可贞。不可贞者，不能正物也，物不能从，其谁正之？所以欲行节天下之权者，必先以和平之心通其节于天下，而后财用有度，民情有制也。

象以泽上益水，易流于过节之用也。节用之道，在原其所自有而不过于中，要其所从无而归之以正。故君子体之，以制数度而议德行，则规画不淆，通天下之情，而不违于礼；崇尚不滥，守至中之节，而不失于时。以是而行，范身以范天下，不徒上循典则，而下亦安于分也已。

初之不出户庭，无位而能守也。

二之不出门庭，得位而过怯也，凶吉之辨昭矣。

三以阴处阳，以柔乘刚，此不安分而凌节者也，故曰不节之嗟，又谁咎也？

四臣道也，以安为顺。

五君道也，以甘为贵。大抵节其在我者，常失于恕；而节其在人者，易流于苛。五之甘节以节，节天下者也。节天下而有中正之德，使天下咸知乐利之风，其为功也，有谁如之？

上六处节之极，过节之中，矫拂太甚，非人情之所安，不能甘而至于苦者也。以此施人，则物所不堪，虽正亦凶。以此修身，则居心无妄，自何悔之有哉？爻之终系以凶者，严为不得中者之戒也。曰贞曰悔亡，则知圣人损过就中，防闲于性情之失者切且至矣。

六十一　中孚卦

䷼兑下巽上

中孚：豚鱼吉，利涉大川，利贞。

彖曰：中孚，柔在内而刚得中，说而巽，孚乃化邦也。豚鱼吉，信及豚鱼也。利涉大川，乘木舟虚也。中孚以利贞，乃应乎天也。

象曰：泽上有风，中孚。君子以议狱缓死。

初九：虞吉，有他不燕。

象曰：初九虞吉，志未变也。

九二：鸣鹤在阴，其子和之。我有好爵，吾与尔靡之。

象曰：其子和之，中心愿也。

六三：得敌，或鼓或罢，或泣或歌。

象曰：或鼓或罢，位不当也。

六四：月几望，马匹亡，无咎。

象曰：马匹亡，绝类上也。

九五：有孚挛如，无咎。

象曰：有孚挛如，位正当也。

上九：翰音登于天，贞凶。

象曰：翰音登于天，何可长也？

中孚者，信孚于中也。以至诚为感，无所不格，则物虽顽冥不灵，微隐无知者，亦可潜孚而吉也。由是信及于物，上下交孚，天下无有不被其化，即险难亦可涉矣。然又利在于正，信而不正，则比于硁硁之小节与好恶之偏私，殆不可复也，故曰利贞。

此卦兑为体而巽为用，阴尚乎阳之说也。夫卦以中孚为义，浑浑融融，心若太虚，不与物著，而实理蔼然，此信之主于中者也。且柔在内，而臣以和顺之德，上通于君；刚得中，而君以折节之诚，下应于臣。上巽下说，情谊相孚，德之蕴于内者，即丕徵于外，自然有万邦咸化之效矣。盖一诚之著，隐显皆达，无物不动，即无物不及也，故曰豚鱼吉。然以鸿巨之才，中之以虚中之德，物我无间，应变不穷，犹之舟虚而可以游于水，心虚亦可以游于世也，故曰利涉大川，乘木舟虚也。

象以泽上有风，风撼水受，中孚之谓也。君子体此，以议狱缓死。先王抚有天下，刑亦不得已而用之也。凡用刑者中心有毫发之疑，受刑者中心即有毫发之恨。有不中之枉，即非中孚之化也。故议狱者，审其罪中之可释缓死者，求其死地之可生，反复推隐，总不啻乎哀矜勿喜之心也。

初与四情谊贞一，所当信者也。一意信之，始合以正吉之道也。如有他焉，二三其心，则变于终而不能安也。

二与五中孚相应，有懿美之好，无尔我之嫌，能履其中也，故虽隔重阴，不能间也，此孚得其道者也。曰鹤鸣子和者，立诚笃至，虽在暗昧，物亦应也。所以为应和之诚者，惟德是与，不为利也，故曰我有好爵，吾与尔靡之。

三无信不恒，不能明于理以为感，又与四之胶于信者相应，则已无所主，人又无藉，对而不相比敌之谓也。是以言行不常，喜忧无定，不知其可者也。

四承于五，阴德盛也，居盛德之位而与物校，自失其势矣。曰马匹亡者，能绝去私交，一心从五，亦可无疑忌之咎也。

五居尊位，群物之主也，人君之孚，必先合于臣邻，而后通于亿兆。故曰有孚挛如，必以诚感人，上下维结而后化邦之治成也。此孚道之盛也。

上九居巽之极也，巽为风，有变动之象。天下之事，穷则变，变则通，理数然也。如当事势穷极之时，而乃执一偏之见，一节之信，必欲求伸，而不知所止。譬如信小鸟之音而欲其登彻于天也，不合于理，不得其机，虽正而不可行也。

是卦不言信而言孚者，上下相应以说以巽，中心之比不贰不疑，所以致信也。若世之泥而不化，固而不通，其蔽也矫，失其所以为孚也矣。

六十二　小过卦

䷽艮下震上

小过：亨，利贞。可小事，不可大事。飞鸟遗之音，不宜上，宜下，大吉。

彖曰：小过，小者过而亨也。过以利贞，与时行也。柔得中，是以小事吉也。刚失位而不中，是以不可大事也。有飞鸟之象焉。飞鸟遗之音，不宜上，宜下，大吉，上逆而下顺也。

象曰：山上有雷，小过。君子以行过乎恭，丧过乎哀，用过乎俭。

初六：飞鸟以凶。

象曰：飞鸟以凶，不可如何也。

六二：过其祖，遇其妣，不及其君，遇其臣，无咎。

象曰：不及其君，臣不可过也。

九三：弗过防之，从或戕之，凶。

象曰：从或戕之，凶如何也？

九四：无咎，弗过遇之，往厉必戒，勿用永贞。

象曰：弗过遇之，位不当也。往厉必戒，终不可长也。

六五：密云不雨，自我西郊，公弋取彼在穴。

象曰：密云不雨，已上也。

上六：弗遇过之，飞鸟离之，凶，是谓灾眚。

象曰：弗遇过之，已亢也。

易以大为阳，小为阴。小过为卦，四阴掩外，二阳居中，阴过于阳，小者过也。阴虽乘势，而二阳处于上下之间，为之防遏，则小人不得大有所过而为乱，即君子亦不能大有所过而为治也，故曰小过利贞。君子斟酌刚柔，揆于可否之间，晰于顺逆之际，安分循理，惟合于时宜而已矣。

此卦艮为体而震为用，阳遏乎阴之说也。盖小过之时，小人固蔽于私而未化，君子欲振起其势而未通。固而不通，则事不行；通而不正，则人不服，故利在于贞也。可小事不可大事者，补偏救弊，亦不能大有所为也。必示之以能容之量，扩之以不竞之心，而后适于时行之机也。事有大小，惟其时之可而已；数有上下，惟其时之宜而已。时当大事以大为，贞可上而上；时当小事以小为，贞可下而下，宜也。如当小事而欲为大事，是不能下而强为上，非宜也。故曰飞鸟遗音，不宜上，宜下，乃大吉也。凡小人所欲争者，其志在小，君子得其情而以宽与之，如飞鸟遗音，何足深追，不与之计较，坦然由之，则疑忌不生，而怨愤潜消，此治小过之道也。

象以山上有雷，声施未显，小过之谓也。雷之在山也，其声为过，声之止于山也，其过为小。君子体之，行过乎恭，丧过乎哀，用过乎俭，其过也所以矫世厉俗也。君子当用权之时，不能移世而止于矫世，不能革俗而止于厉俗，即可小事，不可大事之谓也。

夫阴之过阳也，为小过。而过有得失之分，故所过之位亦有不同也。合而论之：

初上两爻，阴不中而过者也。初之应四，曰飞鸟以凶，小人躁进者之凶也；上之处亢，曰飞鸟之凶，小人过盛者之凶也。兹皆因过而过者也。

二居中而比三，能制其过者也；五居尊而比四，能治其过者也。曰过其祖、遇其妣者，以位而言也。祖始也，谓初也，居内为妣，过初而履于二位，故曰过其祖、遇其妣也。曰不及其君、遇其臣者，以不应于五而安于下也。于内则言过，于外则言不及。盖过于内而不过于外，臣之小过也。密云不雨，阴盛于上，未能行其恩施，广其风化，惟弋取至近在穴之物而已，不能除暴戡乱于天下也。治于近而不及行远，君子小过也，此上下四阴之别也。

至三四两阳，则三过刚而四居柔者也，故三之弗过乎阴，则当为之防；四之弗过乎阳，则惟为之戒也。阳过刚而阴方上，其祸不可测；阳居柔而阴已上，其祸犹可逭，故有曰戒、曰防之不同也。然而君子之于小人也，防之固难，遇之尤难，求进则与之竞而排挤，固守则与之为异而媢忌。故守之在我，虽当利贞而行之以时，又当勿用永贞也。

噫！所以知持之以道，行之以权者，皆不得已之为也。虽然小过之时君子困矣，但悖逆乱常，小人终何利哉？初上之词可为鉴已，过至于亢，将何所遇？飞而不已，将何所托？彼以为巧，此破其奸，矰缴之所来也，灾眚之所及也。故初曰飞鸟以凶，上则曰飞鸟离之凶也。圣人终始申诫，固为君子深其防，并为小人惜其谋也。是故君子当时不可行，安忍从人，居躬卑简，此岂乐于小而不能大哉？亦缘世之治也，及一无迹，则以道为功；世之衰也，因贰以济，则以过为功。以过为功，君子之不得已也明矣。

六十三　既济卦

䷾离下坎上

既济：亨小，利贞，初吉终乱。

彖曰：既济，亨，小者亨也。利贞，刚柔正而位当也。初吉，柔得中也。终止则乱，其道穷也。

象曰：水在火上，既济。君子以思患而预防之。

初九：曳其轮，濡其尾，无咎。

象曰：曳其轮，义无咎也。

六二：妇丧其茀，勿逐，七日得。

象曰：七日得，以中道也。

九三：高宗伐鬼方，三年克之，小人勿用。

象曰：三年克之，惫也。

六四：繻有衣袽，终日戒。

象曰：终日戒，有所疑也。

九五：东邻杀牛，不如西邻之禴祭，实受其福。

象曰：东邻杀牛，不如西邻之时也。实受其福，吉大来也。

上六：濡其首，厉。

象曰：濡其首厉，何可久也？

乾居坤为坎，坤于乾为离，以后天之气合于先天之炁，所以坎离之成既济，犹地天之成泰也。而六爻相应，刚柔当位，既济之得其正焉。然而功成物极，圣人所虑也。

此卦阴阳相得，体用相生之说也。卦辞言乱，终爻言厉，此其为戒，正为无患之防也。曰既济亨，时当极盛之终，必有失乱之渐，故民物受祉于下，君臣忧虞于上，但可小者得亨而已。曰利贞者，刚柔正位，刚无纷扰之虞，柔无因循之失，理相得而情相入，既济之所由成也。

但初吉终乱，文王以数言也，而孔子恐人悠忽任时，无持保之思，有废弛之意，则曰初吉，柔得中也；终止则乱，其道穷也。正谓数归之天，道责之人，斡旋之任不容诿也。刚柔皆当位而独曰柔得中，何也？盖刚近于上，将为亢矣。柔之得中，辅乎刚而为行；刚之近亢，反乎柔而自止。人君当丰溢之时，欲心日进则戒心日止。人有止心，是以忧勤辍而怠荒生，以刚明而趋暗昧，不免为濡首之厉矣。

象以水火相交，各得其用，既济之谓也。君子体之，以思患豫防。盖水在火上，炊爨之象也。食之以成，养之以济，而设或不戒，则火炽水溢，反能灭火，则事之既济者转为未济矣。君子知机揆势，先为不测之防也。防患者，非防患于未然，正防终止于此，则患生也。

卦之离先而坎后也，有始明而终暗，始丽而终陷之象，故势极于上则为濡首之厉也。然其为儆也，位虽相得，自始至终，无一爻而不申意也。如初之退而后进也，二之丧而后得也，三之惫而后克也，四之濡而后戒也。独五居其尊不言戒，而勉以福者，戒之至也。

初之曰曳轮也，濡尾也，非不济也，心常谨畏，事不轻为，不果于济也。

二有得济之才，可用之德，是无所丧者也。然处明应刚，居二阳之间，而上无所承，下无所比，势必见侵，故曰丧其茀也。然以中正之道不可终废，待时而动，必应于五，无不得也。

三以刚承坎，过于求济者也。

四以柔乘离，慎于处济者也。求功于外，孰与之弭隙于内？故既济之所急者，非才也，所最忌者，则小人也。

九五履正居中，济世之主也，然而善始则易，继终则难，当举祭祀之诚以为戒也。作事在东，收功在西，创制于始，文多繁密，则当以简约宁静，使天下孚于安靖之福。故东邻之杀牛，不如西邻之禴祭。象所谓时者，时惟其可，不求过也。曰吉大来者，旧者已除，新者方来也。若不能持盈，则有往而无来矣。

鸣呼！治乱无定局，转易在人心，初终有两念，治乱则有歧形耳。故初之得中则治，终之有止则乱，此非终之能乱也，以其终有止心而乱之所由生也。治乱之关，岂可藉口于天，而自溺于止哉？故易之刚柔相济者，正所以维治乱之运者也。

六十四　未济卦

䷿坎下离上

未济：亨，小狐汔济，濡其尾，无攸利。

彖曰：未济，亨，柔得中也。小狐汔济，未出中也。濡其尾，无攸利，不续终也。虽不当位，刚柔应也。

象曰：火在水上，未济。君子以慎辨物居方。

初六：濡其尾，吝。

象曰：濡其尾，亦不知极也。

九二：曳其轮，贞吉。

象曰：九二贞吉，中以行正也。

六三：未济，征凶，利涉大川。

象曰：未济征凶，位不当也。

九四：贞吉，悔亡。震用伐鬼方，三年有赏于大国。

象曰：贞吉悔亡，志行也。

六五：贞吉，无悔。君子之光，有孚，吉。

象曰：君子之光，其晖吉也。

上九：有孚于饮酒，无咎。濡其首，有孚失是。

象曰：饮酒濡首，亦不知节也。

卦终未济，理虽阴阳颠倒，实乾坤往复之机也。以卦论之，离阴在上，而坎阳在下，水火之志不相资也。以爻言之，阴上为君，阳下为臣，刚柔之分不相当也。志不交，分不定，是以为未济也。然而阳居阴则不亢，阴居阳则不靡，阴应乎阳，阳应乎阴，所以志睽而终合也，分乖而终正也。故曰未济亨也。亨者天也，亦由人心之敬慎也。不终穷者，天道也，不使其穷者，亦由人事之斡旋也。

此卦离为体而坎为用，阴阳相应之说也。未济之卦而亨也，因五柔得中，尽人事以回天，不为轻锐以偾事。曰小狐汔济者，因时事方殷，尚未离于险难之交也。但易于乾之末言亢龙，戒阳之多动也；于未济之始言小狐，戒阴之多疑也。阴之应刚也，患其不力也，患其不果也。故以狐之几济而濡尾者为戒也。狐本多疑，小者力弱，故举以为喻也。不戒阳而戒阴，以阴之当位也。

象以火在水上，不相为用，未济之象也。君子体此，以慎辨物居方者，察其所以异，而求其所以同也。物以群分，方以类聚。辨则知水火之相克也，即所为相生也；居则知阴阳之相违也，即所为相应也。此以人事赞天道也。

六爻之义，以居中者为重，观于三四两爻，任其责者也。三出坎而承离，故以涉川为利；四居离而履坎，故以伐国为功。三以其位，四以其才，济险树功，皆为上下所倚藉者也。三之才虽不正，而所居阳也，所应阳也，所比阳也。虽欲诿焉，其孰与诿？故不宜避难，利济难也。征者去而违之也，上下交责，所以凶也。苟矢志而济焉，上下助之，无不利矣。故曰未济征凶，利涉大川也。四履非其位而才称其任者也，静而以正自勉，动而以刚为用，则悔所以亡也，功所以建也，赏所以得也。曰震用伐鬼方者，力去阴邪，如伐远然也。故三四两爻皆当济难之地者也。

若初之濡尾，二之曳轮，一处于坎之下，一居于坎之中，或自量而不能济，或自避而不急济，皆未可语此也。

五居明之中，有粹美之德，无矫饰之用，有君子之光，济事任人，明而不炫者也。

上九才过乎刚，势居其极，求济不已，则患必生，非所云拯危济险之具也。惟饮酒自乐，从容以待命，明之至也。然饮酒而曰有孚者，盖济难在人，而修德在己，获福在天，知节在心之谓也。自古拔难济险之才非不多也，而或遭谗取忌，中道而倾覆，则知人而不知天，竟为水火之蹈也。惟明哲之士不与物争，待时为济，如孔明之吟啸于先，子房之辟谷于后，皆得于有孚饮酒之义者也。若不知时会之艰，逸乐自娱，则为刘伶、阮藉之濡首矣。以身与世相为浮沉，岂徒无济，且有害焉。故曰有孚失是，易之终戒深哉。

然易理深渊，终于未济者，何也？正所以见易理之变化，终不可穷也。易不可穷，则纯一不已，天人相为贞胜也。

第四部分　易说易传

一　系辞上传

第一章

天尊地卑，乾坤定矣。卑高以陈，贵贱位矣。动静有常，刚柔断矣。方以类聚，物以群分，吉凶生矣。在天成象，在地成形，变化见矣。

是故刚柔相摩，八卦相荡。鼓之以雷霆，润之以风雨，日月运行，一寒一暑。

乾道成男，坤道成女。乾知大始，坤作成物。乾以易知，坤以简能。易则易知，简则易从。易知则有亲，易从则有功。有亲则可久，有功则可大。可久则贤人之德，可大则贤人之业。易简而天下之理得矣。天下之理得，而成位乎其中矣。

摩，是八卦以前事，观万物之生成也；荡，是八卦以后事，藏万物之变化也。摩，交感也；荡，推移也。惟阴阳之交感共相切摩，所以八卦之运化推移而不息，殆不可以先后言也。比之离为日，坎为月，日月为乾坤之用，即为阴阳之摩荡也。故日月运行，一寒一暑。日在牵牛则寒，东井则暑。牵牛，水宿也，远人而寒；东井，火宿也，近人而温。太玄经云：日一南而万物死，日一北而万物生，语亦准此。盖谓夏至日南在东井则万物向死，冬至日北在牵牛则万物向生。死萌于生，生芽于死，即相摩荡之谓也。摩荡

第二章

圣人设卦观象，系辞焉而明吉凶，刚柔相推而生变化。是故吉凶者，失得之象也；悔吝者，忧虞之象也；变化者，进退之象也；刚柔者，昼夜之象也。六爻之动，三极之道也。

是故君子所居而安者，易之序也；所乐而玩者，爻之辞也。是故君子居则观其象而玩其辞，动则观其变而玩其占。是以自天祐之，吉无不利。

第三章

彖者，言乎象者也。爻者，言乎变者也。吉凶者，言乎其失得也。悔吝者，言乎其小疵也。无咎者，善补过也。是故列贵贱者存乎位，齐小大者存乎卦，辩吉凶者存乎辞，忧悔吝者存乎介，震无咎者存乎悔。是故卦有小大，辞有险易。辞也者，各指其所之。

第四章

易与天地准，故能弥纶天地之道。

仰以观于天文，俯以察于地理，是故知幽明之故。原始反终，故知死生之说。精气为物，游魂为变，是故知鬼神之情状。与天地相似，故不违。知周乎万物而道济天下，故不过。旁行而不流，乐天知命，故不忧。安土敦乎仁，故能爱。

范围天地之化而不过，曲成万物而不遗，通乎昼夜之道而知，故神无方而易无体。

易不言阳阴而曰阴阳，何也？先阴后阳，知有生生不穷之义也。故理之不言生死而曰死生者，知死则生之源不绝也；不曰神鬼而曰鬼神者，知微则显之用自通也；不曰辟阖而曰阖辟者，知静则动之机自寓也。故易之为用，能于天地之道兼阴兼阳，弥之而无疑；能于天地之道分阴分阳，又纶之而无紊。信乎，易之经回终始，与天地准也。始终

夫阴精阳气，合而有生；阴形阳神，聚而有身。此所谓精气为物也，魂即此心之神也。物有形有质，固常以聚散为有无，神则无声无臭，讵

得以生死成聚散哉？诗曰：文王陟降，在帝左右，游之谓也。古语云：忽然为人，化为异物，变之谓也。夫人也，念之往来，识之起灭，即生死之大根也。所以其终也能游而为变，变非复形，形于气乃不滞于神耳，故可以返亦可以来，可以合亦可以离也。方其生也，形神为一，未易察也。及其死也，神则去矣，而去者初无形可见。阳有知而无形，阴有形而无知，其信然也。但形神之分，惟魂升魄降而已。能知阴阳之理，相变而不相离。则升而上者气之精也，降而下者气之迹也。精则为神为生为灵明，迹则为形为死为故物。究其变化之微，终归于太虚冥块，然莫可测其形神之分也。总宇宙之理，以气相感。清旷者得天之气，重浊者得地之气。洁修者为神，系恋者为鬼。夫其所自取也，孰得而定其说哉？是故易之所谓变者，其理不可胜原也。物变

圣人之安土，随寓而安也；小人之怀土，择寓而安也。择寓而安，则人己异视；随寓而安，则物我不隔。故曰安土敦仁。圣心顺适，如止水澄波，与境流通，不与境执着也。安土敦仁

第五章

一阴一阳之谓道，继之者善也，成之者性也。仁者见之谓之仁，知者见之谓之知，百姓日用而不知，故君子之道鲜矣。显诸仁，藏诸用，鼓万物而不与圣人同忧，盛德大业至矣哉！富有之谓大业，日新之谓盛德。生生之谓易，成象之谓乾，效法之谓坤，极数知来之谓占，通变之谓事，阴阳不测之谓神。

造化之道，一阴一阳而已矣。阳动阴静，阳明阴晦。阴有形，阳无形。阳无体，以阴为体；阴无用，待阳而用。二者相合则物生，相离则物绝。微哉，微哉！变通其说，则鬼神之幽、人物之著与天经地纬之秘，一贯之而无遗矣。究极其理，动静往来，阖辟升降，循环无端，积微而著，由著而微，始终不已，而莫知其所以然之宜者，乃谓之道也。故无朕之初，一阴一阳也；有象之后，亦一阴一阳也。若世儒之见，以冲漠无朕观之，则引之于前，要之于终者，独非道乎？正惟一阴一阳之谓道，

可以见理气之非二物也。或以继善为阳，成性为阴，继善为先天流行之气，成性为人物受生以后保合直方之质，皆非也。兹特言一阴一阳，道之流行于天地间者，有如是也。所以继道之功，而终天地之能者，惟人之善也，继之则能成之矣。且人物受生之始，而性无善恶，溺于气质之习，而见有偏全，故仁智各有所见，百姓日用而不知也。百姓日用而不知者，即所谓先天流行之道也。至道浑融，初无胶滞，可以知性之无恶也。其有恶者，蔽于气也，气有杂揉则失其性矣，失其性则违于阴阳之道也已。一阴一阳

天地之德广矣，大矣。显之而发，造化生育之仁；藏之而本，成物机缄之妙。一显一藏，以成变化。此天地所以鼓万物于无言之中也。鼓之而不愆于时，不泥于象，皆以自然之理，故无忧也。是以天之知物不以耳目心思，而知之之理过于耳目心思也。圣人循天理而欲万物同之，所以有忧。然无忧者乃天道无心之妙，而有忧者圣心欲及天道之妙也。鼓万物

易之为道也，一阴一阳而已。阴尽则阳生，阳尽则阴生。生生不已，以旋造化之机，故生生之理即易之根源也。天下有不易之理，理即有生生之数，诚得其理，则数之相生者皆理之不易者也。卦畴锡于龟龙，律吕协于凤凰。圣人则而象之，推测阴阳，默契其生生之妙，岂待显示而后知哉？是故鸡雏可以观仁，山木可以知性，梅可以察理，兔可以画卦。触之而通，则生理昭昭；执之而求，则生机冥冥。凡无物而非阴阳之生生者，即无事而非生生之变化也。是以知神非天苞也，奇非地符也。图书在易，易在圣心，所谓神奇也。秘之而退藏于密，泄之而错综其数。其所泄者即其所秘也，其所秘者即生生之易也。生生

道体兼有无而论也。阴为形，阳为神。神无而形有，其本体固未尝相混也。及其化生之功，本太虚之灵气，纤悉不淆，万有俱备，归于一元之致也。故其体用有动有静，有蒸有湿。静者能藏伏，为地为形；动者能变化，为天为神。蒸者能生运，为阳为火；湿者能凝润，为阴为水。无静则动无以机，不动则静无以复。无湿则蒸靡附，无蒸则湿不化。始

虽清微，气郁则妙合而凝，神乃生焉，故曰阴阳不测之谓神。则知气者形之种，而形者气之化，一虚一实皆气之为也。而神又为形气之妙用，即性之不能已者也，故曰有虚即有气。虚不离气，气不离虚，无所始，无所终，正神之为用也。神为形气之主，气为造化之宗，得其自无而有、以有还无之理，阴阳不测之用得矣。阴阳不测

第六章

夫易，广矣，大矣！以言乎远则不御，以言乎迩则静而正，以言乎天地之间则备矣。

夫乾，其静也专，其动也直，是以大生焉。夫坤，其静也翕，其动也辟，是以广生焉。广大配天地，变通配四时，阴阳之义配日月，易简之善配至德。

阴阳有自然之变，卦画有自然之体。此易之为书，所以为文字之祖，义理之宗也。然极其源，凡事物之属于阴阳者，虽天地之大，与鬼神之幽，其理莫不具于卦画之中矣。本一致以贯万殊，统万殊而归一致。易之为用，所以称广大而悉备者固矣。是以圣人之精蕴，必于此而寄之也。圣人之精，画卦以示；圣人之蕴，因卦以发。卦不画则阴阳变化之理不可得而见也。圣人不绎卦，则吉凶消长之义亦不可得而闻也。诚哉！包天地鬼神之奥者，其惟易乎？知进退存亡之道者，其惟圣人乎？广大

第七章

子曰："易其至矣乎！夫易，圣人所以崇德而广业也。知崇礼卑，崇效天，卑法地。天地设位，而易行乎其中矣。成性存存，道义之门。"

十翼者，上彖一也，下彖二也，上象三也，下象四也，上系五也，下系六也，文言七也，说卦八也，序卦九也，杂卦十也。盖伏羲始画八卦而无文字，当风气浑沦，结绳而治，故与天下相忘于无言也。逮至文王之卦辞，当殷之末世，以忧患为德，视之伏羲卦体繁矣。周公之爻辞，体备上下，惧以终始，视之文王卦义又繁矣。以孔子之十翼反复注论，事在春秋之时，治乱不一，说更繁矣。然探赜索隐，彰显阐幽，圣人岂

好殚其秘哉，亦谓世道衰微不得已也。故曰：龙出于河，则八卦宣其象；麟伤于泽，则十翼彰其用，圣人之所遇不同也。噫！孔子之渊源在《易》，作用在《春秋》。《易》书著于理，《春秋》表其事。《春秋》之天王，即《易》之乾也。《春秋》之春夏秋冬，即《易》之元亨利贞也。《易》以四德统人事之变化，《春秋》以四时定王法之从违。大哉《易》也，含蓄无涯，包括无尽，斯其至矣。以言乎远，可通于千载；以言乎迩，可喻于几席也。则知圣人五十学《易》，究其极深研几之心，宁有已哉？十翼

第八章

圣人有以见天下之赜，而拟诸其形容，象其物宜，是故谓之象。

圣人有以见天下之动，而观其会通，以行其典礼，系辞焉以断其吉凶，是故谓之爻。

言天下之至赜而不可恶也，言天下之至动而不可乱也。拟之而后言，议之而后动，拟议以成其变化。

“鸣鹤在阴，其子和之。我有好爵，吾与尔靡之。”子曰：“君子居其室，出其言善，则千里之外应之，况其迩者乎？居其室，出其言不善，则千里之外违之，况其迩者乎？言出乎身，加乎民；行发乎迩，见乎远。言行，君子之枢机。枢机之发，荣辱之主也。言行，君子之所以动天地也，可不慎乎？”

“同人，先号咷而后笑。”子曰：“君子之道，或出或处，或默或语。二人同心，其利断金。同心之言，其臭如兰。”

“初六，藉用白茅，无咎。”子曰：“苟错诸地而可矣，藉之用茅，何咎之有？慎之至也。夫茅之为物薄，而用可重也。慎斯术也以往，其无所失矣。”

“劳谦，君子有终，吉。”子曰：“劳而不伐，有功而不德，厚之至也，语以其功下人者也。德言盛，礼言恭。谦也者，致恭以存其位者也。”

“亢龙有悔。”子曰：“贵而无位，高而无民，贤人在下位而无辅，是以动而有悔也。”

“不出户庭，无咎。”子曰：“乱之所生也，则言语以为阶。君不密则失臣，臣不密则失身，几事不密则害成，是以君子慎密而不出也。”

子曰：“作易者其知盗乎？易曰：‘负且乘，致寇至。’负也者，小人之事也；乘也者，君子之器也。小人而乘君子之器，盗思夺之矣；上慢下暴，盗思伐之矣。慢藏诲盗，冶容诲淫。易曰：‘负且乘，致寇至’，盗之招也。”

天下之事，虽隐微难测，即而象之，莫不有阴阳之道存焉，会通之理伏焉。故物之诡怪阖辟实有至一之理，苟引而伸之，莫非道也。苟达乎道，则牛鬼蛇神，蛟人龙伯非怪也；不明乎道，则指之屈伸，拇之运动，无非怪也。天下至赜

第九章

天一地二，天三地四，天五地六，天七地八，天九地十。天数五，地数五，五位相得而各有合。天数二十有五，地数三十，凡天地之数五十有五，此所以成变化而行鬼神也。

大衍之数五十，其用四十有九，分而为二以象两，挂一以象三，揲之以四以象四时，归奇于扐以象闰，五岁再闰，故再扐而后挂。乾之策二百一十有六，坤之策百四十有四，凡三百有六十，当期之日。二篇之策，万有一千五百二十，当万物之数也。是故四营而成易，十有八变而成卦，八卦而小成。引而伸之，触类而长之，天下之能事毕矣。

显道神德行，是故可与酬酢，可与祐神矣。子曰：“知变化之道者，其知神之所为乎？”

河洛之玄，造物示于卦画之前者也。图之五位乎中，宰万有之衡，齐一致之理。所谓维天之命，於穆不已之神也。凡一而六，二而七，三而八，四而九，命之流行不息也。夫物之始生也，酝酿于元阳，滋润于真液。故天之始生也，一为水。有滋润者气必暖，故二为火。气暖者必

畅达，故三为木。畅达者必坚凝，故四为金。火位乎南，体乾道而成男也；金位乎西，体坤道而成女也。水为父而木为子也，水、火、金、木非土不成。故一得土而六成，二得土而七成，三以八成，而四以九成也，此天地间对待之定体也。洛书之中与河图之中一也，至其四隅，则克以西南，而火金禅形；生以东北，而水木继体。水气左旋而生木也，火气右行而克金也。子绍乎父，男交于女，此宇宙间流行之妙用也。万物始于土，而终于土。图、书之五居中者，冲气也。冲气者即气交也，所谓人受天地之中以生者也。圣人之画卦则于是焉，卦之贞悔系乎中之得失也。其一之居下者，即五中之一也。五者，中之机辖也。一者，中之根荄也。乾初之勿用，与大衍之勿用，皆此一也。六、七、八、九之错综无穷，乾坤六子之摩荡不息，皆以此一也。吾人皆有五也，亦有一也。圣人之所谓一者，不匹合于万物，而妙万物以为用也。乘御霄汉，俯仰八极，经纬于万物之中，错综于万物之变。一之生化亦不可胜原也。然则圣人崇效天，卑法地，终合乎一、五之妙用者，岂以其数哉？天一地二

大衍之说，其说不同，为十日、十二辰、二十八宿，凡五十也。其一不用者，天之生气将欲以虚来实，以变居成之理，故用四十九焉。易有太极，犹天象之有北辰也。太极生两仪，两仪分日月，日月明四时，四时配五行，五行之经回，又分为十二月，十二月之盛衰又积为二十四气。惟北辰正位居体，不动乎中。任四十有九之用，转运枢机于无息也。以卦言之，卦有六爻，六八四十八，加以乾坤二用，合为五十。准数之盈，藏理之用。乾之初九曰潜龙勿用，即四十有九之用也。总天地之数五十有五，以五行之气各减其一，损其有余以代不足，非四十九之通用乎？大衍之数五十，盖以河图中宫，天五乘地十而得之。至用以筮去其六，以象六画之数，则又止用四十九矣。皆出于理数之自然，而非智力所能损益也。五乘十者即五其十也，五十者数之成也。去其一则起变动之机矣，极其数而虚其一者，善天地之用也。既以有形之气司其成，则必有无形之理以通其变也。是故非忘象者，无以制其象；非遗数者，无

以穷其数也。大衍

第十章

易有圣人之道四焉，以言者尚其辞，以动者尚其变，以制器者尚其象，以卜筮者尚其占。

是以君子将有为也，将有行也，问焉而以言，其受命也如响，无有远近幽深，遂知来物。非天下之至精，其孰能与于此？

参伍以变，错综其数。通其变，遂成天地之文；极其数，遂定天下之象。非天下之至变，其孰能与于此？

易无思也，无为也，寂然不动，感而遂通天下之故。非天下之至神，其孰能与于此？

夫易，圣人之所以极深而研几也。唯深也，故能通天下之志；唯几也，故能成天下之务；唯神也，故不疾而速，不行而至。

子曰“易有圣人之道四焉”者，此之谓也。

寂然不动者，诚也。感而遂通者，神也。动而未形于有无之间者，几也。盖人心危微，感物易动，动而未正，则越于中。故先天至一之持行，当本然而未发者，实理之体；善应而不测者，实理之用。动静体用之间，恍恍惚惚，介然有顷之际，而实理忽然发见，此即众事之机，吉凶之兆也。然机虽已感，犹为元始之初，尚未流于琢削。人能体道，恒守其初，尽人识之中，于似有未有之交，随机应变，不离于一，至之极则性焉，安焉。精明应妙，诚神与机之道皆备于我矣。寂感

第十一章

子曰：“夫易何为者也？夫易，开物成务，冒天下之道，如斯而已者也。”是故圣人以通天下之志，以定天下之业，以断天下之疑。

是故蓍之德圆而神，卦之德方以知，六爻之义易以贡。圣人以此洗心，退藏于密，吉凶与民同患，神以知来，知以藏往，其孰能与于此哉？古之聪明睿知，神武而不杀者夫！

是以明于天之道，而察于民之故，是兴神物以前民用。圣人以此齐

戒，以神明其德夫！

是故阖户谓之坤，辟户谓之乾，一阖一辟谓之变，往来不穷谓之通，见乃谓之象，形乃谓之器，制而用之谓之法，利用出入，民咸用之，谓之神。

是故易有太极，是生两仪，两仪生四象，四象生八卦，八卦定吉凶，吉凶生大业。

是故法象莫大乎天地；变通莫大乎四时；县象著明莫大乎日月；崇高莫大乎富贵；备物致用，立成器以为天下利，莫大乎圣人；探赜索隐，钩深致远，以定天下之吉凶，成天下之亹亹者，莫大乎蓍龟。

是故天生神物，圣人则之；天地变化，圣人效之；天垂象，见吉凶，圣人象之；河出图，洛出书，圣人则之。

易有四象，所以示也。系辞焉，所以告也。定之以吉凶，所以断也。

易非为卜筮而设也，即卜筮以明理也。故曰圣人以此洗心，退藏于密。圣人因蓍、卦、爻三者之道，显诸象数，流转无滞，得失并陈，消息自见。摩万物之心者，已昭然可据。而其无思无为之体则退藏于密，殆不可得而窥也。且天地之机不翕聚，则其发必不大；人心之德不收敛，则其用必易穷。是以蓍生卦立。吉凶之理既听命于天矣，而人为之妄，自此可以荡除，其心也。若圣人之心，浑然太极，民可由之而不可知之也，故不蓍而神，不卦而知，不爻而贡。无吉也，无凶也，亦无患也。惟其参三才而体万物，则民之患犹己之患也，故吉凶与之同也。所以其神以知来，智以藏往者，可见也。虽然，圣人之神、智，神则圆神，所谓用智而不用蓍；智则前知，所谓用知而不用卦。不如是，则冥默无为，仅退藏于密而已矣，何神何知之可言哉？且圣人形骸空而物我一，本无吉凶也，以与民同患而后有吉凶也。此惟古之聪明睿知，神武而不杀者能之也。洗其心则民心服，同其患则民患消，以神为武，又何杀焉？退藏于密

第十二章

易曰："自天祐之，吉无不利。"子曰："祐者，助也。天之所助

者，顺也；人之所助者，信也。履信思乎顺，又以尚贤也，是以自天祐之，吉无不利也。”

子曰：“书不尽言，言不尽意。”然则圣人之意，其不可见乎？子曰：“圣人立象以尽意，设卦以尽情伪，系辞焉以尽其言，变而通之以尽利，鼓之舞之以尽神。”

乾坤其易之缊邪？乾坤成列，而易立乎其中矣。乾坤毁，则无以见易。易不可见，则乾坤或几乎息矣。

是故形而上者谓之道，形而下者谓之器，化而裁之谓之变，推而行之谓之通，举而错之天下之民谓之事业。

是故夫象，圣人有以见天下之赜，而拟诸其形容，象其物宜，是故谓之象。圣人有以见天下之动，而观其会通，以行其典礼，系辞焉以断其吉凶，是故谓之爻。

极天下之赜者存乎卦，鼓天下之动者存乎辞，化而裁之存乎变，推而行之存乎通，神而明之存乎其人，默而成之，不言而信，存乎德行。

二　系辞下传

第一章

八卦成列，象在其中矣；因而重之，爻在其中矣；刚柔相推，变在其中矣；系辞焉而命之，动在其中矣。吉凶悔吝者，生乎动者也。刚柔者，立本者也。变通者，趣时者也。吉凶者，贞胜者也；天地之道，贞观者也；日月之道，贞明者也；天下之动，贞夫一者也。

夫乾，确然示人易矣；夫坤，隤然示人简矣。爻也者，效此者也；象也者，像此者也。爻象动乎内，吉凶见乎外，功业见乎变，圣人之情见乎辞。

天地之大德曰生，圣人之大宝曰位。何以守位曰仁。何以聚人曰财。理财正辞，禁民为非曰义。

天下之事，非吉则凶，非凶则吉，常相胜而不已也，是未得乎动之贞也。贞者，正也，一也。夫有动则未免乎累，殉吉则未离乎凶。故尽会通之变，而不累于吉凶者，其惟贞者乎？老子曰：王侯得一以为天下贞。万变虽殊，可以执一御也。盖人之所以动者，由其殉吉而有所贪欲也。然而求荣则招辱，求得则致丧，亦自然之理也。若能不造不为，冥心任数，而乘御于太虚，则无吉也，亦无凶也。即数有吉凶之卒至，而吾心之无吉无凶，足以胜之矣。六十四卦，三百八十四爻，皆以贞为贵。惟天下之理一正，而能胜天下之万变。非我之求胜，而彼之不能胜也。尧、舜不以乐移天下之忧，以正胜吉也；孔、颜不以忧易一身之乐，以正胜凶也。故正之为道，自造化而来者也。天地之道，贞观者也；日月之道，贞明者也；天下之动，贞夫一者也。知吉凶之道，而动之以贞，悔、吝亡之矣。且悔、吝言乎其小疵也，但悔者，自责以省愆，道心也，故虽有疵而日损；吝者，因过以自解，人心也，故虽无疵而日增。然均为小疵，苟得于贞一之守，而自有消长之机也矣。吉凶悔吝

儒者之言曰无极而太极，阴阳、五行、万物，自无而达于有，造化之生机也；太极而无极，自万物、五行、阴阳，自有而归于无，造化之杀机也。生机为顺，杀机为逆，一顺一逆，造化之妙用存焉，故曰易逆数也。此论过矣，造化无所谓杀机也。盖天地以生物为心，阳舒阴惨，皆生生之气也。故自无而达有，则生意之显于万物也；自有而归于无，则生意之敛于万物也。天地之大德曰生。所云杀机之说，出于阴符。此理以杀为生，权变乎术数之间，非圣人示天下之常道也。天地大德

第二章

古者包牺氏之王天下也，仰则观象于天，俯则观法于地，观鸟兽之文，与地之宜，近取诸身，远取诸物，于是始作八卦，以通神明之德，以类万物之情。作结绳而为网罟，以佃以渔，盖取诸离。

包牺氏没，神农氏作，斫木为耜，揉木为耒，耒耨之利，以教天下，盖取诸益。

日中为市，致天下之民，聚天下之货，交易而退，各得其所，盖取

诸噬嗑。

神农氏没，黄帝、尧、舜氏作，通其变，使民不倦，神而化之，使民宜之。易穷则变，变则通，通则久。是以自天祐之，吉无不利。黄帝、尧、舜垂衣裳而天下治，盖取诸乾、坤。

刳木为舟，剡木为楫，舟楫之利，以济不通，致远以利天下，盖取诸涣。服牛乘马，引重致远，以利天下，盖取诸随。重门击柝，以待暴客，盖取诸豫。断木为杵，掘地为臼，臼杵之利，万民以济，盖取诸小过。弦木为弧，剡木为矢，弧矢之利，以威天下，盖取诸睽。

上古穴居而野处，后世圣人易之以宫室，上栋下宇，以待风雨，盖取诸大壮。古之葬者，厚衣之以薪，葬之中野，不封不树，丧期无数，后世圣人易之以棺椁，盖取诸大过。上古结绳而治，后世圣人易之以书契，百官以治，万民以察，盖取诸夬。

伏羲之有四图，何也？曰：伏羲有一图而无四也，其圆图也，横图也，方图也，皆后人准易而为之者也。横图之说，前已详矣。圆图则乾午坤子，离卯坎酉，阳南而阴北，一顺一逆，流行中之对待，象天而为之者也。方图则乾始西北，坤尽东南，阴南而阳北，有逆无顺，定位中之对待，象地而为之者也。伏羲当结绳之世，始画八卦。盖以原测淑清，剖判大宗矣。而岁运月节，终始之故。后人起而分之，当日亦未尝条示于忘言之民也，且易原不待图而后见也。大传曰：神无方，易无体。卦散于六十四，可圆可方。一泥于方圆之定象，必有曲而不该者。故散图以为卦而卦义全，纽卦以为图而卦体局。故天道远人道迩，天者圣人所独得，而人者圣人之所以告人也。故圣人之作易，凡所谓深微悠忽之理，举皆推之庸言庸行之中。始于乾而终于未济，图书之灿然者，莫是过矣。是故精于易者，精于图书者也。或曰：是图也，因伏羲重卦而有也。曰：重卦者，文王也，演义之谓也，即易之名，亦始于文王也，于大传征焉。大传之言曰：包牺氏始作八卦，以通神明之德，以类万物之情。未尝言包牺氏作易也，言文王之作易，则屡屡矣。曰：乾坤，其易之门耶？其称名也，杂而不越，于稽其类，其衰世之意耶？又曰：易之兴也，其于中古乎？作易者有忧患乎？又曰：易之兴也，其当殷之末世、周之盛德耶？当文王与纣之事耶？是可征也。所谓圣人设卦观象，系辞焉而明吉凶。所谓圣人有以见天下之赜，而拟诸其形容，象其物宜。圣人有以见天下之动，而观其会通，以行其典礼。所谓圣人以此洗心，退藏于密，斋戒以通，神明其德。所谓圣之作易也，幽赞于神明而生蓍，皆指文王也。圣人画卦论易，皆因天之变而尽其变者也。羲皇先天则万象之用藏于冥默，虞夏中天则三极之道见于勋庸。惟文王当殷之将丧师也，值周之方得众也，处上下之际，居治乱之间，凶而贞之以吉，动而持之以静，以不易之心回变易之天而不能也。故因而动之，效其用于两体，寄其心于六位，而阴以维其衰乱也。故君子谓之幽赞，观其见无首于乾之用九，戒永贞于坤之用六，可以得其所重之志矣。以卦分爻，爻亦因重而后有也。三则为画，六则为爻。爻者，交相变化之义，盖取于两卦之交也，故孔子曰：八卦成列，象在其中矣；因而重之，爻在其中矣。卦即为象，不待定之名而为象也；重即有爻，不待系之词而为爻也。此重卦之说也。或曰：是固然矣，然神农之耒耜取诸益，交易取诸噬嗑者，取于重卦也。黄帝、尧、舜垂衣裳治天下，取诸乾坤者，取于重卦也。伏羲之佃渔取诸离者，取于所自重之卦也。所以知伏羲之所重也。曰：固哉，子之论也。系辞之所谓佃渔也，耒耜也，交易也，衣裳也，舟楫也，牛马也，门柝也，杵臼也，弧矢也，宫室也，棺椁也，书契也，所以必备举而为言者，言六十四卦足以尽民用。虽圣人之制作，不能越于此。所谓先天而天弗违也，苟必待取卦而后制器，则先王为器象而画，画非自然；后圣据卦象而制，制亦非自运。所谓竭心思耳目者，又何为也？若然，则包牺氏尽重之，亦包牺氏尽制之，可也，何必有所遗以待后圣？即后圣若神农氏，既能取益以耒耜，取噬嗑以交易，何不能取乾坤以垂裳治天下，又何不能取涣以济不通，而必有待于黄帝、尧、舜耶？若然，则兑为妾，妾亦始于羲皇之世耶？坎为盗，盗亦作于羲皇之世耶？子之言，固矣。盖伏羲当治世，故画卦以泄天地之秘；文王当衰世，故重卦以尽天地之变。伏羲非乐于简也，文王非乐于繁也，与时之道不得不然也。彼明夷也，无妄也，革也，涣也，蹇也，遁也，惟世衰而始见也。苟伏羲预设之而预兆之，岂所谓无将无迎，与时消息耶？圣人所以效天地者，易简也；所以窥天地者，精蕴也。通其变而极其数者，不得已也。

第三章

是故易者，象也。象也者，像也。彖者，材也。爻也者，效天下之动者也。是故吉凶生，而悔吝著也。

第四章

阳卦多阴，阴卦多阳，其故何也？阳卦奇，阴卦耦。其德行何也？阳一君而二民，君子之道也；阴二君而一民，小人之道也。

阳卦以奇为正，则阳之德挺出而常尊者自在；阴卦以偶为主，则阴之行依附而并胜者自在。然世道而亨泰也，阳一君而二民，即君子之道也；世道而浊乱也，阴二君而一民，是小人之道也。天下之道贞夫一，私则二矣。一君二民，贵一贱二，主于公而斥夫私也；二君一民，弃一向二，主于私而背夫公也。是以学问不得其刚，则为二君一民也。同为恭敬，若不得其刚，则恭敬是君，此心是民；若得其刚，则恭敬者乃保养此心也。一君二民

第五章

易曰："憧憧往来，朋从尔思。"子曰："天下何思何虑？天下同归而殊涂，一致而百虑，天下何思何虑？日往则月来，月往则日来，日月相推而明生焉。寒往则暑来，暑往则寒来，寒暑相推而岁成焉。往者屈也，来者信也，屈信相感而利生焉。尺蠖之屈，以求信也；龙蛇之蛰，以存身也。精义入神，以致用也；利用安身，以崇德也。过此以往，未之或知也。穷神知化，德之盛也。"

易曰："困于石，据于蒺藜，入于其宫，不见其妻，凶。"子曰："非所困而困焉，名必辱；非所据而据焉，身必危。既辱且危，死期将

至，妻其可得见邪？”

易曰：“公用射隼于高墉之上，获之，无不利。”子曰：“隼者，禽也。弓矢者，器也。射之者，人也。君子藏器于身，待时而动，何不利之有？动而不括，是以出而有获。语成器而动者也。”

子曰：“小人不耻不仁，不畏不义，不见利不劝，不威不惩。小惩而大诫，此小人之福也。易曰：‘屦校灭趾，无咎。’此之谓也。”

“善不积，不足以成名；恶不积，不足以灭身。小人以小善为无益而弗为也，以小恶为无伤而弗去也，故恶积而不可掩，罪大而不可解。易曰：‘何校灭耳，凶。’”

子曰：“危者，安其位者也；亡者，保其存者也；乱者，有其治者也。是故君子安而不忘危，存而不忘亡，治而不忘乱，是以身安而国家可保也。易曰：‘其亡其亡，系于苞桑。’”

子曰：“德薄而位尊，知小而谋大，力小而任重，鲜不及矣。易曰：‘鼎折足，覆公餗，其形渥，凶。’言不胜其任也。”

子曰：“知几其神乎？君子上交不谄，下交不渎，其知几乎！几者，动之微，吉之先见者也。君子见几而作，不俟终日。易曰：‘介于石，不终日，贞吉。’介如石焉，宁用终日？断可识矣。君子知微知彰，知柔知刚，万夫之望。”

子曰：“颜氏之子，其殆庶几乎？有不善，未尝不知；知之，未尝复行也。易曰：‘不远复，无祇悔，元吉。’”

“天地絪缊，万物化醇。男女构精，万物化生。易曰：‘三人行，则损一人；一人行，则得其友。’言致一也。”

子曰：“君子安其身而后动，易其心而后语，定其交而后求。君子修此三者，故全也。危以动，则民不与也；惧以语，则民不应也；无交而求，则民不与也。莫之与，则伤之者至矣。易曰：‘莫益之，或击之，立心勿恒，凶。’”

情者，性之发也。实以致情，斯性之德。情以伪为，即害之端也。

夫易以阴阳为体，刚柔为用，刚柔变化、屈伸相感之道存焉。凡阴屈而阳伸，阳屈而阴伸。阴阳屈而又伸，伸而又屈，皆得乎性情之正者，易之道也。故相感而利生，则人物由此而生，由此而成。既无虚假，亦无止息，感之以诚也。若情伪相感而利害生，此人之道也。人之道既有虚假，复有间断，私欲所蔽，或有时而诚，或有时而伪也。易言诚之感而利生，伪之感而害生者，何也？因天理未尽泯绝，而人心复杂之以伪也。故至诚则顺理而利，伪则不循理而害也。屈信情伪

夫成天下之务者，见几则义明。动而不诎则利用，屈信顺理则身安。此言致养乎内，利乎外之道也。然精研其义，至于入神，屈之至也。及其出而致用之本，则施于外者无不顺。所用既顺于外，则养于内者益厚矣。内外交养，知行之功不亦深切而兼至乎？至于穷神知化，乃德盛仁熟，与天为一，积修之自致耳，即君子亦未之或知也。且神者，妙万物而无方；化者，著万物而有迹。惟穷理尽性，自臻于神化之极也，岂思之所能得，勉之所能至哉？但学者当存其神而致渊默之功，顺其化而待变通之日，则人欲净尽，天理流行，便可以继至善之道而成神化之性也已。易之致勉于存养者如此。精义入神

圣人知几其神，不待察者也；颜子至明，犹察其机者也。故曰：其殆庶几乎？盖圣人与善为一，故知不善于未形之先；颜子与善犹有稍间，故察不善于方形之始。曰有不善，未尝不知者，天下之事有不善者，未尝不知也。不善未尝不知，则不萌之于心也；知之未尝复行，则不形之于动也。此颜子之所以庶几也，非谓颜子之有不善也，亦非谓颜子之行而后能复也。惟其以心而察不善，视之纯乎天者，稍有违尔。知几其神

夫君子见事之几微，则须动而应之，不待终其日，此其赴机之速也，兹亦非便捷敏利者之所能也，惟介于石者能之。大凡私欲不入于心，则其心凝定照。心不累其动，则其动光明，进无畔援，退无迟留，又何终日之俟耶？虽然君子之介于石，亦非执一不变也。微以窥天，彰以察地，柔以法阴，刚以体阳，合乎神道，通乎冥运，与时为变，而其中确乎有

一定之衡，而不可夺者，所以为万夫之望也。见几而作

第六章

子曰："乾坤，其易之门邪？"乾，阳物也；坤，阴物也。阴阳合德，而刚柔有体，以体天地之撰，以通神明之德。其称名也，杂而不越。于稽其类，其衰世之意邪？

夫易，彰往而察来，而微显阐幽。开而当名辨物，正言断辞，则备矣。其称名也小，其取类也大，其旨远，其辞文，其言曲而中，其事肆而隐。因贰以济民行，以明失得之报。

第七章

易之兴也，其于中古乎？作易者，其有忧患乎？

是故，履，德之基也；谦，德之柄也；复，德之本也；恒，德之固也；损，德之修也；益，德之裕也；困，德之辨也；井，德之地也；巽，德之制也。

履，和而至；谦，尊而光；复，小而辨于物；恒，杂而不厌；损，先难而后易；益，长裕而不设；困，穷而通；井，居其所而迁；巽，称而隐。

履以和行，谦以制礼，复以自知，恒以一德，损以远害，益以兴利，困以寡怨，井以辨义，巽以行权。

易之为卦，六十有四，而义有专别于九卦者，何也？盖作易者其有忧患，则以是九者为处困之道乎？曰：非也。圣人之忧患者，忧天下之迷复也，乃其处困，又何忧患焉？是故九卦者，所以释天下之忧患也。其重在于复，而先之以履与谦，则有意乎其言之也。夫道与器不相离，而神与迹不相判也。然而以道自命者，率以器为物；以神为玩者，率以迹为滞。易之为道，尽性至命，变动不居者也。故贵虚乐肆者依焉，此圣人所深忧也。忧之如何？以礼勖之而已。履者礼之所以行，谦者礼之所自起也。履以闲邪于外，谦以聚精于内，心可复矣。复而不固，其复有时而失也。故不可以不知恒，恒而不通，其恒有时而泥也。故不可以

不知损益，能知损益则私欲日消，天理日莹。虽处危困而此心卓然不动，然后左右逢源，如井之勿幕，处处皆足。至此则触机而动，顺之而应，如风之无所不入，而无所阻碍，故可以行权也。学至于行权变化，则此心之真体浑然全复矣。然必以礼为之基，德为之柄，则圣人之学可知也。是故礼非明也，易非幽也。易为之动，礼为之主。虽不可为典要，而未尝无典要也。虚无放荡之论，诎于是矣。或谓圣人作易，探之茫茫，索之冥冥，用其机权，以求尊于天下，此不知圣人忧患之心者也。九卦

睽于时而不顺者，偏僻之士也；顺于时而无制者，委靡之士也。巽则无之矣，故曰巽，德之制也。制则称物而有辨矣，然而不露其迹，不炫其能，巽之所以称而隐也。巽德之制

德常丧失于小，心常厌倦于杂。若人能操虑于丛挫之时，弘量于纷纭之际，如复小而辨物，恒杂而不厌，当言动之微而辨之，不诱于物，则复其初矣。当酬酢之烦，而安之不厌，于事则恒其德矣。复恒

天下之事，逆乎情则先难，顺乎理则后易也。学问之道，德日进则宽裕，心日下则不侈张也。损益

第八章

易之为书也不可远，为道也屡迁，变动不居，周流六虚，上下无常，刚柔相易，不可为典要，唯变所适。

其出入以度，外内使知惧，又明于忧患与故，无有师保，如临父母。

初率其辞而揆其方，既有典常。苟非其人，道不虚行。

第九章

易之为书也，原始要终，以为质也。六爻相杂，唯其时物也。其初难知，其上易知，本末也。初辞拟之，卒成之终。若夫杂物撰德，辨是与非，则非其中爻不备。

噫！亦要存亡吉凶，则居可知矣。知者观其彖辞，则思过半矣。

二与四同功而异位，其善不同，二多誉，四多惧，近也。柔之为道，不利远者，其要无咎，其用柔中也。

三与五同功而异位，三多凶，五多功，贵贱之等也。其柔危，其刚胜邪？

第十章

易之为书也，广大悉备，有天道焉，有人道焉，有地道焉。兼三才而两之，故六。六者非它也，三才之道也。

道有变动，故曰爻；爻有等，故曰物；物相杂，故曰文；文不当，故吉凶生焉。

第十一章

易之兴也，其当殷之末世、周之盛德邪？当文王与纣之事邪？是故其辞危。危者使平，易者使倾。其道甚大，百物不废。惧以终始，其要无咎。此之谓易之道也。

第十二章

夫乾，天下之至健也，德行恒易以知险；夫坤，天下之至顺也，德行恒简以知阻。能说诸心，能研诸侯之虑，定天下之吉凶，成天下之亹亹者。

是故变化云为，吉事有祥。象事知器，占事知来。

天地设位，圣人成能，人谋鬼谋，百姓与能。八卦以象告，爻象以情言，刚柔杂居，而吉凶可见矣。变动以利言，吉凶以情迁。是故爱恶相攻而吉凶生，远近相取而悔吝生，情伪相感而利害生。凡易之情，近而不相得则凶，或害之，悔且吝。

将叛者其辞惭，中心疑者其辞枝，吉人之辞寡，躁人之辞多，诬善之人其辞游，失其守者其辞屈。

三　说卦传

第一章

昔者圣人之作易也，幽赞于神明而生蓍，参天两地而倚数，观变于阴阳而立卦，发挥于刚柔而生爻，和顺于道德而理于义，穷理尽性以至

于命。

天赋为命，物受为性，根源皆系于易。此易之所以为大也。圣人仰观俯察以作易，容天下之理，尽人物之性，而合于天道之自然，所以得性命之源也。学者穷理尽性以至于命，则性命之源，究不越乎四德之统天也。得天命之元，在我谓之仁；得天命之亨，在我谓之礼；得天命之利，在我谓之义；得天命之贞，在我谓之智，故曰元亨利贞乃天道之常，仁义礼智即人性之纲也。观乎此造化之理，天尊地卑，阳动阴静，贵贱攸分，吉凶互致，根于太极之先，一定而不可易者，即性命之源也。尽性至命

第二章

昔者圣人之作易也，将以顺性命之理，是以立天之道曰阴与阳，立地之道曰柔与刚，立人之道曰仁与义，兼三才而两之，故易六画而成卦。分阴分阳，迭用柔刚，故易六位而成章。

第三章

天地定位，山泽通气，雷风相薄，水火不相射，八卦相错。数往者顺，知来者逆，是故易逆数也。

天下之事，数往者顺，知来者逆，易为知来而作，故其数用逆也。易画自下而上，易图自右而左，易数之用逆，即理之用顺也。凡自上下下曰顺，自下上上曰逆；左徂右曰顺，右徂左曰逆。顺则数知既往之事，逆则数知将来之事也。事未来而欲假象以先知之，则为逆睹其事，迎之之谓也。数往知来，盖为伏羲、文王两卦言也。天地定位，山泽通气，雷风相薄，水火不相射，此伏羲之卦也。八卦相错，此文王之卦也。伏羲之卦，天上地下，日东月西，山镇西北，泽注东南，风起西南，雷动东北，是其定体之在先者也，故为往也。文王之卦，乾居西北，坤退居于西南，坎离得位于中，震巽用事于左，艮兑配于右，是其流行之在后者也，故为来也。数定体于既往，则乾坤方位可以顺而知之；察流行于方来，则元会运世可以逆而知之。然易之所用以占者，皆因其变动也，当以文王之卦位为准。虽逆探其变而实顺用其机也，非若金丹以克为生

之理，逆推造化于返还也。数往知来

第四章

雷以动之，风以散之，雨以润之，日以烜之，艮以止之，兑以说之，乾以君之，坤以藏之。

太极生两仪，两仪生四象，四象生八卦，此伏羲易象之本也。乾离皆生于阳，故谓天火为阳；坤坎皆生于阴，故谓地水为阴。乾变其初九为初六，则为巽，故谓风，此为天之变，盖天下交于阴也。坤变其六三为九三，则为艮，故为山，此为地之变，盖地上交于阳也。离变其九三为六三，则为震，火为阴伏，则奋击而为雷，故谓雷，此为火之变。坎变其初六为初九，则为兑，水与阳交，则相和而为泽，故谓泽，此为水之变。坤、艮、离、震相比从其类也，乾、兑、坎、巽相远而分其化也。由化可以推相从之道，由变可以知相生之理。且震、巽为始交，震阳少而阴尚多，巽阴少而阳尚多，故初之气，雷以动之，风以散之也。兑、离、坎、艮为再交，兑、离阳侵于阴也，坎、艮阴侵于阳也，故中之气，雨以润之，日以烜之，山以止之，泽以说之也。震、兑、离之阳皆统于乾，故乾以君之也；巽、坎、艮之阴皆归宿于坤，故坤以藏之也。然乾虽主阳而阴阳无不兼统，故曰君曰帝，上必无为而用天下，下必有为而为天下用。帝虽出入乎诸卦之中，而帝未尝出入也。盖万物之生成变化，皆本乎帝德之生成变化也，是以知生生之谓太极。

第五章

帝出乎震，齐乎巽，相见乎离，致役乎坤，说言乎兑，战乎乾，劳乎坎，成言乎艮。万物出乎震，震，东方也。齐乎巽，巽，东南也，齐也者，言万物之洁齐也。离也者，明也，万物皆相见，南方之卦也；圣人南面而听天下，向明而治，盖取诸此也。坤也者，地也，万物皆致养焉，故曰致役乎坤。兑，正秋也，万物之所说也，故曰说言乎兑。战乎乾，乾，西北之卦也，言阴阳相薄也。坎者，水也，正北方之卦也，劳卦也，万物之所归也，故曰劳乎坎。艮，东北之卦也，万物之所成终而

所成始也，故曰成言乎艮。

帝为乾、坤之枢，无可窥其出入，于动而见其出入也，故曰帝出乎震。巽者，春夏之交也，生意毕齐，若有所以絜度之，故曰齐乎巽。夏者，四气之中，阳与阴相遇，所谓姤也，故曰相见乎离。坤在西南，养物之方也，帝主其始而委其成功于地，故曰致役乎坤。兑，正秋也，生气已成，杀气未见，万物说其成而忘其杀，故曰说言乎兑。西北为阴而乾阳居之，是阴阳相薄之象也，以将尽之阳，敌方盛之阴，故曰战乎乾。坎为北方之卦，万物于此归藏休息，若有以慰劳之，故曰劳乎坎。至于艮则止矣，气不止则不成，机不止则不生，止者，成之终而生之始也，故曰成言乎艮。大哉艮乎，天地之所以成始而成终也，即圣学之所以有终而有始也。帝出乎震

第六章

神也者，妙万物而为言者也。动万物者莫疾乎雷，挠万物者莫疾乎风，燥万物者莫熯乎火，说万物者莫说乎泽，润万物者莫润乎水，终万物始万物者莫盛乎艮。故水火相逮，雷风不相悖，山泽通气，然后能变化，既成万物也。

第七章

乾，健也；坤，顺也；震，动也；巽，入也；坎，陷也；离，丽也；艮，止也；兑，说也。

第八章

乾为马，坤为牛，震为龙，巽为鸡，坎为豕，离为雉，艮为狗，兑为羊。

第九章

乾为首，坤为腹，震为足，巽为股，坎为耳，离为目，艮为手，兑为口。

第十章

乾，天也，故称乎父；坤，地也，故称乎母。震一索而得男，故谓

之长男；巽一索而得女，故谓之长女；坎再索而得男，故谓之中男；离再索而得女，故谓之中女；艮三索而得男，故谓之少男；兑三索而得女，故谓之少女。

第十一章

乾为天，为圜，为君，为父，为玉，为金，为寒，为冰，为大赤，为良马，为老马，为瘠马，为驳马，为木果。

坤为地，为母，为布，为釜，为吝啬，为均，为子母牛，为大舆，为文，为众，为柄，其于地也为黑。

震为雷，为龙，为玄黄，为旉，为大涂，为长子，为决躁，为苍筤竹，为萑苇；其于马也，为善鸣，为馵足，为作足，为的颡；其于稼也，为反生；其究为健，为蕃鲜。

巽为木，为风，为长女，为绳直，为工，为白，为长，为高，为进退，为不果，为臭；其于人也，为寡发，为广颡，为多白眼，为近利市三倍；其究为躁卦。

坎为水，为沟渎，为隐伏，为矫輮，为弓轮；其于人也，为加忧，为心病，为耳痛，为血卦，为赤；其于马也，为美脊，为亟心，为下首，为薄蹄，为曳；其于舆也，为多眚，为通，为月，为盗；其于木也，为坚多心。

离为火，为日，为电，为中女，为甲胄，为戈兵；其于人也，为大腹；为乾卦，为鳖，为蟹，为蠃，为蚌，为龟；其于木也，为科上槁。

艮为山，为径路，为小石，为门阙，为果蓏，为阍寺，为指，为狗，为鼠，为黔喙之属；其于木也，为坚多节。

兑为泽，为少女，为巫，为口舌，为毁折，为附决；其于地也，为刚卤；为妾，为羊。

巽顺也而为躁，坎陷也而为通，言其究也。风极则急，水溢则行，故上于人者能竞世者也，下于人者善趋时者也。且阴阳之精，泄之于水；阴阳之气，播之为风。故坎之为盗也，窃阴阳之精也；巽之为人也，发阴阳之气也。人物之精，泄之于智，故智之为盗也，盗人物之精也。圣人之退藏于密，所以完其精而不使盗也，固其气而不使入也。巽顺坎陷

四　序卦传

上　篇

有天地，然后万物生焉，盈天地之间者唯万物，故受之以屯。屯者，盈也，屯者，物之始生也。物生必蒙，故受之以蒙。蒙者，蒙也，物之稚也。物稚不可不养也，故受之以需。需者，饮食之道也。饮食必有讼，故受之以讼。讼必有众起，故受之以师。师者，众也。众必有所比，故受之以比。比者，比也。比必有所畜，故受之以小畜。物畜然后有礼，故受之以履。履而泰，然后安，故受之以泰。泰者，通也。物不可以终通，故受之以否。物不可以终否，故受之以同人。与人同者，物必归焉，故受之以大有。有大者不可以盈，故受之以谦。有大而能谦必豫，故受之以豫。豫必有随，故受之以随。以喜随人者必有事，故受之以蛊。蛊者，事也。有事而后可大，故受之以临。临者，大也。物大然后可观，故受之以观。可观而后有所合，故受之以噬嗑。嗑者，合也。物不可以苟合而已，故受之以贲。贲者，饰也。致饰然后亨则尽矣，故受之以剥。剥者，剥也。物不可以终尽，剥穷上反下，故受之以复。复则不妄矣，故受之以无妄。有无妄然后可畜，故受之以大畜。物畜然后可养，故受之以颐。颐者，养也。不养则不可动，故受之以大过。物不可以终过，故受之以坎。坎者，陷也。陷必有所丽，故受之以离。离者，丽也。

下　篇

有天地，然后有万物；有万物，然后有男女；有男女，然后有夫妇；有夫妇，然后有父子；有父子，然后有君臣；有君臣，然后有上下；有上下，然后礼义有所错。夫妇之道不可以不久也，故受之以恒。恒者，久也。物不可以久居其所，故受之以遁。遁者，退也。物不可以终遁，故受之以大壮。物不可以终壮，故受之以晋。晋者，进也。进必有所伤，

故受之以明夷。夷者，伤也。伤于外者必反其家，故受之以家人。家道穷必乖，故受之以睽。睽者，乖也。乖必有难，故受之以蹇。蹇者，难也。物不可以终难，故受之以解。解者，缓也。缓必有所失，故受之以损。损而不已必益，故受之以益。益而不已必决，故受之以夬。夬者，决也。决必有遇，故受之以姤。姤者，遇也。物相遇而后聚，故受之以萃。萃者，聚也。聚而上者谓之升，故受之以升。升而不已必困，故受之以困。困乎上者必反下，故受之以井。井道不可不革，故受之以革。革物者莫若鼎，故受之以鼎。主器者莫若长子，故受之以震。震者，动也。物不可以终动，止之，故受之以艮。艮者，止也。物不可以终止，故受之以渐。渐者，进也。进必有所归，故受之以归妹。得其所归者必大，故受之以丰。丰者，大也。穷大者必失其居，故受之以旅。旅而无所容，故受之以巽。巽者，入也。入而后说之，故受之以兑。兑者，说也。说而后散之，故受之以涣。涣者，离也。物不可以终离，故受之以节。节而信之，故受之以中孚。有其信者必行之，故受之以小过。有过物者必济，故受之以既济。物不可穷也，故受之以未济，终焉。

五 杂卦传

乾刚坤柔，比乐师忧。临观之义，或与或求。屯见而不失其居，蒙杂而著。震，起也；艮，止也。损、益，盛衰之始也。大畜，时也；无妄，灾也。萃聚而升不来也，谦轻而豫怠也。噬嗑，食也；贲，无色也。兑见而巽伏也。随，无故也；蛊，则饬也。剥，烂也；复，反也。晋，昼也；明夷，诛也。井通而困相遇也。咸，速也；恒，久也。涣，离也；节，止也。解，缓也；蹇，难也。睽，外也；家人，内也。否、泰，反其类也。大壮则止，遁则退也。大有，众也；同人，亲也。革，去故也；鼎，取新也。小过，过也；中孚，信也。丰，多故也；亲寡，旅也。离上而坎下也。小畜，寡也；履，不处也。需，不进也；讼，不亲也。大过，颠也。姤，遇也，柔遇刚也。渐，女归待男行也。颐，养正也。既济，定也。归妹，女之终也。未济，男之穷也。夬，决也，刚决柔也，君子道长，小人道忧也。

《易说》后跋一

《易》，圣人之书也。圣人之书惟圣人可以解之，下此者不能解也。夫既不能解圣人之书，而又以圣人之书不可不解，于是穿凿附会，各以己意求圣人，而圣人作书之旨益晦。何也？文章莫大于六经。《尚书》者，史官之所纪也；《诗》采之武夫游女；《礼》为汉儒所补缀；《春秋》虽经圣人笔削而大半因其旧文；惟《易》则经伏羲、文王、周公、孔子数圣人而成之者也。夫圣如伏羲、文王、周公、孔子，可以止矣。以伏羲、文王、周公、孔子为一书，其书固蔑以加矣。后之人万万不能至于伏羲、文王、周公、孔子之域，而徒欲解伏羲、文王、周公、孔子之书，多见其不知量而已。然则伏羲、文王、周公、孔子而后，遂无可解《易》者乎？曰：有。以圣人之人解圣人之书，则《易》何不可解，而必于伏羲、文王、周公、孔子哉？今读《易说》，为大仙宗吕先生所著，其言发前人所未发，而又明白洞达，如日月之揭中天，而无不可晓然共见，然后知先生真圣人也，真能解圣人之书者也。向使伏羲、文王、周公、孔子互为解说，亦无以过。则虽谓《易说》一书，仍以伏羲、文王、周公、孔子解伏羲、文王、周公、孔子之《易》可矣。抑闻之《易说》，藏于虞山之玉松，已久历年数矣。今庚戌冬，广陵虚净同人，乃梓而行之，岂书之行也有其时，有其地，亦有其人欤？然《易》经数圣人而成，自伏羲迄孔子凡几千年，而《易说》成于先生一人之手，且藏诸虞山至今而始出，则其事固奇，而其书亦与《易》为不朽矣。

后学许承宣谨识

《易说》后跋二

大易一书，天地之所以范围，日月之所以运行，阴阳之所以统驭者也。顺而推之则一本而万殊，逆而用之则万殊而一本。精研之，为性与天道之根源；体行之，为三教至诣之实功。大哉易乎！此即精一执中之心传，亦吾夫子五十学易之心易也乎？顾古今以来注解是经者，不下数十百家，类皆各就其所见，亦自足以发明其说，然或执于理气，或泥于象数，仅成一家言，而未克以阐三教同源之妙道。壬子之春，儿子予蒲得纯阳道祖《易说》，予敬读之，寻绎数十过，觉此真足发三圣未启之心传，汇万圣同宗之奥蕴。前辈许筠庵先生跋志甚详，无事予之再为赘赞矣。爰重梓之，命予蒲偕鹿园庞太史详为校刊，独惜其中阙蹇卦半幅，数年来觅补无由，逮己未之岁，始于嘉会处遇之，以成完璧。今适值重订全书之时，此亦一大奇缘也，因备志其颠末如是。

梅芳弟子蒋曰纶谨誌

《易说》后跋三

盖闻圣人之精，画卦以示；圣人之蕴，因卦以发。故先儒谓，因象以明理，由象以知数，得其义则象数在其中矣。自言易者歧而二之，于是郎顗、毛爽假其名而流于技术，王弼、阮籍涉其藩而昧于精微，至列史艺文志所载，若葛勾漏《周易杂占》、陶贞白《周易髓》、李淳风《周易冥轨》、袁天罡《易镜元要》、李含光《周易义略》、成元英《周易穷寂图》、释一行《易传》、蒲乾贯《易轨》、释希觉《周易会释记》、陈希夷《易龙图》、王昭素《易论》，罕有存者。意者金科玉笈，秘藏元都，亦如王远知《易总》，未许流传缃帙耶？兹读孚佑上帝《易说》，明于天道，切于人事，揭中庸之旨，阐神化之宗，开物成务之功，数往知来之理，下学上达，一以贯之，以视《演元》《洞极》《元包》《辨虚》诸书，诚不可同年而语也。均元昧道懵学，莫窥阃奥，循环雒诵，研味无穷。语有之，终身戴天，不知天之高也；终身履地，不知地之厚也；操壶杓就江海而饮之，满腹而去，又安知江海之深乎？今均元于是经也亦然，谨拜首而为之跋。

附　录

麻衣道者正易心法

陈希夷先生受并消息

麻衣道者正易心法序

易学，病失其传久矣。姑溪太守李公，出麻衣说、关子明传曰：吾得二书，不敢私诸已，今用广于人，或字画之讹，子其为我正之。准窃幸管窥，不敢辞，昕夕瞻对，若祥光烂然，发乎蔀屋之下，信夫神物也。公得其传，行其道，又以传于世，盖将拯易学之病而还易之本旨，岂诵说云乎哉？公用心也仁矣。

淳熙己亥三月丙寅，迪功郎新婺州浦江县主簿程准谨书于左

正易卦画

上经三十卦共得十八

		蒙	讼	比	履	否	大有	豫
乾	坤	屯	需	师	小畜	泰	同人	谦

蛊	观	贲	复	大畜				
随	临	噬嗑	剥	无妄	颐	大过	坎	离

下经三十四卦共得十八

恒	大壮	明夷	睽	解	益	姤	升	井
咸	遁	晋	家人	蹇	损	夬	萃	困

鼎	艮	归妹	旅	兑	节			未济
革	震	渐	丰	巽	涣	中孚	小过	既济

麻衣道者正易心法

宋·希夷先生受并消息

正易者，正谓卦画，若今经书正文也。据周孔辞传，亦是注脚。每章四句者，心法也。训于其下，消息也。

羲皇易道，包括万象，须知落处，方有实用。一章

落处，谓知卦画实义所在，不盲诵古人语也。如震得乾初爻，故雷自天之下而发；坎得中爻，故月自天之中而运；艮得上爻，故山自天之上而坠也。巽离兑得坤三爻亦然。又六爻相应，如一阳生于子月，应在卯月；二阳丑，应在三月；三阳寅，应在四月是也。人事亦然。易道见于天地万物日用之间，能以此消息，皆得实用，方知羲皇画卦不作纸上功夫也。

六画之设，非是曲意，阴阳运动，血气流行。二章

阴阳运动，若一阳为复，至六阳为乾；一阴为姤，至六阴为坤是也。血气流行，若一六为肾，二为肺，三为脾，四为肝，五为心，始生屯，屯而为蒙，养蒙为需之类是也。卦画凡以顺此理而已。

卦象示人，本无文字，使人消息，吉凶默会。三章

羲皇始画八卦，重为六十四，不立文字，使天下之人默观其象而已。能如象焉，则吉凶应，违其象则吉凶反。此羲皇氏作不言之教也。郑康成略知此说。

易道不传，乃有周孔，周孔孤行，易道复晦。四章

上古卦画明，易道行；后世卦画不明，易道不传。圣人于是不得已而有辞，学者浅识，一著其辞，便谓易止于是，而周孔遂自孤行，更不知有卦画微旨，只作八字说。此谓之买椟还珠，由汉以来皆然，易道胡为而不晦也？

六十四卦，无穷妙义，尽在画中，合为自然。五章

无穷妙义，若蒙必取次于艮，师必取次于坤，是大有旨意也，不止

于贞丈人吉、童蒙求我之义。合为自然，谓次艮次坤，非是私意，乃阴阳运动，血气流行，其所施为，皆自然之理也。

消息卦画，无止于辞，辞外见意，方审易道。六章

系辞，特系以吉凶大略之辞而已，非谓六画之义尽于是也。如大有系以元亨，大壮系以利贞，此数字果足以尽二卦之义乎？要须辞外见意可也。辞外之意，如乾九二见龙在田，上九亢龙有悔，辟师之外不动如地，内趋变如水。无穷好意如此类不可概举，皆是辞之所不能该也。

天地万物，理有未明，观于卦脉，理则昭然。七章

卦脉，为运动流行自然之理也。卦脉审，则天地万物之理得矣。如观坎画，则知月为地之气；观离画，则知日为天之气；观艮画，则知山自天来；观兑画，则知雨从地出；观叠交，则知闰余之数；观交体，则知造化之原。凡此卦画，皆所以写天地万物之理于目前，亦若浑仪之器也。

经卦重卦，或离或合，纵横施设，理无不在。八章

纵横，谓若为诸图，或有二气老少之渐，或有三代祖孙之别，或有对待之理，或有真假之义，或有胎甲之象，或有错综之占，唯其施设，皆具妙理，无所往而不可，此所谓包括万象而易道所以大也。

乾坤错杂，乃生六子，六子则是，乾坤破体。九章

☰乾三画奇，纯阳也，一阴杂于下，是为☴巽；杂于中，是为☲离；杂于上，是为☱兑，巽离兑皆破乾之纯体也。坤☷画偶，纯阴也，一阳杂于下，是为☳震；杂于中，是为☵坎；杂于上，是为☶艮，震坎艮皆破坤之纯体也。若更以人身求之，理自昭然。

粤乾与坤，即是阴阳，圆融和粹，平气之名。十章

凡阴阳之气，纯而不驳，是为乾坤。老子曰：天得一以清，地得一以宁，正谓此也。因知能尽乾之道，是为圣人；能尽坤之道，是为贤人。

至于六子，即是阴阳，偏陂反侧，不平之名。十一章

乾健坤顺，阴阳之纯气也。一失健顺，则不平之气作而六子生，观

画象可知。庄子曰：阴阳错行，天地大骇，有雷有霆，水中有火，乃焚乃块。正谓此耳。由是六子非圣贤比，特众人与万物而已。然由破体炼之，纯体乃成。

健顺动入，陷丽止说，非特乾坤，六子训释。 十二章

非特训释，盖谓不可专于八字上取也，当求之于画象。健谓三画纯奇是，顺谓三画纯偶是。动谓一阳在二阴下是，入谓一阴在二阳下是。陷谓一阳在二阴中是，丽谓一阴在二阳中是。止则一阳在二阴上是，说则一阴在二阳上是。凡有所训，多见于画象。如阖户谓之坤，则姤之初爻是；辟户谓之乾，则复之初爻是。

坎兑二水，明须识破，坎润兑说，理自不同。 十三章

坎，乾水也，气也，若井是也。兑，坤水也，形也，今雨是也。一阳中陷于二阴为坎，坎以气潜行于万物之中，为受命之根本，故曰润万物者莫润乎水。盖润，液也，气之液也。一阴上彻于二阳为兑，兑以形普施于万物之上，为发生之利泽，故曰说万物者莫说乎泽。盖说，散也，形之散也。坎兑二水，其理昭昭如此，学者依文解义，不知落处，其能得实用乎？自汉诸儒不得其说，故真人发其端。又论，且以井卦观之，本是泰卦初爻易五，是为井，则知一阳升而为坎水也，故月令云：仲冬水泉动，仲冬一阳生，至仲秋乃云：煞气浸盛，阳气日衰，水始涸。信乎坎之为乾水也。道家有炼丹井，海外女国无男，窥井即生。医经无子女，男服□，循井即生。其为乾阳，皆可明验。若曰天降时雨，山川出云，又曰地气上为云，天气下为雨，此兑之所以为坤水也。

钻木凿井，人之坎离，天地坎离，识取自然。 十四章

乾，天也，一阴升于乾之中为离，离为日，则日本天之气也。坤，地也，一阳下降于坤之中为坎，坎为月，则月本地之气也。日为天气，自西而下，以交于地。月为地气，自东而上，以交于天。日月交错，一昼一夜，循环三百六十度而扰扰万绪起矣，是为三百六十爻而诸卦生焉。坎离日月，天地之中气也。仲尼特言水火而不言日月者，日月其体也，

水火其用也。言其用而不言其体，盖欲其设施之广而无碍也。学者不悟，但求之于钻木凿井之间，所失益甚矣。又论，月上于天，日入于地，男女媾精之象，一往一来，卦画有中通之象，此所谓观于卦脉，理则昭然也。又谓理既昭然，若山者，自天之坠也。传曰：自有宇宙，便有此山。又曰：星陨为石。推此意，则山自天坠无疑。而世曰：山者，地之物，以所见者言之耳。至月风雷雨，皆自地出也。而世曰：月风雷雨，天之物，亦以所见者言之耳。世以所见如此，苟徇其所见，则是天地万物皆所不晓。审知易者，所以穷理尽性也，学者不可不留意邪！

八卦不止，天地雷风，一身一物，便具八卦。 十五章

八卦，文王繇辞，周公爻辞，皆未尝指名其物象，以见八卦不止天地雷风水火山泽，无所不统也。是故凡天下之所谓健者皆乾也，顺者皆坤也，动者皆震也，入者皆巽也，陷者皆坎也，丽者皆离也，止者皆艮也，说者皆兑也。一身一物便具此八卦之理，然宣父止以八物云者，特举其大者为宗本，姑以入易，以便学者耳。

卦有反对，最为关键，反体既深，对体尤妙。 十六章

世虽知有反对之说，不能知圣人密意在是也。盖二卦反而为二，对而为四，既列序之，又以杂卦推明其义者，以为天下之吉凶祸福、贫富贵贱，其实一体也。别而言之，其代谢循环，特倒正之间耳，未始有常也。然反体则诸卦皆是，对体则乾、坤、坎、离、颐、大过、中孚、小过而已。此八卦与诸卦不同，在易道，乃死生寿夭造化之枢机也，其体不变，故曰对体尤妙。

六十四卦，皆有取象，其为名义，无不反对。 十七章

易之取象，世所知者，数卦而已，如颐如鼎如噬嗑之类是。殊不知易者，象也，依物象以为训，故六十四卦皆有取象，如屯象草木，蒙象童稚，需象燕宾，讼象饮食，师象军阵，比象翼戴，家人象家正，睽象覆家，余卦尽然。一入诸卦，名义无不反对，如噬嗑以贪饕，贲以节饰，履以蹈艰危，小畜以享尊富，临以出而治人，观以入而处己，丰以富盛，

旅以困穷，自余推之，其名义反对无不然者。但未知思索以精之，则云有不取象，有不反对者，此学易之大病也。

诸卦名义，须究端的，名义不正，易道悬绝。十八章

易卦名义，古今失其正者二十余卦，师、比、小畜、履、同人、大有、谦、豫、临、观、噬嗑、贲、无妄、大畜、颐、大过、渐、归妹、丰、旅、中孚、小过是也。盖师以正众，比以兴王，二卦以武功创业，汤武之卦也。同人穷而在下，大有达而在上，二卦以文德嗣位，舜禹之卦也。履以阴德而蹈艰危，以致小畜之安富，人臣之事也；无妄以阴德而践灾眚，以致大畜之喜庆，人君之事也。临以阳来，宜出而有为；观以阴生，宜入而无为。谦则止在象后而存义，豫则动在象前而知几。中孚则始生，小过则夭折。颐则成人而养生，大过则寿终而丧死。渐以正而进，归妹以说而合。噬嗑以贪而致罪，贲以义而致饰。丰则得所归而富盛，旅则失所基而困穷。凡此二十余卦，其名义显然见于画象反对，有不可掩者如此，当谛观之也。大传曰：开而当名，苟名义不当，则一卦无所归宿也，故曰易道悬绝也。

一卦之中，凡具八卦，有正有伏，有互有参。十九章

正，谓上下二体也。伏，谓二体从变也。互，谓一卦有二互体也。参，谓二互体参合也。与本卦凡八，是谓一卦具八卦也。然一卦何以具八卦？盖一卦自有八变，如乾一变姤，二变遁，三变否，四变观，五变剥，六变晋，七变大有，八变复乾是也。因其所然，以见天地万物理无不通也。庄子论久竹生青宁，青宁生程，程生马，马生人，人死反入于机，万物皆出于机入于机，其一节论变化之理无所不通如此。

六十四卦，唯乾与坤，本之自然，是名真体。二十章

太初者，气之始，是为乾；太始者，形之始，是为坤。皆本之自然，无所假合也。故其卦画纯一不驳，倒正不变，是名真体。

六子重卦，乾坤杂气，悉是假合，无有定实。二十一章

六子假乾坤以为体，重卦合八卦以为体，若分而散之，则六子重卦

皆无有定体也。若今天地清明，阴阳不杂，则六子何在？六子不交，则品物何在？以是知人间万事悉是假合，阴阳一气，但有虚幻，无有定实也。

卦义未审，须求变复，不唯辞合，义实通明。二十二章

变为一爻之变，复为一体之复，即复变之辞而观之，自然之义无不与本卦吻合，以见阴阳之气。如蒙上九曰击蒙，变为师上六则云小人勿用。屯初九曰以贵下贱，大得民也，变为比初六则云有孚比之，无咎。此一爻之辞合也。如大有上体复需，有饮食之燕；下体复晋，有昭明之德。升上体复姤，姤一阴升；下体复复，复一阳升。此一体之义合也。苟卦义未审，能以此求之，自然明矣。

古今传易，舛讹为多，履畜八体，最为害义。二十三章

按卦序，当先履而后小畜，今小畜在先，则二卦画象反对，文义缪乱而不可考。又以八卦本对八体，独缺其鼻，乃以巽言股，股即系是也。若股可言，则又遗其肱，且与羲皇八卦不相应也。兹盖传者舛误耳，能不害义乎？试辩之，一柔自姤变同人，同人变履，履变小畜，小畜变大有，犹之一刚自复变师，又变谦，又变豫，又变比，皆自然之序不易也。今谦既在豫上，则知履不当在小畜下。尝密探宣尼述九卦，以履为用九，谦用十五，复用廿四，皆龙图大衍定数，则履在小畜上，为第九卦也明矣。又履与无妄对义，既以大畜反无妄而居下，则知小畜反履而居下无疑矣。今序卦非宣尼旨，失其本真也。八体乃艮为鼻，巽为手耳。传曰：鼻者，面之山也。又曰：风能鼓舞万物，而手之所以舞也。盖乾为首，坤为腹，天地定位也；坎为耳，离为目，水火相逮也；艮为鼻，兑为口，山泽通气也；巽为手，震为足，雷风相薄也。此羲皇八卦之应矣，其理昭昭，但学者承误效尤，见不高远，其失至此，真人闵之，故开其眼目。

画卦取象，本为特物，见于日用，无所不合。二十四章

羲皇画卦，非谓出私意，撰成一易道于方册上以诲人也，特以顺时应物，则以见于日用之间耳。以粗迹言之，如以钱博，六纯字，乾也；六纯背，坤也；差互，六子也。若反则未胜，至纯则乾坤成矣。又如优人呈伎，壮者任其难，六子也，老者敛其利，乾坤也。此皆理之自然，即此理以察其余，则是行止坐卧纤悉，举天下皆易，无可拣择者，但百姓昏昏，日用之而罔觉矣。

中爻之义，足为造化，纳音切脚，其理则一。二十五章

纳音，甲为木，子为水，甲子交合则生金。切脚，如德为父，红为母，德红反切即东字。卦体亦然。上体为乾，下体为坤，交错乃生六子，即中爻二三四五也。二三四五，造化之气，参互成卦，如屯中有剥，蒙中有复。凡此一卦，每具于四卦中，皆得祸福倚伏之象。如屯比观益中皆有剥，蒙师临损中皆有复是也。

反对正如，甲子乙丑，有本有余，气序自然。二十六章

大凡一物，其气象必有本有余。余气者，所以为阴也；本，其阳也。如十干，甲乙，乙者，甲之余气也；丙丁，丁者，丙之余气也。如十二支，子丑，丑者，子之余气也；寅卯，卯者，寅之余气也。卦亦由是。坤者，乾之余气也。蒙者，屯之余气也。讼者，需之余气也。比者，师之余气也。且乾而后坤，屯而后蒙，需而后讼，师而后比，虽故有其义，然其所以相次者，皆其余气也，自然之理耳。学者不悟，谓圣人固以此次之，是未知反对关键之键也，失之远矣。

每卦之体，六画便具，天地四方，是为六虚。二十七章

初爻为地，上爻为天，二爻为北，五爻为南，四爻为西，三爻为东。天地四方，每卦之体，皆具此义，是为六虚。大传：变动不拘，周流六虚，正谓此耳。学者不悟，谓六虚天地四方乃六画也，殊不知六画乃天地四方之象，此之谓纸上功夫，不知落处也。

乾坤六子，其象与数，乾坤之位，皆包六子。二十八章

象，谓坤卦上中下加三乾画，便生三男，以乾卦上中下加三坤画，便生三女。乾坤之体皆在外，六子皆包于其中也。数，谓若画乾数三，巽离兑四，震坎艮五，坤六；坤数六，震坎艮七，巽离兑八，乾九。乾坤之策皆在外，六子皆包于其中也。此象之自然，有不可得而容心者。

爻数三百八十有四，以闰求之，其数吻合。 二十九章

爻数三百八十又四，真天文也，诸儒求合其数而不可得，或谓一卦六日七分，或谓除震离坎兑之数，皆附会也。倘以闰求之，则三百八十四数自然吻合无余欠矣。盖天度或赢或缩，至三年，乾坤之气数始足于此也。由汉以来不悟，惟真人得其说。

二十四爻，求之八卦，画纯为叠，是为闰数。 三十章

一岁三百六十而爻数三百八十四，则是二十四爻为余也。以卦画求之，是为叠数，何以言之？夫既有八卦矣，及八卦互相合体，以立诸卦，则诸卦者，八卦在其中矣。而别又有八纯卦，则其合体八卦为重复，而二十四数为叠也。是以三百六十为正爻，与每岁之数合，而三百八十四与闰岁之数合矣，则是闰数也，岂惟见于数，亦见于象，人知之者盖鲜矣。

一岁之数，三百六十，八卦八变，其数已尽。 三十一章

乾姤遁否观剥晋大有，八变而复乾，则天之气尽。坤复临泰大壮夬需比，八变而复坤，则地之气尽。震豫解恒升井大过随，八变而复震，则雷之气尽。艮贲大畜损睽履中孚渐，八变而复艮，则山之气尽。坎节屯既济革丰明夷师，八变而复坎，则水之气尽。离旅鼎未济蒙涣讼同人，八变而复离，则火之气尽。巽小畜家人益无妄噬嗑颐蛊，八变而复巽，则风之气尽。兑困萃咸蹇谦小过归妹，八变而复兑，则泽之气尽。凡此八卦各八变，八八六十四数，则天地雷风水火山泽之气无余蕴矣，是为一义。

数成于三，重之则六，其退亦六，是为乾坤。 三十二章

夫气之数，起于一，偶于二，成于三，无以加矣，重之则为六也。然三，少阳也；六，太阳也。三，春也；六，夏也。此乾之数也，是为进数。其退亦六。三，少阴也；六，太阴也。三，秋也；六，冬也。此坤之数也，是为退数。三画为经卦，六画为重卦者，凡以此而已。

凡物之数，有进有退，进以此数，退以此数。三十三章

大抵物理，其盛衰之数相半。方其盛也，既以此数，及其衰也，亦以此数。若一岁十二月，春夏为进数，秋冬为退数。昼夜十二时，自子为进数，自午为退数。人寿百岁，前五十为进数，后五十为退数。以至甲为进数，乙为退数，子为进数，丑为退数。细推物理无不然。世儒论教，但衍为一律，殊不明阴阳进退之理，惟真人独得其说。

凡具于形，便具五数，五数既具，十数乃成。三十四章

凡丽于气者必圆，圆者径一而围三，天所以有三时者，以其气也。凡丽于形者必方，方者径一而围四，地所以有四方者，以其形也。天数三，重之则六，地数五，重之则十。何谓十？盖有四方，则有中央，为五。有中央四方，则有四维，复之中央，是为十也。非特地为然，凡丽于形，便具十数，皆若此也。

大衍七七，其一不用，凡得一数，理自不动。三十五章

大衍之数五十，其用四十有九，挂一而不用。不用之义，学者徒知一为太极不动之数，而不知义实落处也。何则？一者，数之宗本也。凡物之理，无所宗本则乱，有宗本焉则不当用，用则复乱矣。且如轮之运而中则止，如辂之行而大者后。如网之有纲而纲则提之，如器之有柄而柄则执之。如元首在上，手足为之举；如大将居中，而士卒为之役。如君无为而臣有为，如贤者尊而能者使。是知凡得一者，宗也，本也，主也，皆有不动之理。一苟动焉，则其余错乱而不能有所施设者矣。

策数六八，八卦定数，卦数占卦，理之自然。三十六章

八卦经画二十四，重之则四十八。又每卦八变，六八四十八，则四十八者，八卦数也。大衍之数五十者，半百一进数也。其用四十九者，体用之全数也。五十除一者，无一也，易无形埒是也。四十九有挂一也者，有一也，易变为一是也。一不用者，数之宗本也，可动也。用四十八者，取八数变以占诸卦也。一变为七，七变为九，此之谓也。今筮者于五十数，先置一于前，乃揲之以四十九，或先去其一，却于四十九数

中除一，而终合之。是二者，皆全用四十九数，曾不知本卦之本数也，以致误置一于八卦数中，遂有五与九之失也。且以揲之寄数，但论其多少，而五与九则无损益于多少之数，而于阴阳正数亦自无碍。揲法不取其正数而取其余数，盖从其简便也。简便谓一见多少，即知正数阴阳多少，若待视正数则烦难矣。又多少之说无所经见，知古人但以记数也。大传曰：大衍之数五十，其用四十有九，谓大衍数本五十，而止用四十九，则其一已先除矣，更无五十全数。分而为二以象两，谓止于四十九数中分而为二也。挂一象三，挂谓悬，谓于四十九数中悬挂其一而不用也。筮法一揲得五与四，四谓之三少，得九与八，八谓之三多。二揲则五与九已矣，但得三个四，亦谓之三少，得三个八，亦谓之三多。方初得五与九也，而老阳之策三十六，老阴之策二十四。及次正得四与八也，而阴阳之策数如前，则是五九固无损益于多少之数，而于阴阳之策正数，亦自无伤也。因知四十八数而误用其九，断然而明矣。或者又谓揲法得奇偶数，殊不知二揲则五与九已尽，所以观其余数，而不观其正数，特以从其简便也。

五行之数，须究落处，应数倍数，亦明特时。三十七章

天一生水，坎之气孕于乾金，立冬节也。地二生火，离之气孕于巽木，立夏节也。天三生木，震之气孕于艮水（山高地厚，水泉出焉。），立春节也。地四生金，兑之气孕于坤土，立秋节也。天五生土，离寄戊而土气孕于离火，长夏节也。凡此皆言其成象矣。天一与地六合而成水，乾坎合而水成于金，冬至节也。地二与天七合而成火，巽离合而火成于木，夏至节也。天三与地八合而成木，艮震合而木成于水，春分节也。地四与天九合而成金，坤兑合而金成于土，秋分节也。天五与地十合而成土，离寄于己而土成于火也。凡此皆言其成形矣。夫以五言相成数，虽儿重亦能诵，要其义，实纵老壮亦不知落处也，是之谓盲随古人，何以见易乎？以至先天诸卦，初以一阴一阳相间，次以二阴二阳相间，倍数至三十二阴三十二阳相间。太玄诸首，初以一阴一阳相间，次以三阴

三阳相间，倍数至二十七阴二十七阳相间，此其理何在哉？以时物推之，自祖父子孙，有众寡之渐，自正二三四五六月，有微盛之滋，皆数之所以明理也。（应数见前说。）

卦位生数，运以成数，生成之数，感应之道。三十八章

生数，谓一二三四五，阴阳之位也，天道也。成数，谓六七八九十，刚柔之德也，地道也。以刚柔成数而运于阴阳生数之上，然后天地交感，吉凶叶应，而天下之事无能逃于其间矣。（阴阳之位有所无形，在天也，刚柔则形，而以其在地也。）

一变为七，七变为九，即是卦妄，宜究其实。三十九章

冲虚经曰：易无形埒，易变而为一，一变而为七，七变而为九，九者究也，复变而为一。盖卦爻自一变、二变、三变、四变、五变、六变至七变，谓之归魂，而本宫之气革矣。更二变而极于九，遂复变为一而返本也。学者不悟经意，徒溺空泛说，失之甚矣。

名易之义，非训变易，阴阳根本，有在于是。四十章

易者，大易也。大易，未见气也，视之不见，听之不闻，循之不得，故曰易。易者，希微玄虚凝寂之称也。及易变而为一，一变而为七，七变而为九，九复变而为一也。一者，形变之始也。清轻者上为天，重浊者下为地，冲和气者中为人。谓之易者，知阴阳之根本有在于是也。此说本于冲虚真经，是为定论。学者盲然不悟，乃作变易之易，是即字言之，非宗旨之学也。唯扬雄为书拟之曰太玄，颇得之。道家亦以日月为古之易字，盖其本阴阳而言也。

易道弥满，九流可入，当知活法，要须自悟。四十一章

易之为书，本于阴阳。万物负阴而抱阳，何适而非阴阳也？是以在人惟其所入耳。文王周公以庶类入，宣父以八物入，斯其上也。其后或以律度入，或以历数入，或以仙道入，以此知易道无往而不可也。苟惟束于辞训，则是犯法也，良由未得悟耳。果得悟焉，则辞外见意，而纵横妙用，唯吾所欲，是为活法也。故曰：学易者当于羲皇心地中驰骋，

无于周孔言语下拘挛。

世俗学解，浸渍旧闻，失其本始，易道浅狭。 四十二章

羲皇氏正易，春秋比也。周孔明易，作传比也。左氏本为春秋作传，而世乃玩其文辞，致左氏孤行而春秋之微旨泯矣。易之有辞，本为羲皇发扬，学者不知借辞以明其画象，遂溺其辞，加以古今训注而袭谬承误，使羲皇初意不行于世，而易道于此浅狭矣。呜呼！

麻衣道者正易心法序

麻衣道者羲皇氏正易心法，顷得之庐山一异人（或云许坚）。或有疑而问者，余应之云：何疑之有，顾其议论可也。昔黄帝素问，孔子易大传，世尚有疑之，尝曰：世固有能作素问者乎？固有能作易大传者乎？虽非本真，亦黄帝、孔子之徒也。余于正易心法，亦曰：世固能有作之者乎？虽非麻衣，是乃麻衣之徒也。胡不观其文辞议论乎？一滴真金，源流天造，前无古人，后无来者，翩然于羲皇心地驰骋，实物外真仙之书也。读来十年方悟，浸渍触类，以知易道之大如是也，得其人，当与共之。

崇宁三年三月九日，庐峰隐者李潜几道书

跋

五代李守正叛河中，周太祖亲征，麻衣语赵韩王曰：李侍中安得久，其城中有三天子气，未几，城陷，时周世宗与宋朝太祖侍行。钱文僖公若水，陈希夷每见，以其神观清粹，谓可学仙，有升举之分，见之未精，使麻衣决之。麻衣云，无仙骨，但可作贵公卿耳。夫以神仙与帝王之相，岂易识哉？麻衣一见决之，则其识为何如也？即其识神仙识帝王眼目以论易，则其出于寻常万一也，固不容于其言矣。

乾道元年冬十有一月初七日，玉溪戴师愈孔文撰

后　记

在《道藏辑要》壁集中，有《易说》二卷、图解一卷，署名“孚佑上帝纯阳吕祖天师著”，书中《〈易说〉自序》落款是“黄鹤山人吕子题于空秀阁”，又有宏教弟子柳守元的《〈易说〉题词》。虽然如此，在考据家的慧眼中，依然不是吕洞宾的作品。既然是冒牌货，自然不入大易家的法眼，仍然埋藏在故纸堆里。我喜欢易学，只关注哪本书对我学易有帮助，只看重书本身的价值，不太管考据家的鉴定意见。道教的许多人物，他们为了自己人格的健全，抛弃名利，隐居山林，以道为归，不像功名场中的我们，为了职称、学术地位而弄虚作假，他们也许只是希望自己一生的研究心得流传下来，有利于后世，才会去“冒”名人的大名，但里面没有不敬的意思，少一些我们心目中的功利色彩，更多的是对道的传承和对祖师的敬仰，不将其成果据为自己的创见。这种在古代顺理成章的做法，在今天的人们看来，是“名”不副实。尽管“名”不副实，但许多作品本身比黄金还要珍贵，本书就是一例。

《易说》，让我心花怒放。就我个人来说，很笨，又生活在偏远的西部，出于对易学的热爱，也看了一些易学方面的书，特别是一些名家的书，总是看不懂，不知道他们在讲什么，有些甚至认为经典本身错简连连，需要他们改定，才能得到所谓的确解，在某种程度上，我有些相信了，因为他们的洪名是那么的震耳欲聋，他们都不能读通原文，肯定原文有问题。但碰到《易说》后，情况发生了改变，爱不释手的阅读，让我读通了《周易》本身，自己太高兴了，与身边喜欢易学的朋友分享，他们也很高兴，大家就吆喝着点校出版。因为只找到了新文丰出版公司1999年5月出版的《中华续道藏》初辑第十八册的一个参校版，点校结果问题肯定很多，希望喜欢这部书的同好多多批评。

《易说》，最让我赞叹的是关于易序的解说，再与刘一明的《周易阐真》合参，《周易》的结构可以了然于胸，远远胜于有些学者苦思冥想的卦变。吕祖在本书“自序”中坦言：“故予有世道人心之忧焉，乃取六十四卦，详为说辞，明为剖晰。后之学者，观象玩占于阴阳消长，辨吉凶于几先，进退显晦不失其道，庶几治国、守家、保身、理物皆有赖焉。”他不仅有其志，更有成道者的无尽妙智，才能达到这么高超圆融的境地。其次是本书对每一卦的解说，与原典是那么契合，我没有看到第二部书这么美妙，使我真正相信《周易》不仅可以读通，更可以得到确解。正如本书中刘守元“题词”所说：“试拈香默玩，洗心庄诵，觉圣言亹亹，未尝不依文解义，而实已超超乎高挹象数之表，将羲、文、周、孔之心传一一指出，至矣！尽矣！蔑以加矣！”本人也有同感，除过本书之外，没有另外一本书当得“将羲、文、周、孔之心传一一指出，至矣！尽矣！蔑以加矣”的赞誉，但愿本书对于有志于易道研究的同好有所帮助。

附录所选《麻衣道者正易心法》，又名《正易心法》，一卷。麻衣道者撰，陈抟注。据宋释志磐著《佛祖统纪》卷四十三载：“陈抟受《易》于麻衣道者，得所述《正易心法》四十二章，理极天人，历诋先儒之失，抟始为之注。及受河图、洛书之诀，发易道之秘，汉晋诸儒如郑康成、京房、王弼、韩康伯皆所未知也。”点校所依据的底本是商务印书馆《丛书集成初编》所收录的《麻衣道者正易心法》。

参加点校和助成这一事情的主要参与者有兰州真气堂堂主、著名中医谈昇先生、兰州大学出版社社长崔明先生等。十分感谢大家的积极努力，才有本书的顺利面世。

谢增虎誌于甘肃省社会科学院

二〇一二年二月